曾國藩

的顶级思维

林乾 著

正面突破

中华书局

图书在版编目（CIP）数据

正面突破:曾国藩的顶级思维/林乾著. —北京:中华书局，
2025.8.（2025.10重印）—ISBN 978-7-101-17281-2

Ⅰ.K827＝52

中国国家版本馆 CIP 数据核字第 2025JQ5569 号

书　　名　正面突破:曾国藩的顶级思维
著　　者　林　乾
责任编辑　欧阳红　杜艳茹
特邀编辑　吴冰清　李　猛
封面设计　王铭基
责任印制　管　斌
出版发行　中华书局
　　　　　（北京市丰台区太平桥西里 38 号　100073）
　　　　　http://www.zhbc.com.cn
　　　　　E-mail:zhbc@zhbc.com.cn
印　　刷　河北新华第一印刷有限责任公司
版　　次　2025 年 8 月第 1 版
　　　　　2025 年 10 月第 2 次印刷
规　　格　开本/920×1250 毫米　1/32
　　　　　印张 13½　插页 2　字数 300 千字
印　　数　8001-13000 册
国际书号　ISBN 978-7-101-17281-2
定　　价　68.00 元

目　录

第三章　居官不败

前　言

　　近年与朋友们交流，他们不时提出这样一个问题：如果用一句话概括曾国藩的成功品格，会是什么？我会毫不犹豫地以曾国藩的话作答："有恒为作圣之基。"通读曾氏全集的梁启超总结道：文正一生得力处，在立志，在知困勉行，历百千艰阻而不挫屈；不求近效，铢积寸累。曾国藩在回复陈湜信中说："圣贤之所以为圣，佛家之所以成佛，所争皆在大难磨折之日。"当他的九弟曾国荃表现出不耐烦时，曾国藩写信道："凡人作一事，便须全副精神注在此一事，首尾不懈，不可见异思迁，做这样想那样，坐这山望那山。人而无恒，终身一无所成。"并再三告诫他："精神愈用而愈出，不可因身体素弱过于保惜；智慧愈苦而愈明，不可因境遇偶拂遽尔摧沮。""阳气愈提则愈盛。每日作事愈多，则夜间临睡愈快活。若存一爱惜精神的意思，将前将却，奄奄无气，决难成事。"又对程桓生说："凡办一事，必有许多艰难波折，吾辈总以诚心求之，虚心处之。心诚则志专而气足，千磨百折而不改其常度，终有顺理成章之一日；心虚则不动客气，不挟私见，终可为人共亮。"

曾国藩的"有恒"表现在治学、为政等方方面面。他经常讲，人生是一个常字。道光二十年（1840），庶吉士散馆，曾国藩开始为官生涯。他向唐鉴请教检身之要、读书之法，对"经济之学"尤为在意，问"经济宜何审端致力？"唐鉴告诉他："经济不外看史，古人已然之迹，法戒昭然；历代典章，不外乎此。"自此，曾国藩对经世致用之学苦下功夫。他为自己制订了系统读书的计划：单日读经，双日读史，至午正。未初起，单日读史，双日读集。午正是正午十二点。未初是下午一点。也即逢单之日，上午读经书、逢双之日上午读史书。下午是单日读史，双日读集。由此可见，在曾国藩的读书日程表中，读史书占了一半时间。他系统读的第一部史书是康熙时期吴乘权等人编的《纲鉴易知录》。这是一部编年体通史，记载自上古至明末间的历史。曾国藩用了一个多月的时间，至次年正月，完整读完。"阅《易知录》……思将古来政事、人物分类，随手抄记，实为有用。"道光二十二年（1842），曾国藩又制订了日课、月课计划：每日所学，必有记录，是为日课；每月作诗、古文若干篇，是为月课。二十四年（1844）三月始，他又给自己定下新目标，每日抄写百字，并发誓"倘有不抄，永绝书香"。

经过 7 年的努力，曾国藩由七品小京官升至二品高官。任礼部侍郎时，又兼刑部等大部侍郎。每个部的属员少则八九十人，多则一百四五十人。请示、裁断、会堂，职务繁委，值班奏事，益无虚日。他一再提醒自己："除却进德修业，乃是一无所恃，所谓把截四路头也。若不日日向上，则人非思责，身败名裂不旋踵而至矣，可不畏哉！"

"在坐假寐二刻。在刑部十刻,在礼部七刻,来回七刻。"他每日奔走在二部之间,"曲肱而枕",把自己的胳膊作为枕头,在办公室假寐一刻,接着又进入繁重的工作,已成常态。

繁忙的工作之暇,他手不释卷,于经世之务及在朝掌故,分汇记录,凡十有八门。他为此特制了两个大书柜,内里有"抽屉十八。将凡经世之务宜讲求者,分为各屉,以便抄存各件纳于屉内,备缓急之用"。他担心职位升得高,能力不配位,为此拼命学习,乃至吐血。"因家中客来太密",他经常至东邻愿学堂义塾"看书,习静"。咸丰元年(1851),已近不惑之年的曾国藩,读《史道邻集》,大发感慨:"孙高阳、史道邻皆极耐得苦,故能艰难驰驱,为一代之伟人。今已养成膏粱安逸之身,他日何以肩负得大事?"这一年,他积数年之功力,完成了《经史百家杂钞》的编选,他选编的《十八家诗抄》也即将告竣。

咸丰二年(1852)起,曾国藩在家乡创办湘军,咸丰十年(1860)出任两江总督、钦差大臣,主持江南军务,后又晋为大学士。每日军书旁午,朝廷每有要务,也征询他的意见。公余之暇,他舟次不废学。身边幕僚方宗诚问他何以如此自励自苦,他回答道:"吾日治军事、治吏事,若不兼读圣贤书,则心不能养,理不能明,何以能知人?何以能应事?古今来膺大位而颠蹶者,皆不学之过也。"晚年自撰一联:"遍读牙签三万轴,收取声名四十年。"说自己一生的成就都来自学问二字。向古人学习多看书籍,向今人学习多觅榜样,问当局者知道甘苦,问旁观者知道效验。勤习不已,才能渐长而不觉。

李续宜是湘乡人，后出任湖北、安徽巡抚。其兄李续宾与曾国藩之弟曾国华是儿女亲家，2人均死于三河之役。李续宜向曾国藩请教如何读书。曾国藩复信提出要读"本根之书"："鄙人尝谓古今书籍，浩如烟海，而本根之书，不过数十种。经则《十三经》是已，史则《二十四史》暨《通鉴》是已，子则十子是已，五子之外，管、列、韩非、淮南、鹖冠，集则《文选》《百三名家》暨唐宋以来专集数十家是已。自斯以外，皆剿袭前人之说以为言，编集众家之精以为书。本根之书，犹山之干龙也，编集者犹枝龙护砂也。"在复邵顺国信中，以自己的切身体会说："英年读书，温经为上，读史次之，时文又次之。六经义精词约，非潜心玩味，本难领其旨趣。然熟读《诗经》，自足使人之情韵日深；熟读《左传》，自足使人之笔力日健；熟读《礼记·曲礼》《内则》《少仪》诸篇，自足使人之威仪动作皆有范围；熟读《乐记》《学记》《祭义》，自足使人之心思识趣渐有把握。……若成名以后，又当进而求之《史》《汉》、百家，古文古诗，自未可存自画之见。楷书最有关系，唐时专设一科。鄙人虽在军中，尝教人习字，大则径寸，小则蝇头，每日以二百字为程，久之自有进境。"

毛泽东早年研读曾、胡、左、李等人的著述与史事。对曾国藩的"大本大源"极为推许。1917年8月，在致黎锦熙信中说："愚意所谓本源者，倡学而已矣。惟学如基础，今人无学，故基础不厚，时惧倾圮。愚于近人，独服曾文正。"他读《庄子·逍遥游》有感而发：古今谋国之臣夥矣，其雍容暇豫游刃而成功者有之，其踠躇失度而颠踬者实繁有徒。其负大舟也无力，岂非积之也不厚乎？吾观合肥李氏，实类之矣。"认为李鸿章的失度是学养基础不厚。毛泽东最初非常欣赏胡林翼，后来反复比较胡、曾之差距，在给蔡和森信中说："三年而来，每觉胡林翼之所以不及曾涤生者，只缘胡夙不讲学，士不归心，影响只能及于一时。"他还认为，宋朝韩琦、范仲淹并称，清朝左宗棠、曾国藩并称，而韩、左是"办事之人"，范、曾是"办事兼传教之人"。着眼点仍是学养基础。

毛泽东还把《经史百家杂钞》作为国学研读的基础。1915 年 9 月，他在致萧子升信中提出："吾人所最急者，国学常识也。……今欲通国学，亦早通其常识耳。首贵择书，其书必能孕群籍而抱万有，干振而枝披，将麾则卒舞。如是之书，曾氏《杂钞》其庶几焉。是书上自隆古下迄清代，尽抡四部精要。……国学者，统道与文也。……曾书二者兼之，所以可贵也。"

如果说"有恒"更多属于曾国藩优秀的品德，而条理精密则属于他"能"的方面。他在京城为官时，"在部司员，咸服其条理精密"。后来在地方办团练，培养人才，尤重"条理"。李榕是曾国藩的核心幕僚，后独领一军。曾国藩告诉他："凡与诸将语，理不宜深，令不宜烦，愈易愈简愈妙也。不特与诸将语为然，即吾辈治心、治身，理亦不可太多，知亦不可太杂，切身日日用得着的不过一两句，所谓守约也。"这里的"守约"，就是有条理。

曾国藩出任两江总督后，除治军打仗外，兼有三省察吏之责。为此，他把所治之事归为四类，即兵事、饷事、吏事、交际之事。其治之之道三端，曰剖晰，曰简要，曰综核。他具体解释道："剖晰者，如治骨角者之切，如治玉石者之琢。每一事来，先须剖成两片，由两片而剖成四片，由四片而剖成八片，愈剖愈悬绝，愈剖愈细密，如纪昌之视虱如轮，如庖丁之批隙导窾，总不使有一处之颟顸，一丝之含混。简要者，事虽千端万绪，而其要处不过一二语可了。如人身虽大，而脉络针穴不过数处；万卷虽多，而提要钩玄不过数句。凡御众之道，教下之法，易则易知，简则易从，稍繁难则人不信不从矣。综核者，如为学之道，既日知所亡，又须月无忘其所能。每日所治之事，至一月两月，又当综核一次。军事、吏事，则月有课、岁有考；饷事，则平日有流水之数，数月有总汇之帐。总以后胜于前者为进境。"他提出，如果将求取人才与治事四类"二者，日日究心，早作夜思，其于为督抚之道，思过半矣"。

6

　　曾国藩的"条理"也是一种方法，更是一种思维逻辑。他在与僚属通信中，针对不同职位和具体情况，经常用"第一义"、"第二义"等排列，有时用"本"表达其头等重要。如：

兵勇以不扰民为第一义。

爱民为行军第一义。

新军以禁贪财为第一义。

耐劳为立身之第一义。

战事以审机为第一义。

实事求是，不徒托诸空言，是办事第一义；陶熔性情，不敢参以客气，是处人第一义。

讲求纪律，禁止骚扰，即耐烦中之第一义，亦淮、湘军之老招牌也。

以激励人才为第一义。所以激励之法，则以"勤"字为先，又以远声色、屏嗜好为"勤"字之本。

外甥王镇塘第一次进京科考，曾国藩写信叮嘱："甥初入京，总以勤、俭、敬、信四字为本，而以择交为用。无四字则凡事皆无根柢，纵有才华，亦浮荣耳；不择交则无观摩规劝之益，故须物色贤者，明以为友，暗奉为师，乃借以约束身心之资也。"

曾国藩凡事讲求实事求是，注重实效。在复宋梦兰信中说："弟昔作有《得胜歌》云：'起手要阴后要阳，出队要弱收队强。初交手时如老鼠，越打越狠如老虎。'虽粗浅之言，而精者不外乎是。凯章（张运兰）办事皆从浅处实处着力，于勇情体贴入微，阁下与之共事，望亦从浅处实处下手。贼匪最谲诈，吾辈读书人大约失之笨拙。即当自安于拙，而以勤补之，以慎出之，不可弄巧卖知，而所误更甚。鄙人阅历之语，谨贡一得，以备刍询。"

曾国藩北上平捻，请刘秉章独领一路，刘以为难，曾国藩激励他："贵部不趁此时新发于硎，大加阅历，何日乃有接战之时？敝处当作函与少泉宫保（李鸿章）力陈之，请阁下亦力争之，慷慨自任，担承一路。古来英杰，非有一种刚强之气，万不能成大事也。"刘最终成一代名流。

《清史稿》评价曾国藩"尤知人、善任使，成就荐拔者不可胜数"。咸丰九年（1859），他预感即将迎来人生的突围，对人才尤为加意。一度对相法痴迷。三月初八日日记载："夜思相人之法，定十二字，六美六恶，美者曰：长、黄、昂、紧、稳、称；恶者曰：村、昏、屯、动、忿、遁。"同年十月初八日日记又载："细参相人之法：神完气足，眉耸鼻正，足重腰长，处处相称。此四语者，贵相也，贤才相也。若四句相反则不足取矣。"日记中类此者不一而足。如"洪琴西来，久坐时许，戏言余有扑面相法，谓初次一见，即略知其人之梗概也。""傍夕与马昂谈相法。"他的相人口诀，浓缩《冰鉴》精华。其日记载："因忆余昔年求观人之法，作一口诀曰：邪正看眼鼻，真假看嘴唇；功名看气概，富贵看精神；主意看指爪，风波看脚筋；若要看条理，全在语言中。"曾国藩不但与僚属、友朋多次谈相法，更与其九弟深谈。日记载"夜与沅弟论观人之法"。万启琛任职江南，曾国藩嘱咐他："办事不外用人，用人必先知人。知人之道，总须多见几次，亲加察看，方能得其大概。"李鸿章代其平捻，清廷对刘铭传功高而赏薄。曾国藩多次写信劝慰李："阁下忍辱耐烦，肃清中原，虽不以劳浮于赏为意，亦必对省三（刘铭传）而歉然。不如意事，十常八九，古今往往然也。"鲍超是湘军有名的勇将，率军入陕时，曾国藩与他条分缕析，历数陕地不同于平原，告诫他"从古居大位立大功之人，以谨慎败者少，以傲慢败者多。阁下千万记之！"鲍超统领十五营，曾国藩告诉他务必分枝，"且在上位者，凡利之所在，当与人共分；名之所在，当与人共享，则人心皆服"。

曾国藩提出："古人绝大事业，恒以精心敬慎出之。"他为父亲居丧期间，反省既往的刚猛之过，在复黄淳熙信中坦白心迹："国藩从宦有年，饱阅京洛风尘，达官贵人优容养望，与在下者软熟和同之象，盖已稔知之而惯尝之。积不能平，乃变而为慷慨激烈，轩爽肮脏之一途。思欲稍易三四十年来不白不黑、不痛不痒、牢不可破之习，而矫枉过正，或不免流于意气之偏，以是屡蹈愆尤，丛讥取戾，而仁人君子固不当责以中庸之道，且当怜其有所激而矫之之苦衷也。"重新出山后，曾国藩对他九弟曾国荃和数知己表示，此次之出，约旨卑思，脚踏实地，但求精而不求阔。检讨"近岁在外，恶人以白眼貌视京官，又因本性倔强，渐近于愎，不知不觉做出许多不恕之事，说出许多不恕之话，至今愧耻无已"。他总结人生"物来顺应，未来不迎，当时不杂，既过不恋"的十六字箴言。走向高位的曾国藩，不忘"六畏"，复邓汪琼信中说："古人曰钦、曰敬、曰谨、曰虔恭、曰祗惧，皆慎字之义也。慎者，有所畏惮之谓也。居心不循天理，则畏天怒；做事不顺人情，则畏人言。少贱则畏父师，畏官长。老年则畏后生之窃议。高位则畏僚属之指摘。凡人方寸有所畏惮，则过必不大，鬼神必从而原之。"

"盖位愈高，则誉言日增，箴言日寡；望愈重，则责之者多，恕之者少。"饱经风风雨雨，成大功的曾国藩，毫无沾沾自喜之意，以"左列钟鸣右谤书，人间随处有乘除"自警。还对蒋益澧说："宦海风波，极无常态。得时则一岁九迁，失势则一落千丈。绛侯提师百万，尚畏狱吏之尊；李广才气无双，尚为醉尉所辱。"他一再对九弟曾国荃说，人的职位愈高，众人责望愈切愈重。兄弟要学郭汾阳，国家需要的时候，召之即来，国家不需要的时候，挥之即去。惟有拼命报国，侧身修行，方能长保平安。

曾国藩的"正面突破"智慧，体现在其"结硬寨，打呆仗"的务实哲学中。这种思维拒绝取巧，从不回避问题和矛盾，而以直面本质的钝感力破解复杂困局。

管理上，他以"耐"字破局。湘军对抗太平军时，不迷信奇谋，而是以深沟高垒逼敌正面决战。这种看似笨拙的战术，实则是消解变量、聚焦核心的破局智慧。他创立"幕府"制度，用"八法""五到"选拔培养人才，左宗棠、李鸿章、郭嵩焘等皆从中淬炼而出，体现其"天下古今之庸人，皆以一惰字致败"的实干逻辑。

为人处世上，他以"诚"字立身。面对清廷猜忌，不玩政治平衡术，反以"不怕死、不要钱""屡败屡战"的耿直、血诚赢得信任。其家书中"养活一团春意思，撑起两根穷骨头"的训诫，正是将道德底线转化为战略定力的典范。这种直道而行的品格，恰是最精妙的迂回。

教育层面，他用"拙"字筑基。强调"读书不二"，主张"一句不通不看下句"，以专注力对抗浮躁。直到衰病老年，仍每日吟诵不辍，这种用传统文化不断赋能、咀嚼"本根之书"的"深度阅读"习惯的养成，暗合现代"刻意练习"理论，获得"接受现实的冲撞，却保持内心平静沉着的能力"，对于那些习惯于碎片化者不异于一剂醒药。

曾国藩面对复杂艰难的时局，摒弃投机取巧，以长期主义的定力、正向的思维方式和扎实的办事方法，实现逆势翻盘。曾国藩的这种顶级思维揭示：真正的突破，往往产生于对本质问题的持续正面攻坚。其方法论核心在于——用战略上的绝对专注，化解战术上的万千变化。这种思维对当代人破解复杂挑战，仍具镜鉴价值。

　　本书从格局塑造、品格锤炼、破局思维、用人智慧、成事谋略、交友之道、家风传承等七个维度，解读曾国藩正面突破的顶级思维。

第一章

交际圈子

  曾国藩的社会基础在湖南，这也是曾国藩成功创办湘军的稳固后方。但他不局限于此，他奉行的是"结网天下，雀无所逃"，把结交关系视为"一生成败之所系"。就曾国藩的人生经历而言，可以分为求学与职场工作两个大阶段，后者又可以分为在京为官与到地方治军为官两个时期。就对他有重大影响的交际圈子而言，又可以分为老师、同年、门生、上司、同僚、下属、朋友等多个群体。就对曾国藩人生有重大影响的人而论，如果从籍贯上梳理，湖南籍仍是第一群体。本章按照曾国藩人生不同阶段，详细揭示对他有重大影响的二三十个人物。

1　一生之成败，皆关乎朋友之贤否

　　曾国藩早年在京城为官时，给在家乡的几个弟弟写信说：一生之成败，皆关乎朋友之贤否，不可不慎也。

　　人的眼界、胸襟与人的经历有极大关系。在一个传统农业社会里，虽然足不出户也可以知天下事，但并非每个人都能如此。如果见不多、识不广，就只能做井底之蛙。

　　曾国藩24岁以前，他的足迹从未踏出湖南，到过的地方只有长沙、衡阳等地。他也像所有读书人一样，把科举考试看作改变命运的唯一途径。在湖南，除郭嵩焘、刘蓉等外，也没有结识几个对他人生有特别重要影响的人。当他的四弟曾国潢想找个书馆外出教书时，作为长兄，曾国藩回信说："我的意见是教书馆废功误事，比在家中私塾还要厉害。与其出去教馆，不如待在家塾中。如果说一出家塾，就会有明师益友，而我们那儿的所谓明师益友我都知道，并且已在平时筹算了较长时间。只有汪觉庵老师和欧阳沧溟先生，是我认为确信可以作为明师的。而衡阳风俗，只有冬天问学要紧，自五月以后，老师、弟子都是奉行故事而已。同学又都是些平庸、卑微、胸无大志的人，又最喜欢取笑人。取笑人的方

3

式五花八门，概括起来总离不开轻薄人而已。四弟如果到衡阳去读书，同学一定会以翰林的弟弟取笑你。浅薄的风俗实在可恶。家乡没有好朋友，实在是第一遗憾的事。不但无益处，而且大有坏处。习俗感染人，所谓与鲍鱼共处，也变得和它一样了。我曾和九弟说过，衡阳不可以读书，涟滨不可以读书，因为损友太多的缘故。现在四弟你确定要跟从觉庵老师学习，那么千万听我嘱咐，只取明师的益处，不要受损友之害！"

又说："我少年时天分不算低，后来整日与平庸、鄙俗的人相处，从他们身上根本学不到什么，心窍被堵塞太久了。等到乙未年到京后，才开始有志于学习诗、古文和书法。最初也没有结交良友。近年得一二良友，这才知道有所谓经学者、经济者，有所谓躬行实践者，始知范仲淹、韩琦可学而至也，司马迁、韩愈亦可学而至也，程、朱亦可学而至也。慨然思尽涤前日之污，以为更生之人，以为父母之肖子，以为诸弟之先导。"

就是在这封信中，曾国藩结合自己的成长经历，对四位弟弟提出：

> 凡人必有师，若无师，则严惮之心不生。既以丁君（长沙廪生，名叙忠）为师，此外择友则慎之又慎。昌黎曰："善不吾与，吾强与之附；不善不吾恶，吾强与之拒。"一生之成败，皆关乎朋友之贤否，不可不慎也。

曾国藩引用韩愈的处世名言，字面的意思是说：善，即使不是我参与的，我也要竭力依附过去；不善，即使不是对我有害的，我也要竭力拒绝它。引申的意思是：对于能够提升自己的良师益友，没有主动与我交往，我却一定要主动与他们交往；对于自己有害的损友，尽管他们不讨厌嫌弃自己，自己也一定要远离、拒绝与他们交往。孔子也说："益者三友，损者三友。友直、友谅、友多闻，益矣；友便辟、友善柔、友便佞，损矣。"意思是说：有益的朋友有三种，有害的朋友有三种。与正直的人交朋友、与诚实体谅人的人交朋友、与见多识广的人交朋友，有益处；与走邪门歪道的人交朋友、与谄媚逢迎的人交朋友、与花言巧语的人交朋友，有害处。常言道"物以类聚，人以群分"，孟母为什么要三迁？就是周围环境非常重要。交朋友也是如此，在青少年时代尤其重要，因为这时人的心志、性格没有定型，交友不慎，影响就会非常大。

5

从这里可以看出，曾国藩对于早年在湖南结交的朋友感到很不满。他最信服的老师，是汪觉庵和欧阳沧溟先生。衡阳廪生欧阳沧溟，字凝祉，与曾国藩的父亲曾麟书非常要好。欧阳沧溟见曾国藩不同于其他少年，就把女儿许配给他。这一年，曾国藩14岁。曾国藩20岁时，肄业于衡阳唐氏家塾，从师汪觉庵先生。由此可以说，曾国藩浸润其中，对衡阳的读书问学风气是非常了解的，他是确有所见才这样说的。

曾国藩有完整的求学、科考经历。过去把同一科考中的人，称为同年。这也是最重要的人事关系基础。14岁开始，曾国藩正式走上科举考试之路。23岁考中生员，俗称秀才，24岁在岳麓书院学习，同年考中举人。岳麓书院是创建于北宋的著名学府。广义上讲，从这里走出的同时期的学子，都有非常强的渊源关系。正是这一年，曾国藩在朱氏学舍与刘蓉相识，因志趣相同，交流十分愉快，作彻夜长谈。两人结成一生的朋友，后来又结为儿女亲家。27岁那年秋天，曾国藩路经长沙，正好赶上刘蓉与湘阴人郭嵩焘均在省城应试，三人相见甚欢，纵谈今古，昕夕无间，在一起一个多月，才各自别去。据近年在刘蓉后人家中发现的"拜帖"，三人做磕头弟兄就是这时候的事。第二年是戊戌年，道光十八年（1838），曾国藩28岁时考中第三十八名进士。这一科会试，总裁官是大学士穆彰阿及朱士彦、吴文镕、廖鸿荃，房考官是季芝昌。以上五人，都是曾国藩的老师。湖南籍考中的有五人，曾国藩与宁乡梅钟澍、茶陵陈源兖尤为交好。这一科的同年中，与曾国藩后来治军理政发生重要关系的有王履谦、晏端书、陈源兖、何桂珍、毛鸿宾、陈启迈（以上同为翰林院庶吉士）、胡大任。

曾国藩30岁时，庶吉士散馆，他授为翰林院检讨，正式为官。从翰林院为官，是仕途中的最佳起点，但也有"红翰林""黑翰林"之别。"红翰林"是指放差快、次数多的翰林；"黑翰林"是指长时间无法获得好差事的翰林，他们在京师苦熬，生活较为艰难。

曾国藩恰是一个"红翰林"，而他最要好的同年、同乡、朋友陈源兖则是"黑翰林"。道光二十三年（1843），曾国藩33岁，在大考翰林院、詹事府共127人中，以二等第一名的成绩升授翰林院侍讲，官居五品。他给其祖父报喜说："湖南以大考升官的，从前雍正二年只有陈大受，官居乾隆朝宰相，是一等第一以编修升侍读；近来道光十三年（1833）胡云阁（胡达源，胡林翼父亲）二等第四以学士升少詹，加上我才三人而已。孙子的名次不如陈大受高，而升官与之同。"据曾国藩说，此次升官，约多用银百两，东扯西借，尚不窘迫。

曾国藩这一年确是好事不断。在五月共有 241 人参加的考差中，曾国藩被取中，六月被钦命为四川正考官。曾国藩乃至曾家在经济上有重大改善，确是因为这次考差的收入。这次任考官，共录取宋文观等 62 名、副榜 12 名举人。这些人也成为曾国藩的门生。按照科场上约定俗成的规矩，门生要给老师谢仪，少则几两，多则十几两、几十两。曾国藩此次四川充任乡试主考官，收取门生谢仪约 1500 两。这是其五品官年收入的 20 多倍。所以他在次年初写给父母的信中说："男前次信回，言付银千两至家。以六百为家中完债及零用之费，以四百为馈赠戚族之用。""虽未畜车，而每出必以车，无一处徒步。"次年，曾国藩充翰林院教习庶吉士。八月，新宁举人江忠源因准备明年会试，留在京师，因郭嵩焘引见求见曾国藩。江忠源素以任侠自喜，不事绳检，曾国藩与他谈论市井琐事，醋笑移时。曾国藩目送江忠源离去时，对郭嵩焘说："京师求如此人才不可得。"又说："是人必立功名于天下，然当以节义死。"江忠源自此遂师事曾国藩。

道光二十五年（1845）三月，曾国藩被钦派为会试同考官。签分第十八房，荐卷 64 本，中试周士炳等 19 人。李鸿章中甲辰科（道光二十四年，1844 年）举人，是年九月入都会试，拜师曾国藩。曾国藩对其十分器重。道光二十七年

（1847），曾国藩迎来仕途中的重要升迁，升授内阁学士，兼礼部侍郎衔，超越四级，由从四品骤升至从二品。湖南37岁至二品者，此前还没有过。以后除户部外，曾国藩任六部中吏、礼、兵、刑、工五部侍郎。咸丰二年（1852）六月，曾国藩又充江西乡试主考官。因母亲去世，回籍守丧，后来办湘军。

　　与曾国藩关系最好的同乡、同年进士陈源兖（字岱云），曾国藩称他为"与吾处处痛痒相关"，却是在京城苦熬的"黑翰林"。曾国藩说陈因未得考差，过得辛苦，"南北负累，时常忧贫"。道光二十五年（1845）底，陈源兖外放知府，但陈并不以为荣，曾国藩在写给父母信中说："岱云年仅三十二岁，而以翰林出为太守，也是近来所仅见的。别人都为他庆幸，而他却因不得外放做主考、学政而遗憾。并且近日地方官的情形，做什么事都常被人掣肘，不如京官清贵安稳。能多外差，固为幸事，即便不得外差，亦可读书提高声望，不沾染俗世尘埃。岱云虽以得任知府为荣，但还是以离开翰林院而后悔。自接到外放任命后，收拾了一个多月，已于十二月二十八出京。"曾国藩练湘军后，其九弟曾国荃赴吉安训练，多得知府陈源兖的照顾。曾国藩与陈源兖后来结为亲家。

8

2 京城"破圈"的人际交往

《史记·张释之冯唐列传》中有一句话："不知其人，视其友。"如果你对这个人不了解，最好的方法之一就是看他所结交的朋友。曾国藩考中进士后留在了翰林院，在京城结交了很多新的朋友，这些新朋友大多属于"破圈"的交往，不但让曾国藩极大地开阔了眼界，更为曾国藩一生的事功奠定了异常坚固的基础。他们中的很多人成为曾国藩一生的挚友。早在曾国藩第一次走出湖南、踏入京城时，他就眼界大开。那是道光十五年（1835），25岁的曾国藩千里迢迢来到京城，住在长沙郡馆，第一次参加会试，但没有考中。因为明年举行恩科，曾国藩与家人商量，留在京师读书备考。这是他走出狭小科举之路的开始。他研究经史，尤好韩愈之文，"慨然思蹑而从之，治古文词自此始"。

眼界打开了，曾国藩颇有豪情万丈的气概。他写了这样一首诗：

> 去年此际赋长征，豪气思屠大海鲸。
> 湖上三更邀月饮，天边万岭挟舟行。

竟将云梦吞如芥，未信君山铲不平。

偏是东皇来去易，又吹草绿满蓬瀛。

遗憾的是，次年的恩科仍名落孙山。曾国藩并没有气馁，他沿着运河下了江南。在经过江苏睢宁县时，得知同乡易作梅在睢宁任知县，因而前去拜访。易作梅，字春谷，是湖南湘乡大坪人，离曾国藩老家荷叶不远，是嘉庆二十五年（1820）进士。因在京一年有余，曾国藩连回家的路费都没有了，易作梅便借给他银子百两。曾国藩借了大笔盘缠，经清江、扬州，到了金陵。六朝古都人文荟萃，刻书业非常发达。曾国藩看中一套《廿三史》，但价格远超所余的盘缠，他把所有的钱都拿了出来，仍然不够，只能把衣服当了。等溯江而上回到家，展示所购《廿三史》，父亲曾麟书问起书的由来，且喜且诚之曰："你借钱买书，我不惜为你弥缝，你只要能悉心读下来，圈点一遍，就算不辜负我的付出了。"曾国藩听后感到很惶恐，发誓每天读十页，间断为不孝。自此，拂晓起来读书，半夜才休息，泛览百家，一年时间足不出户。

功夫不负有心人。曾国藩终于在道光十八年（1838），他28岁那年考中进士，并选为翰林院庶吉士，继续深造，进入词垣。他的老师为他改名国藩。他毅然有效法前贤、澄清天下之志。读书自为课程，编摩记注，分为五门，曰茶余偶谈、过隙影、馈贫粮、诗文钞、诗文草，时有论述，不以示人。他跨过了进入仕途的门槛，也认识到取得功名仅是人生之一端。他在写给几个弟弟的信中说："我觉得六弟今年考中当然好，万一考不中，就应该把以前的东西彻底放弃，一心一意地学习前辈们的文章。年纪已过了二十，不算小了。如果还似摸墙走路一般，为考试卜题忙碌，等到将来时间付出了而学业仍不是精通，一定会悔恨失策的，不能不早做打算啊。我以前确实也没看到这一点，幸亏早早得到了功名，而没受到损害。假如到现在还未考中，那么几十年都为了考取功名奔忙，仍然一无所得，怎能不羞愧呢？这里误了多少人的一生啊！国华是世家子弟，具备天资又聪明过人，即使考不中，也不会到挨饿的地步，又何必为科举耽误了一生呢！"

　　曾国藩在京城踏入另外一个人际交往的圈子，而发奋读书，是从 30 岁开始的。这又有赖于好友的"挟持"。其中，唐鉴（字镜海）对他的影响尤其大。湖南善化人唐鉴，是当时著名的理学家，道光二十一年（1841）七月，他由江宁布政使入京，出任太常寺卿。既是同乡，又是仰慕的学问家，曾国藩追随唐鉴讲求为学之道。当时曾国藩对历史研读尤为用功，他力图从古人的智慧中吸取经验得失。唐鉴专以义理之学相勉励。曾国藩到琉璃厂，买了一部《朱子全书》。唐鉴教曾国藩敦品治学，当以《朱子全书》为依据。这书不仅要熟读熟记，而且要照着书中所说的身体力行。他告诉曾国藩学问有三途，即义理、考据、辞章，其中以义理为首要。只要能在义理上痛下功夫，其余文章、辞赋都是末流小技，毫无难处。而义理工夫最切要处，乃在于"不自欺"。时贤在这方面用功最笃实的，首推倭仁。他每天从早到晚，饮食言行，都有札记；凡自己思想、行为有不合于义理的，全都记载下来，以期自我纠正。曾国藩认为古人所谓的"经济之学"，似不是上述三种学问所能涵括。唐鉴说："经济之学，即在义理之内，不必他求。至于用功着力，应该从读史下手。因为历代治迹，典章昭然俱在，取法前贤以治当世，已经足够了。"唐鉴与曾国藩这次谈话的时间是道光二十一年（1841）七月十四日。曾国藩听了很受感动，他自己说："听了唐先生这番话，使我宛如盲人重见光明一样。"他致信同乡前辈贺长龄说："我最初治学，不知根本，寻声逐响而已。自从认识了唐镜海先生，才从他那里窥见一点学问的门径。"

由于唐鉴谙熟于义理之学，亦即宋朝的道学，曾国藩常向他请益，用力于宋儒之学，这对他的伦理道德思想及克己省复功夫影响尤大。曾国藩后来在对太平天国的战争中，经常在困难拂逆的环境中艰苦支撑，若不是靠着坚忍强毅的意志力量周旋到底，恐怕也不能坚持到最后的胜利。而这种坚忍强毅的意志力量，就得益于他此一时期的陶铸。唐鉴在太常寺的时间不是很长，后因病回乡。曾国藩为他刊刻著作。

曾国藩拜师交友有他的原则和标准。他说："若果威仪可测，淳实宏通，师之可也；若仅博雅能文，友之可也。"就是说一个人若举止威仪，诚实通达，可以尊之为师；一个人若博学典雅，擅长诗文，可以待之为友。前者如唐鉴，后者如赵烈文。曾国藩还说，无论是尊为师还是结为友，都应当常存敬畏之心，不能视为与自己平等的人，渐渐地怠慢不敬，如果这样就再也不会从他身上获得教益了。

倭仁也是京师出名的理学大师。曾国藩对他的倾倒，仅次于唐鉴。为了学习倭仁的"诚意"和"慎独"功夫，曾国藩从道光二十二年（1842）十月初一日起，便立志"自新"：一是和倭仁一样，将自己的意念和行事，逐日以楷书写在日记上，以便随时检点克制。二是为自己规定十二条课程，照此努力实行。三是将所写日记，定期送与倭仁审阅，并请他在上面作眉批，提出批评。虽然这种楷书日记没有写满一年，次年七月便因为出任四川乡试正考官，旅途中无暇而改用行书，此后的日记也没有再请倭仁批阅，但在日记中时时刻刻自讼自责的精神，却终身不变。

吴廷栋（号竹如），也是曾国藩交往非常好的朋友。道光二十年（1840）六月，曾国藩寓居果子巷万顺客店，病热危剧。同寓湘潭人欧阳兆熊（字小岑）细心照顾，六安人吴廷栋为其诊治。至八月初，病渐好，始能食粥。吴廷栋动员曾国藩搬到城里来，因为"城内镜海先生可以师事，倭艮峰（倭仁）先生、窦兰泉（即窦垿）可以友事。师友夹持，虽懦夫亦有立志"。有好老师和好朋友的帮助扶持，就算是懦夫也会立志上进的。曾国藩在理学方面的成就，可以说主要得益于唐鉴、倭仁等人。

对于搬到城里和师友相处，他也表示认同：

> 予思朱子言："为学譬如熬肉，先须用猛火煮，然后用慢火温。"予生平工夫，全未用猛火煮过，虽略有见识，乃是从悟境得来。偶用功，亦不过优游玩索已耳，如未沸之汤，遽用慢火温之，将愈煮愈不熟矣。以是急思搬进城内，屏除一切，从事于克己之学。

曾国藩认为，朱子说为学如煲肉汤一样，先用猛火煮，再用慢火温。自己生平的功夫并没有全用猛火煮过，不求甚

心欲小志欲大智欲圓行欲方

能欲多事欲鮮

丹初仁兄同年集句屬書

言有教動有法畫有為宵有得

息有養瞬有存

同治壬戌閏八月 曾國藩

曾国藩手书"心欲小，志欲大"联语

解者居多，就算略有见识，也是一时所悟，偶尔用功却如未沸之汤，改用慢火去温，结果越煮越不熟。所以要搬到城里去，抛掉一切杂念，使自己能够学有所成。

搬进城里去，房租会贵很多，曾国藩有所犹豫，他还舍不下城外的朋友。

城外朋友，予亦有思常见者数人，如邵蕙西、吴子序、何子贞、陈岱云是也。蕙西常言："与周公瑾交，如饮醇醪。"我两人颇有此风味，故每见辄长谈不舍。子序之为人，予至今不能定其品，然识见最大且精，尝教我云："用功譬若掘井，与其多掘数井而皆不及泉，何若老守一井，力求及泉而用之不竭乎？"此语正与予病相合，盖予所谓掘井多而皆不及泉者也。

城外的朋友经常跟他讲的，有的确实说中曾国藩身上的毛病。吴子序所说的"用功譬若掘井，与其多掘数井而皆不及泉，何若老守一井，力求及泉而用之不竭"，对他后来治军理政有重要影响。平定捻军时，他就与刘铭传以此互勉。

有了良师益友的加持，曾国藩的进步非常明显。他对几个弟弟兴奋地说：

余之益友，如倭艮峰之瑟僩，令人对之肃然。吴竹如、窦兰泉之精义，一言一事，必求至是。吴子序、邵蕙西之谈经，深思明辨。何子贞之谈字，其精妙处，无一不合，其谈诗尤最符契。子贞深喜吾诗，故吾自十月来，已作诗十八首，兹抄二叶付回，与诸弟阅。冯树堂、陈岱云之立志，汲汲不遑，亦良友也。镜海先生，吾虽未尝执贽请业，而心已师之矣。

曾国藩在京城结交的益友，名单越来越长："现在朋友愈多，讲躬行心得者则有唐镜海先生、倭仁前辈，以及吴竹如、窦兰泉、冯树堂数人；穷经学理者，则有吴子序、邵蕙西；讲习诗文而艺通于道者，则有何子贞；才气奔放，则有汤海秋；英气逼人，志大神静，则有黄子寿。又有王少鹤、朱廉甫、吴莘畲、庞作人。这四位皆是听说了我的名声而先来登门拜访的。虽说他们造诣有深有浅，但都是有志之士，不甘于庸碌无为。京师为人文荟萃之地，不去探求便没有，越探求人才越多，近来闻好友甚多，我不欲先去拜人，恐徒标榜虚名。交朋友是要匡正自己的不足，这样大有益处；自我标榜以盗虚名，则是大大有损。"

在曾国藩的交友圈中，对他有重要影响的，还有刘传莹。刘传莹是湖北汉阳人，专攻古文经学，精通考据。曾国藩通过与刘传莹的交往，大大弥补了自己古文字上的不足。道光二十六年（1846），曾国藩在城南报国寺养病期间，向他请教古文经学与考据。刘传莹也正因为自己只在古文经学方面有造诣，遂向曾国藩请教理学。于是，二人互相切磋，取长补短，成为挚友。曾国藩通过与刘传莹的交往，拓展了学识，在学术领域走上全面发展的道路。他在给同乡好友刘蓉的信中表达了自己在学术上的见解和志向，欲兼取汉、宋二家之长，见道既深且博，为文复臻于无累。不计门户，取长补短，向来是成功的方向。

何绍基，字子贞，精通书法，擅长吟咏。曾国藩与其交往，觉得何绍基所长正是自己的不足。从此以后，他非常重视写作和赋诗。

另外，他还经常与吴廷栋、何桂珍等人讨论理学，向邵懿辰请教今文经学。

这些朋友在京城都颇有名气。同他们的交往不仅增长了学识，也大大提高了曾国藩在京城的个人声望。他在家书中称自己"昔在京颇著清望"。这也是他在京城迅速发迹的原因之一。

3 未发迹时善交人

中国古代有一则寓言，说一位年轻人到海边看垂钓，见老者不时就有鱼上网，一时羡慕不已。老者告诉年轻人，这样看下去，不如回家织个网，就会有鱼上钩了。这就是"临渊羡鱼，不如退而结网"。

曾国藩后来治军理政，把交际之事列入四大事类之中，与兵事、饷事、吏事并列，可见他对人际交往的重视程度。曾国藩凭借平时的苦读及学业上的深厚功底，不仅金榜题名，而且在仕途上获得了超乎常人的升迁，这与他善交人有直接关系。

道光二十年（1840）年四月，翰林院庶吉士散馆时，曾国藩的成绩列二等第十九名，被授为检讨，留在翰林院供职。当时仅是七品官。七年后，37岁的他升至从二品的内阁学士，从此步步高升，一帆风顺。

清代末年，仕途冗滥，升迁很难。而出身寒门的曾国藩却七年连跃十级，在当时是极为罕见的，连他自己都感到十分意外。他在升任内阁学士兼礼部侍郎时，给祖父写信说："六月初二日孙儿荷蒙皇上破格天恩，升授内阁学士兼礼部侍郎衔，由从四品骤升二品，超越四级，迁擢不次。"曾国藩升迁如此之快，原因不外有二：第一，他自己养之有素。他在翰林期间，向来苦读积学，用功不懈，历次考试成绩都很突出，确有真才实学。第二，他在京期间把握住了有利的时机，广泛交际。13 年的京宦生活，使他结交了许多志同道合的朋友。他与朋友相互切磋，不仅在学业上有所长进，而且他们中的许多人都成为日后曾国藩事业上的帮手。

曾国藩在京师的发迹，实得力于老师穆彰阿的提携。穆彰阿，字鹤舫，姓郭佳氏，是满洲镶蓝旗人，嘉庆十年（1805）进士。历任内务府大臣、步军统领、兵部尚书、户部尚书、大学士等职。受道光帝宠信，任军机大臣 20 余年，后有人评论他说："在位二十年，亦爱才，亦不大贪，惟性巧佞，以欺罔蒙蔽为务。"这个评价比较中肯。

道光继位以后，为防止大权旁落，选择官员十分谨慎，时加防范，却与曹振镛、穆彰阿"有水乳之合"之意，非常信任。

曹振镛性情模棱两可，善于逢迎谄谀，又最为嫉贤妒能。他做官的妙诀是"多磕头，少说话"。曾国藩对他颇有微词，咸丰帝即位之初，他上疏直陈时政，尤其对用人提出尖锐批评，针对的就是曹振镛当政时期所造成的不良政风。曹死后，穆彰阿继之而起。他最善于窥测道光皇帝的意向，进而施加自己的影响，党同伐异。鸦片战争前，道光帝决心查禁鸦片，任命林则徐为钦差大臣，赴广东禁烟。鸦片战争爆发后，他窥知道光皇帝已改变禁烟的主意，遂怂恿与英国人妥协和议。道光帝于是罢免了林则徐。终道光一朝，穆彰

湯鹽孔鼎有述作

錨略班藝供研搜

鶴舲穆彰阿書

穆彰阿行书七言联

阿受宠不衰。穆彰阿自嘉庆以来，典乡试三次、典会试五次。大凡复试、殿试、朝考、庶吉士散馆考差、大考翰詹，没有一年不参预，故门生旧吏遍布朝廷内外，知名之士多被他援引，一时号称"穆党"。

曾国藩戊戌年会考得中，总裁就是穆彰阿，于是二人便有师生之谊，曾国藩借此经常与他往来。曾国藩勤奋好学，工作勤勉，又有几分才干，对穆彰阿经常请教，故颇得穆彰阿的器重和赏识。翰詹大考照例六年一次。道光二十三年（1843）三月，距离上次大考仅有四年，道光帝却突然下令，命所有翰林院、詹事府官员参加大考。曾国藩接到谕旨后，"心甚着急，缘写作俱生，恐不能完卷"。关于这次大考的情形，曾国藩后来写信告诉祖父母时说：

> 三月初六日奉上谕，于初十日大考翰詹，在圆明园正大光明殿考试。孙初闻之，心甚惊恐，盖久不作赋，字亦生疏。向来大考，大约六年一次。此次自己亥岁二月大考到今，仅满四年，万不料有此一举。故同人闻命下之时，无不惶悚。孙与陈岱云等在园同寓。初十日卯刻进场，酉正出场。题目另纸敬录，诗赋亦另誊出。通共翰詹一百二十七人，告病不入场者三人（邵灿，己亥湖南主考。锡麟、江泰来，安徽人），病愈仍须补考。在殿上搜出夹带比交刑部治罪者一人，名如山（戊戌同年）。其余皆整齐完场。十一日皇上亲阅卷一日。十二日钦派阅卷大臣七人，阅毕拟定名次，进呈皇上钦定。一等五名，二等五十五名，三等五十六名，四等七名。

孙蒙皇上天恩，拔取二等第一名。……孙蒙皇上格外天恩，升授翰林院侍讲，十七日谢恩。现在尚未补缺，有缺出即应孙补。

这次大考翰詹，穆彰阿为总考官。交卷之后，穆彰阿便向曾国藩索要应试诗赋。曾国藩随即回住处将诗赋誊清，亲自送往穆府。这一次拜访似乎成为曾国藩迅速升迁的契机。在此之前，曾国藩的品级一直滞留未动。从此后，几乎年年升迁，岁岁加衔，迅速由从七品跃为从二品，前后变化十分明显。

徐珂在《清稗类钞》中，对曾国藩官运的转机作过生动描述：某一天，曾国藩忽然接到皇帝次日召见的谕旨，他连夜到穆彰阿家暂歇。第二天被带到皇宫某处，环顾四周，发现并非平日等候召见的地方，无奈白白等了半天，只好又回到穆府，准备次日再去。晚上，穆彰阿问曾国藩说："汝见壁间（白天被带去的地方）所悬字幅否？"曾国藩答不上来，穆怅然曰："机缘可惜。"踌躇久之，召来自己的仆从，对他说："你立即用银四百两交给某内监，嘱他将某处壁间字幅秉烛代录，这些银两即作酬劳。"当天夜里，仆从将太监抄录的壁间字幅送给穆彰阿。穆彰阿令曾国藩熟记于胸。次日入觐，则皇帝所问皆壁间所悬历朝圣训。因为奏对称旨，曾国藩大受赏识，道光帝还对穆曰："你曾说曾某遇事留心，果然如此。"从此，曾国藩便"骎骎向用矣"。

曾国藩的日记，详细记述了这几天应考的情况。

道光三十年（1850）十二月，咸丰即位已近一年，穆彰阿已被罢官，曾国藩在除夕这天，早饭后至穆彰阿处。后来打下金陵，进京时穆彰阿已去世，曾国藩仍到穆宅看望穆的家人，并送礼金。同治七年（1868）底，曾国藩的结发妻子欧阳夫人眼疾日益加重，他不相信西洋人的治疗办法，在写给儿子曾纪泽的信中还引用穆彰阿的话：

> 洋人电气线之说断不宜信，目光非他物可比。所恶于智者，为其凿也。不如服药，专治本病，目光则听其自然。穆相一生患目疾，尝语余云："治目宜补阳分，不可滋阴，尤不可服凉药。"如彼之说，则熟地大有碍于目矣，试详参之。

4 联姻自固，扩展在家乡的影响

传统中国有所谓裙带关系，这是文明不发达的表现。曾国藩早年换过帖子的至交好友，像刘蓉、郭嵩焘、罗泽南等人，后来都结为亲家。

曾国藩 37 岁升为"副部级"高官，后来位至两江总督、直隶总督，最高升至大学士，俗称宰相。他与妻子欧阳夫人共育有二子五女，都是任京官时所生。在地方办湘军、任封疆大吏时，虽纳过一妾（陈氏），但陈氏不久病故，没有给曾国藩生育。由此，曾国藩的家庭关系相对简单，不像一般高官家庭那样复杂。

曾纪泽是曾国藩的长子，他出生那一年，曾国藩 29 岁。他娶的是贺长龄的女儿。

贺长龄是湖南善化人，是嘉道以来湖南崛起的标志性人物之一，官至云贵总督。任江宁布政使时，委托幕僚魏源纂辑《皇朝经世文编》，这部书是经世派的代表作。曾国藩早年颇得贺长龄的器重。曾国藩去世不久，由李鸿章兄弟编的《曾文正公集》，书信部分收录曾国藩第一封写给友人的书信，就是写给贺长龄的。贺长龄比曾国藩年长，在道光

二十八年（1848）就去世了，那时曾国藩仕途正盛。

两家儿女订的是娃娃亲，贺长龄晚年虽被罢官解职，一年后就去世了，但曾国藩没有因贺家门庭冷落而毁约。咸丰六年（1856），曾纪泽18岁，与贺长龄之女完婚。不幸的是，贺氏因难产而逝。

贺长龄有个弟弟贺熙龄，也是进士，翰林院庶吉士，主讲长沙城南书院八年之久。他去世前将女儿许配给左宗棠之子。而左宗棠之女嫁给陶澍之子陶桄为妻。胡林翼又是陶澍的女婿。如此说来，湘军核心三人，曾国藩、胡林翼、左宗棠之间存在姻亲关系。

曾纪泽在原配夫人贺氏去世后，由彭玉麟做媒，又娶刘蓉之女为妻。

刘蓉是曾国藩的小老乡，湖南湘乡人，字孟容，一作孟蓉，号霞仙。诸生出身，年少时就同曾国藩、罗泽南一起讲求程朱理学。稍长，与曾国藩共读于湘乡涟滨书院。随后，又与曾国藩、郭嵩焘同在长沙切磋学术，关系极为密切，三人曾换帖订交。他同曾国藩的气质尤为相近，立志要做建功立业的人物。

曾国藩考中进士、在京做官，还常与刘蓉书信往返，反复讨论学术风向问题。曾国藩在信中坦承，自己学业和志向的进步，离不开好友刘蓉的启发。当曾国藩官升副部，向好友刘蓉报喜时，刘蓉勉励曾国藩说："既已达而在上矣，则当行道于天下，以宏济艰难为心。"如果仅"托文采以庇身"，则有华无实，舍本求末，人生的意义也就不复存在了。作为一个文人士子，应以"救于治乱"为己任，以"以身殉国"

为最终目的。当九弟曾国荃想与刘蓉一起读书时，曾国藩极表赞成，在给父母的信中说：

> 此事在九弟自为定计，若愧奋直前，有破釜沉舟之志，则远游不负。若徒悠忽因循，则近处尽可度日，何必远行百里外哉？求大人察九弟之志而定计焉。

又说："罗山（罗泽南）兄甚为刘霞仙（刘蓉）、欧晓岑（欧阳兆熊）所推服，有杨生（名任光）亦能道其梗概，罗山可以为人师表是再明白不过的了，可惜我不能常与他一起交流。"

曾国藩回家乡办湘军伊始，邀请好友刘蓉、郭嵩焘二人加入幕府相助，二人与曾国藩约定："服劳不辞，惟不乐仕宦，不专任事，不求保举。"刘蓉后来将自己的诗文辑录成册，取名为《养晦堂诗文集》，请曾国藩写序跋。曾国藩文中称赞："吾友刘君孟容，湛默而严恭，好道而寡欲。自其壮岁，则已泊然而外富贵矣。既而察物观变，又能外乎名誉。"两人相同的志趣，深厚的友情，自然是他们成为儿女亲家的牢固基础。

曾国藩另一个早年至交郭嵩焘，是湖南湘阴人（今属汨罗市）。他 18 岁时就读于长沙岳麓书院，结识了刘蓉。因刘蓉是曾国藩的同乡旧好，经刘蓉介绍，郭嵩焘与曾国藩相见，"欣然联欢为昆弟交，以问学相切"。曾、刘都是立志要建功立业的人物，但郭的志向与他们有所不同。他专注于词翰之美，也就是说一心想做一个真正的学者。

刘蓉在一封信中说，曾国藩将来必定是一位建功立业的大人物，不是一般读书人所能比拟的，而你郭嵩焘尽管学问不错，有可能成为文苑传人，但我对你的期望不仅于此。刘蓉的规劝之词并未改变郭嵩焘的个人志向，郭终生不改文人气质。郭嵩焘后来中进士、进入翰林院，任苏松粮储道、两淮盐运使、广东巡抚、兵部左侍郎、礼部左侍郎、出使英法公使等职，但他在思想上是一位开新的人物，在保守力量非常强大的背景下，仕途坎坷，罢官后老死故乡。

作为郭嵩焘的好朋友，曾国藩对郭的气质非常了解，认为他文人气太重，难以胜任繁剧的官职。同治初年，先郭发达的李鸿章一意保奏郭嵩焘到江苏做官时，曾国藩特别告诉李："筠公芬芳悱恻，然著述之才，非繁剧之才也。"这就是说，郭嵩焘是屈原之类人才，他喜议论，好批评，容易不满现实，近似于屈原、贾谊式的不得志而又不为当道所欢迎的人物，不是担当繁剧之任的料。郭嵩焘后来的遭遇证实了曾国藩的判断。

尽管郭嵩焘与曾国藩志趣不同、性格有异，但并不影响他们之间至交好友的关系。1844年和1845年，郭嵩焘两度赴京会试于礼部，吃住均在曾国藩处。发榜之后，郭名落孙山，不无忧郁之情，曾国藩"力劝之，共酌酒数杯"。

道光二十七年（1847）三月，郭嵩焘又赴京会试，仍吃住在曾国藩那里达数月之久，这次他终于金榜高中，授翰林院庶吉士。正因为二人之间有着亲如兄弟般的交情，所以当曾国藩拒绝"夺情"出山时，郭嵩焘不惜连夜急行120里，力劝曾国藩抓住此次澄清天下的机会。曾国藩终于为其所动，走上人生的另一个赛道，而郭嵩焘并没有袖手旁观做看客，他是第一个加入曾国藩幕府的好友。曾国藩办湘军，经费紧张，郭嵩焘提出厘捐之议，为之规划盐厘之法，解决了湘军的经费困难。特别是湘军水师的创建，也来自郭嵩焘的建议。

有坚实的友情做基础，后来曾国藩的四女曾纪纯成为郭嵩焘长子郭刚基之妻。郭刚基品学兼优，无奈因用功过劳，与曾纪纯结婚不到三年就病故了。曾国藩应郭嵩焘之请，为贤婿写下《郭依永墓志铭》，以作纪念。

有"湘军教父"之称的罗泽南，是曾国藩早年从学问道的朋友，又是曾国藩诸弟的老师。咸丰即位之初，曾国藩连上三疏直陈时弊，罗泽南在家乡读其疏，欣慰之余又勉励有加。曾国藩回信表示："来书反复陈譬，所以砭警愚顽良厚，中如'有所畏而不敢言者，人臣贪位之私心也。不务其本而徒言其末者，后世苟且之学也'四语，国藩读之，尤复悚感。"时值曾国藩又上《圣德三端预防流弊》一疏，与罗泽南冀望于曾国藩的若合符节，他向罗感叹：

28

> 万里神交，其真有不可解者耶？今录往一通，阁下详览而辱教之。山中故人，如刘孟容、郭筠仙昆季、江岷樵、彭筱房、朱尧阶、欧晓岑诸君，不妨一一寄示。道国藩忝窃高位，不敢脂韦取容，以重负故人之期望者，此疏其发端也。

也可以说，正是家乡数君子对曾国藩的冀望和鞭策，让曾国藩不敢苟且贪生，碌碌无为。曾国藩回籍办团练，罗泽南所带之勇（即后来湘军最初始的队伍），上马杀敌、下马读书的湘军家法，也来自罗泽南。咸丰六年（1856），罗泽南驰骋疆场数载，在武汉身亡。曾国藩感念罗泽南，将自己的女儿嫁给罗泽南之子。

李元度是曾国藩患难相依的忘年交，几次舍死护从曾国藩，曾国藩发誓"三不忘"。打下金陵后，曾国藩向同治帝上疏，请开复李元度处分。后来，李元度与曾纪泽兄弟结为儿女亲家。

曾国藩与李鸿章两家也有姻缘。李鸿章和他的弟弟李鹤章同入曾国藩幕府。曾与李的父亲李文安是"同年"，加之李瀚章、李鸿章均正式拜曾国藩为师，属于曾的得意门生，所以李鹤章与曾纪泽后来成为儿女亲家，李的第四子娶曾纪泽的长女为妻，使曾、李两家亲上加亲，联为一家。由于有如此之多的贤亲家，曾国藩如虎添翼，在成就大事中多了几分力量。

5 择交是第一要事，须择志趣远大者

人的一生如果结交了好的朋友，就可以患难与共，相互砥砺，不仅可以成为情感的慰藉，也可以成为事业的基石。

曾国藩次子曾纪鸿，于同治三年（1864）第一次参加科举考试，适逢曾国藩与其弟曾国荃率湘军攻陷金陵，曾国藩兄弟受封侯爵与伯爵。曾国藩在写给曾纪鸿的信中说：

> 余与沅叔蒙恩晋封侯伯，门户太盛，深为祗惧。尔在省以谦敬二字为主，事事请问意臣、芝生两姻叔，断不可送条子，致腾物议。……择交是第一要事，须择志趣远大者。

曾国藩在为儿辈选择私塾先生时，也以志趣严正为标准。曾国藩在办湘军最艰难时，给九弟曾国荃写信说：

> 今年有得意之事两端：一则弟在吉安声名极好；一则家中所请邓、葛二师品学俱优，勤严并著。邓师终日端坐，有威可畏，文有根柢而又曲合时趋，讲书极明正

义而又易于听受。葛师志趣方正，学规谨严，小儿等畏之如神明，而代管琐事亦甚妥协。此二者皆余所深慰。虽愁闷之际，足以自宽解者也。

曾国藩晚年功高位重，外甥王镇墉进京参加科考，他告之以交友为用：

> 甥初入京，总以勤、俭、敬、信四字为本，而以择交为用。无四字则凡事皆无根柢，纵有才华，亦浮荣耳；不择交则无观摩规劝之益，故须物色贤者，明以为友，暗奉为师，乃借以约束身心之资也。

见王镇墉回信一次后未再写信，曾国藩关切地再问："甥在京寓居何处？择交果能得益友否？"并提醒他，"'勤俭敬信'四字，刻刻宜自循省。进德修业，皆以此四字为体，慎择交游为用。"

京师人文荟萃，交友对一个人的成长尤为重要，对此曾国藩有切身体会。姻亲李光久进京，曾国藩嘱咐说：

> 阁下初次入都，总以俭约为本，而以择交为用。守俭则用财有节，无世家骄奢气象，有寒士拘谨风味，自可敛抑寡过。慎交则访求贤者，明奉为友，暗师法之，借以检束身心、扩充识界，受益无穷。

6 药石之友，催人向上

中国人讲友情，对于同年（今日之同学）、同乡，自然要比其他人亲切，交往也会多一些。曾国藩的同年进士中，与同属湖南的陈源兖（字岱云）关系非常密切。

二人的交往早在中进士前。道光十八年（1838），二人中同科进士，来往更加密切，至陈源兖外放知府前的几年间，几乎无日不来往，他们畅谈古今天下事，学问、人生、官场风气成为经常性话题。互相期许和勉励，遇事坦诚相见，让二人成为至交。曾国藩在日记中写道：

> 岱云来，久谈，彼此相勖以善。予言皆己所未能而责人者。岱云言，余第一要戒"慢"字，谓我无处不着怠慢之气，真切中膏肓也。又言予于朋友，每相恃过深，不知量而后入，随处不留分寸，卒至小者龃龉，大者凶隙，不可不慎。又言我处事不患不精明，患太刻薄，须步步留心。

曾国藩从内心深处感到这位同年好友指出他的处事缺

点，真是一语中的，以致发出"直哉，岱云克敦友谊"的感叹。这样的朋友才是真朋友。

曾国藩对陈源兖也真心相与，如亲兄弟一样。道光二十三年（1843），陈源兖大病一场，曾国藩几乎天天去看望，有时甚至通宵达旦守护在他的身旁。次年，陈妻病逝，曾国藩为之操办一切丧事。后来又为陈氏撰写墓志铭，为其母撰写生日宴集宾僚诗序等充满情意的文章。

曾国藩对于陈源兖的不足之处也直言批评。陈源兖有时心地高傲，言行不周，常常引起别人的误解。陈源兖的母亲去世之后，不少朋友送了奠帐之类礼物，一般人都得到他的回谢，但唯独未给雷以诚回书。曾国藩一针见血地指出：

> 人随时须养气，好留为他日相见地也。阁下于雷鹤皋处独无谢书，想渠于公幛称谓略傲然。此等处最不要紧，必须消融净尽，乃可为入德之方，亦即养生之道也。至要至要，务求三思。

陈源兖有时脾气不好，对妻子的思念之情往往影响到为官处事。对此，曾国藩提出严厉批评：

> 前面与岱云谈时，曾称尊嫂为陈氏功臣。近闻又夺还铁券一次，吾不信也。果尔，则国藩临别曾嘱老岱惩忿，又忘之耶？自彼此病后，不啻一家骨肉，故敢道及，亮不见罪。

情同手足的关系，使曾国藩在京城的生活充实愉快。道光二十五年（1845），陈源兖奉旨赴任吉安太守，曾国藩的生活好像缺了什么。惆怅之余，他撰写一篇《送陈岱云出守吉安序》，勉励"丈夫要努力，无为苦惆怅"。当他接到陈从江西寄来的书信后，欣喜之情无以言表，深深怀念同在京城友好相处的日子："计与阁下相处八年，忧戚爱憎，无一不相告问，每有称意之言，与不可于心之事，辄先走白阁下。今遽乖分，如何可任！"但人世间悲欢离合的事是经常发生的，曾国藩唯有勉励好友洁身自好，清正廉明为官。

在一般人的眼里，地方官比京官好处多。陈源兖在吉安知府后，又调广信知府，命运不谓不佳。因此，曾国藩在书信中提醒他，绝对不要锋芒毕露，以免引起别人的忌恨："岱老在外间历练，能韬锋敛锐否？胡以世态生光，君以气节生芒。其源不同，而其为人所忌一也。尚祈慎旃！"陈源兖"比移广信，士友啧啧以肥缺相慕，眼光如豆，世态类然"，曾国藩提醒好友注意。

咸丰三年（1853）十二月，庐州城被太平军攻破，陈源兖自杀身亡。早在十年前，陈源兖的妻子易氏病逝后，曾国藩为其幼子陈远济雇了一个乳妈，吃住在曾国藩家中数年之久。陈源兖去世后，曾国藩把这位未来的女婿视为亲子，在学业和生活上予以多方关照，并于同治元年（1862）委托四弟曾国潢主持操办曾纪耀与陈远济的婚礼，以慰挚友陈源兖于九泉之下。

7　求友贵专，交友要慎

曾国藩交友广泛，但他又提出，深交之人要慎重，要宁缺毋滥。在写给弟弟的信中说：

> 凡事皆贵专。求师不专，则受益也不入；求友不专，则博爱而不亲。心有所专宗，而博观他途以扩其识，亦无不可。无所专宗，而见异思迁，此眩彼夺，则大不可。

交友最忌讳以利相交。孟子说："友也者，友其德也，不可以有挟也。"所谓交友，是看重其品德而相交，而不是倚仗什么和他相交。如果以利相交，就会利尽情绝。

曾国藩最称许管仲和鲍叔牙这样的朋友。

鲍叔牙是齐国大夫，以知人著称，少时与管仲结为挚友。齐桓公即位后，任命鲍叔牙为宰相，他辞谢不受，力荐管仲。齐桓公因重用管仲，得以称霸诸侯。后来鲍叔牙病逝，管仲闻讯大哭，有人问他："你与鲍叔牙既非君臣，又非父子，为何如此伤心？"管仲说："你有所不知，鲍叔牙是我最崇敬的知心人。我曾与他同去南阳做小买卖，无赖在街上三次羞辱我，他不认为我怯弱怕死，知我想干一番事业才甘心受辱；他曾与我一起面谏先王，先王不听，他不认为我想法不对，知我生不逢时；他曾与我一起共分一笔钱财，我拿的比他多三倍，他并不认为我贪婪自私，知我家境贫窭。真是生我者父母，知我者鲍叔牙。士为知己者死，我的悲哀又算得了什么？"

曾国藩通过管仲得一鲍叔牙的故事，主张交友贵专一。他在给弟弟的信中写道："交际之道，与其失之滥，不若失之隘。"

对于交朋友，曾国藩还提出"八交九不交"的观点，让子女们遵行。

所谓"八交"，就是要交胜己者、盛德者、趣味者、肯吃亏者、直言者、志趣广大者、惠在当厄者、体人者；"九不交"，是不交志不同者、谀人者、恩怨颠倒者、好占便宜者、全无性情者、不孝不悌者、愚人者、落井下石者、德薄者。

首先看"八交"。交"胜己者"，和比自己学问高、见识广的人交往，才能提升自己；交"盛德者"，和品行修养高的人交往，才能让自己变得优秀；交"趣味者"，和有情趣的人交往，自己才不会对人生觉得乏味；交"肯吃亏者"，和肯吃亏、有心胸的人交往，交往才能持续；交"直言者"，和敢于直言自己不足之处或者有话直说的人交往，才能改进自己或者让自己的心胸变得宽广；交"志趣广大者"，和志趣广大、有追求的人交往，自己的视野才有可能得以开拓；交"惠在当厄者"，和能雪中送炭或者共患难的人交往，自己在无助的时候也不会绝望；交"体人者"，和懂得体谅的人交往，自己也会感觉温暖，人生也会更加充满信心。

再看"九不交"。"志不同者"，与自己志向不同的人，这种人不要交往，因为和自己迟早不是一条道路的；"谀人者"，喜欢经常阿谀奉承、溜须拍马的人，这种人容易令自己迷失自我，不要交往；"恩怨颠倒者"，这种人没有是非观念，也是忘恩负义的人，不要交往；"好占便宜者"，喜欢贪图小便宜，友谊不会长久，说不定会令自己将来犯大错，这种人不要交往；"全无性情者"，没有人情味，这种人交往久了，会让自己变得无情，不宜交往；"不孝不悌者"，不懂孝敬长者、爱护平辈的人，没有尊老爱幼的品格，自己也会被别人指责，还是放弃这种朋友吧；"愚人者"，愚昧无知的人，往往会连累自己一事无成，还是算了吧；"落井下石者"，在别人的伤口上撒盐、幸灾乐祸的人，说不定下一个针对的目标就是你，趁早与这种人绝交；"德薄者"，品行不端、德行不够的人，会令自己的名声受损，为他人所唾弃，不交也罢。

这就是曾国藩概括的为友之道之"八交九不交"。关于交朋友的注意事项，古人的论述也比较多。譬如：

《战国策·楚策》："以财交者，财尽而交绝；以色交者，华落而爱渝。"

《史记·郑世家》赞云："以权利合者，权利尽而交疏。"

《中说·礼乐》："以势交者，势倾则绝；以利交者，利穷则散。"

《孟子·万章下》：万章问曰："敢问友。"孟子曰："不挟长，不挟贵，不挟兄弟而友。友也者，友其德也，不可以有挟也。"

这些总结说明，以财富、色相、权利、势力、利益交朋友，这些一旦失去，友情也不会持久。还是孟子说得好，交朋友，最重要的是这个人有德。在"八交"中，曾国藩也认为最重要的是交"盛德者"。

8 人生有"六畏"，择交如求师

贾岛诗云："君子忌苟合，择交如求师。"

曾国藩提出，人生有"六畏"，涵盖了人生的所有阶段。第一畏是居心。他说居心不徇天理，则畏天怒。天怒，降临灾祸受影响的往往不是一个人。第二畏是做事。他说做事不顺人情，则畏人言。你做的事情违背人情，人们就会议论你，所谓众口铄金。第三畏是少年则畏父、师。人在少不更事时，要畏父，就是长辈；师，就是师长。他还说："凡人必有师，若无师，则严惮之心不生。"的确，在人的一生成长过程中，谁是生而知之呢？谁又能离开师长的启蒙与教诲？谁又能事事无师自通呢？即使圣明如孔子，他也是敏而好学，不耻下问。第四畏是贱则畏官、长。指地位低微时，要畏你的领导、上级。第五畏是位高则畏僚属之指责。人在职场奋斗，一级一级升迁，好不容易走到高位，往往忘乎所以，横行无忌，因而心中往往无所畏惧。由此曾国藩提出要畏同僚和下属的指责。第六畏是高年则畏后生之窃议。人不能为老不尊，倚老卖老，而是要畏年轻人的私下议论。

有"六畏"，还要有榜样。曾国藩说："凡做好人、做好

官、做名将，但要好师、好友、好榜样。"就是见贤思齐。孔子说："三人行，必有我师焉；择其善者而从之，其不善者而改之。"见到别人的优点我向他学习，见到别人的缺点我对照自己加以改正。

由于人的性格、爱好、志向、品行不同，对于不能深交之人，也不能以己衡人，更不能相交不成而结为仇怨。

曾国藩在长沙岳麓书院读书，有一位同学性情褊躁，因曾国藩的书桌在窗前，那人就说："我读书的光线都是从窗外射来的，不是让你遮着了吗？赶快挪开！"曾国藩照他的话移开了。曾国藩晚上掌灯用功读书，那人又说："平常不念书，夜深还要聒噪人吗？"曾国藩只好低声默诵。但不久曾国藩中式举人，传报到时，那人更大怒说："这屋子的风水本来是我的，反叫你夺去了！"在旁的同学听着不服气，就问他："书案的位置，不是你叫人家安放的吗？怎么能怪曾某呢？"那人说："正因如此，才夺了我的风水。"同学们都觉得那人无理取闹，替曾国藩抱不平，但曾国藩却和颜悦色，毫不在意，劝息同学，安慰同室，无事一般。

曾国藩处理同左宗棠的关系，也是如此。曾的墓志铭有这样一段话："其于左公宗棠趣尚不同，而奇左公智术，以公义相取，左公亦以显名天下。"左宗棠爱闹意气，喜欢骂人，曾国藩采用两条办法：一是表扬、鼓励不参与纷争的部属。如他一再赞扬李鸿章："阁下不与左帅争意气，远近钦企。"并说这是李鸿章进德甚猛的表现。二是当骂到自己头上时，则不予理睬。他在一封信中写道，对于"左公之朝夕诟詈鄙人"，"以不诟、不詈、不见、不闻、不生、不灭之法处之"。

清風入懷垂露在手

蓋齋三兄屬

流水今日明月前身

少荃李鴻章

李鴻章行书八言联

这"六不"之法，可以说是曾国藩处理与左宗棠关系的原则。他还特别嘱咐自己的儿子，尔辈少年，尤不宜妄生意气，于左、沈二公不通闻问就可以了，此外不得发表丝毫意见。

曾国藩主张对己要严，对友要宽，尤其主张交友要有雅量，这样，如果一时意见相左，也不会伤和气。这一原则在他《答欧阳勋》的信中充分体现出来，大意如下：

> 春季承蒙惠赐，收到您寄来的信札及一首诗，情意深厚而且期许很高，有的不是我这浅陋之人所敢承当的。然而鉴于您教导我的一片心意，不敢不恭敬从命。由于我天资愚钝，无法凭自身求得振作、进步，常常借助外界的帮助来使自己不断向上、完善，因此一生对于友谊一向珍视，谨慎而不敷衍。
>
> 我曾经思虑自己心胸不够宽宏、器量狭小的话就不能博取天下的美德，因此不敢拿一个标准来强求他人。哪怕是一点长处、一点善行，如果它有益于我，都广泛吸取以求培养自己的德行；那些以正大之词、劝勉之论前来告知我的人，即使不一定投合我的心意，也从来都没有不深深感念他的厚意，认为他对我的关心，和其他人的泛泛之词迥乎不同。
>
> 去年秋天和陈家二位兄弟见面，我们一起讨论争辩，其中有十分之六七的观点和我不一致，但我心里还是十分器重他们，认为他们确实是当今出类拔萃的人物，其见解虽不完全合乎大道，然而关键在于这些是他

们自己悟到的，不像是一般读书人仅从读书、道听途说中得到的。其观点虽然不一定臻至炉火纯青、毫无杂质，然而他们所批评的切合实际，完全可以匡正我的不足。

至于说到我们彼此之间的情投意合，又别有微妙难言的默契。离别之后唯独经常思念他们，觉得像这样的人实在是朋友中不可缺少的，丝毫不敢以私心偏见掺杂其中。平时我之所以不断勉励自己，并且大体上还能相信自己，原因就在于此。

曾国藩去世后，左宗棠寄其子孝威书云：

曾侯之丧，吾甚悲之。不但时局可虑，且交游情谊，亦难恝然也。已致赙四百金，挽联云："知人之明，谋国之忠，自愧不如元辅；同心若金，攻错若石，相期无负平生。"盖亦道实语。……君臣朋友之间，居心宜直，用情宜厚，从前彼此争论，每拜疏后，即录稿咨送，可谓锄去陵谷，绝无城府。至兹感伤不暇之时，乃复负气耶？"知人之明，谋国之忠"两语亦久见章奏，非始毁今誉。儿当知吾心也。……吾与侯所争者国事兵略，非争权竞势比。同时纤儒，妄生揣拟之词，何直一哂耶？

曾国藩对左宗棠始终有赞扬，无贬词，甚至说："横览七十二州，更无才出其右者。"左宗棠之进用，亦由曾国藩所荐，但二人性情不同，"所争者国事兵略"，不是私人的权力之争，故皆能持大体。

第二章

做大局面

　　曾国藩如何由一介书生，蜕变成为统领群伦的中兴第一名臣？他又是如何走出清朝皇帝设定的藩篱，成功破局并把局面做得越来越大？曾国藩说：每事有第一义，必不可不竭力为之者。得之则如探骊得珠，失之则如舍本根而图枝叶。

1　场面做大，才能群雄影从

　　曾国藩的《杂著》中有《居业》一条，意思说打江山创事业都要有基础。他说："古时英雄建立功业，必定有开基之业，如汉高祖刘邦的基业在关中，光武帝刘秀的基业在河内，曹魏的基业在兖州，唐高祖李渊的基业在晋阳。这都是先据此以为事业的基础，然后进可以战，退可以守。"

　　君子学道，也必须有基业。这主要包括两个方面，即规模宏大，言辞诚信。曾国藩具体解释说："就像建造房屋一样，只有规模宏大，那么它占的宅地就广阔，才能建造更多的房屋，所能庇护的人就更多。而诚信就如同打地基一样，只有地基稳固，结构才会很牢靠。《易经》有'宽大居之'的话，说的是宏大；'修辞立其诚，所以居业'，说的是人说话要讲诚信，才能办大事。程颢说：'道之浩浩，从哪里下手呢？只有立下诚才有容身之处。'诚就是忠信，检讨自己的言辞，便是要立得这忠信。如果口不择言，逢事就说，那么忠信也就被埋没动摇、站不住了。"

　　曾国藩对此颇有感触，他进一步解释说，立得住，就是所说的"居业"。俗话说"兴家立业"，就是这个意思。他引

47

用子张（孔子的弟子）的话："执德不弘，信道不笃，焉能为有？焉能为亡（无）？"认为如果一个人所建立的基业不够宏大，所讲的言辞没有诚信，那么我的知识浮泛动荡，说我有不行，说我无也不行。这样终身没有可以凭借的基业，就是程颢所说的"立不住"了。

"基业常青"几乎是每一个做大事的人的追求。曾国藩详尽考察了汉、魏、唐朝兴起的历史，并以此作为人生做大事的主要参照。

如果一个人做事不够开阔，就会限定后天的成就，为此他特别提出"规模宏大"。单纯"规模宏大"不行，还要有"下手之处"，即立身行事要诚信为本。他十分敬仰"古之英雄，意量恢拓，规模宏远"。

曾国藩几乎从零开始，到从者数万，正是借助做局而发生变化的。他后来深有感触地说："天下事在局外呐喊议论者，总是无益，必须躬身入局，挺膺负责，方能有成功的可能性。"

曾国藩起兵之初，手中无权无势，跟从他的人并不多。他曾邀左宗棠参谋军务，遭到拒绝。但左宗棠不久就加入湖南巡抚骆秉章的幕府，令曾国藩颇为难堪。李鸿章初次来投，曾国藩也说："少荃（李鸿章号）是翰林，了不起啊！志大才高。我这里呢，局面还没打开，恐怕他这样的艨艟巨舰，不是我这里的潺潺溪流所能容纳的。他何不回京师谋个好差事呢？！"表面上是拒绝，实际担心水浅养不了大鱼，李鸿章受不了这份苦。

曾国藩还同时发出几封邀请信，但响应的人寥寥，甚至连过去的好友冯卓怀、郭嵩焘都不肯随行，刘蓉虽被他强拉硬拽而来，但不久就找个理由坚辞而去，留下来的只有李元度、陈士杰几人。曾国藩深感孤立无援之苦。他在给几个弟弟写信中很有感慨地说：

> 兵凶战危之地，无人不趋而避之。平日至交如冯树堂、郭云仙（郭嵩焘）等尚不肯来，则其他更何论焉！现除李次青（李元度）外，诸事皆兄一人经理，无人肯相助者，想诸弟亦深知之也。甄甫先生（吴文镕）去年在湖北时，身旁仅一旧仆，官亲、幕友、家丁、书差、戈什哈一概走尽，此亦无足怪之事。兄现在局势犹是有为之秋，不致如甄师处之萧条已甚。然以此为乐地，而谓人人肯欣然相从，则大不然也。

曾国藩当时的情形，由此可知。

曾国藩认识到自己局面尚未打开，台面小，又不轻易向朝廷推荐人，当时处于战争的前线，随时有送命的危险，自然无人愿意跟从了。因此，曾国藩为父亲服丧期间，竟然抛却理学家的面孔，伸手向皇帝要官，请求授予他主管一省行政、财政的巡抚大权。但清廷对他"曾家军"统帅的身份颇不放心，因而就是不给权力。直到咸丰十年（1860）四月，清廷拼凑的江南大营被太平军摧毁，四顾无人，在好友胡林翼暗中斡旋下，曾国藩才被任命为署理两江总督。

自此他不遗余力保奏、荐举湘军体系的人，境况也发生根本性变化，才有"群雄蔚起，云合景从，如龙得雨，如鱼得水"的局面。

曾国藩出任两江总督后，采纳胡林翼的意见，不做谨慎宰相，"倾湘中农夫以为兵"，湘军进行大扩张，成立左宗棠一军、李元度一军。

攻下安庆后，又令他的九弟曾国荃回家乡招募湘军6000人；咸丰十一年（1861），又与李鸿章一起创办淮军。湘军扩张的同时，过去追随他的文官武将也迎来飞黄腾达的时刻，在此前后的一年多时间里，走上高位的湘军人物多达数十位。沈葆桢出任江西巡抚，左宗棠出任浙江巡抚，李鸿章出任江苏巡抚，等等，都出自他的保荐，而且多属破格提拔。

曾国藩不但把两江总督所辖的三省以及钦差大臣节制的浙江作为当仁不让的"辖区"，举荐四个省的巡抚，安排同道者；其后他官拜协办大学士、大学士，临近两江总督的省份，每有封疆将帅升黜，他也"皆与赞画"。

曾国藩素有知人之明。同治即位之初，恭亲王奕䜣与慈禧太后合谋，发动北京政变，清廷亟须稳定局面，重新恢复因英法联军侵入京师而遭破坏的社会秩序和朝廷威望，因此清廷每有大的举措，包括重大人事任免，都要征求并采纳曾国藩的意见。郭嵩焘说："近朝廷举措，真是从大处着笔，为从来所未有。"

曾国藩的"台面"做得越大，追随他的人就越有发达的希望。难怪曾国藩一再强调"自立立人，自达达人"的道理，并把"立人达人"之道提升到人生的"四知"之一，与孔夫子的"知命、知礼、知言"相并列了。

近代中国人尤其湖南人，大多服膺曾国藩。

毛泽东的外婆家在湘乡，他8岁以前一直住在外婆家，16岁时又在湘乡东山高小读过半年书。青年时代，毛泽东十分重视梁启超对曾国藩的评价。梁启超在《曾文正公嘉言钞序》里曾这样评论：

> 曾文正者，岂惟近代，盖有史以来不一二睹之大人也已；岂惟我国，抑全世界不一二睹之大人也已。……其一生得力在立志，自拔于流俗，而困而知，而勉而行，历百千艰阻而不挫屈，不求近效，铢积寸累，受之以虚，将之以勤，植之以刚，贞之以恒，帅之以诚，勇猛精进，坚苦卓绝。

后来，毛泽东认识到，梁启超钦服的是曾国藩的成大事之法。梁启超还说："吾以为使曾文正生今日而犹壮年，则中国必由其手而获救矣。"梁对曾国藩简直是崇拜了。

2 走出藩篱，职场换赛道

曾国藩42岁开始转换职场赛道，走上书生带兵的人生历程。而历史上书生带兵成功的案例寥若晨星，相反的事例却比比皆是。

曾国藩是在回到家乡安葬母亲后，于咸丰二年（1852）十二月接到皇帝通过湖南巡抚张亮基转给他的谕旨。谕旨内说："前任丁忧侍郎曾国藩，籍隶湘乡，闻其在籍。其于湖南地方人情，自必熟悉，着该抚传旨，令其帮同办理本省团练乡民、搜查土匪诸事务，伊必尽力，不负委任。"

因为当时有多个省份通过办团练的形式与太平军周旋，为规范办理团练事宜，经过大学士起草，以皇帝谕旨的形式，发布了办理团练的政策性指导文件。文件是参照嘉庆初年镇压川楚白莲教的模式，命各省督抚分饬所属，各就地方情形妥筹办理，或筑寨浚濠，联村为堡；或严守险隘，密拿奸宄。无事则各安生业，有事则互卫身家。一切经费，均归绅耆掌管，不假吏胥之手。所有团练壮丁，亦不得远行征调。

长期以来，清廷的统治乃至政策措施的出台，大多依靠所谓经验行事。随即皇帝又命武英殿刊刻嘉庆时明亮、德楞泰《筑堡御贼疏》及龚景瀚《坚壁清野议》，并将前述谕旨一并刊刻，颁发各省大吏，广为刊布，分饬官绅，一体妥筹遵办。不久，清廷再次强调办团练的两项政策性规定：团练壮丁不得远行征调；一切经费均由绅民量力筹办，不得假手吏役。

谕旨特别提出，与太平军接近的地方，绅民团练，尤须官兵应援。这里的关键有两点，一是团练是由绅民组织起来的，不得远行征调，这是考虑到它的职能仅限于保护家乡；二是即便如此，遇到与太平军交战的时候，也必须等待国家正规武装的支援。

在好友郭嵩焘的劝说下，曾国藩响应皇帝之命，到省城长沙时已是岁末了。曾国藩作为帮办团练大臣，接到皇帝谕旨后，当即发现问题的关键所在。团练之难，不难于操习武艺，而难在捐集经费。现在国家财政入不敷出，办团练需要百姓出钱，而百姓平日积累的一点血汗钱，在战争时期是用来活命的，岂能轻易捐献出来？如果经理不善，就成为扰民的举动。这与嘉庆时期由官府给付镇压川楚白莲教起义的团练费用，是不同的。

由此，曾国藩也把筹措军费作为头等大事来处理。而长时间困扰曾国藩乃至湘军发展的核心问题，就是经费来源不足。后来他动员胡林翼，把胡林翼从贵州调到湖北，日子才好过一些。

曾国藩看问题的视角，显然要比朝廷里专门拟文件的大学士们强很多，他是一个讲求经世致用的人，解决实际问题的能力尤其强。

53

除了经费问题外，如何破除"不得远行征调"的政策限制，是曾国藩创办湘军之初要面对的另一个重大问题。

曾国藩后来与他的好友郭嵩焘私下讲，我平生不信书本上说的，但相信运气。他一再慨叹司马迁在《史记》里所引用的那句谚语："力田不如逢年，善仕不如遇合。"努力耕作不如年成好，善于做官不如撞大运。

曾国藩母亲去世的当天，就是他被咸丰皇帝任命为江西乡试主考官的同一天。由于当时的信息传递得非常慢，曾国藩到安徽时才得到母亲去世的消息，因此一路奔丧，于咸丰二年（1852）八月才回到湘乡，当时太平军正在攻打湖南省城长沙。因此他的父亲命他将母亲安葬，曾国藩在籍守丧。很多事情总有些解释不通的地方。如果母亲不去世，曾国藩主持江西乡试后，仍会回到朝中继续做他的侍郎。他与打太平军就不会发生直接关系。

曾国藩的运气另一半来自太平军，当时恰恰太平军久攻长沙不下，转而攻下武汉，这段时间是最需要各种武装的时候。曾国藩恰恰是在此时突破团练"不得远行征调"这条政策规定的。太平军围攻长沙城七十多天不下，于十月十九日放弃长沙，自宁乡北出攻克益阳，得船数千只，东王杨秀清定计不取常德，以船出洞庭湖取湖北。于是取道湘阴，于十一月初三日占岳州，尽收辎重。下汉阳、汉口，搭浮桥过长江，十二月初四下武昌。

武汉失守，清廷极为震动。原来守护长沙城的国家正规武装绿营兵全部征调北上支援武汉。长沙城处于无兵可守的状态。这就是曾国藩的机会。他上奏说，长沙省城兵力单薄，行伍空虚，不足以资守御，因于省城立一大团，就各县曾经训练之乡民招募来省，实力操练，既足资以剿捕土匪，于防守省城不无裨益。在"省城立一大团"，就不是团练的原有意义了，它的职能也变成"防守省城"了。

可以说，曾国藩出山伊始，创办的就不是团练，而是一支军队。咸丰帝在奏折上朱批："知道了，悉心办理，以资防剿。"曾国藩的湘军，合法地拿到了"准生证"。而当时奉湖南巡抚张亮基之命防守长沙城的，就有来自曾国藩家乡湘乡的 1000 人组成的团练，这只团练由秀才罗泽南及他的弟子王鑫带领。

曾国藩上奏所练的兵，就是这 1000 人，他仿戚继光束伍法，分中、左、右三营，以罗泽南统中营，王鑫统左营，邹寿璋统右营。每营 360 人，共 1080 人，称湘勇。这就是后来驰名天下的湘军的前身。

太平军进攻占武汉后，得到了兵力的扩充，顺流而下江西，曾国藩的弟子江忠源被清廷派往南昌驻守，他向湖南求援。曾国藩于是增募湘乡勇 2000，楚勇、新宁勇 1000，派罗泽南率军前往。至此，湘军出省作战，彻底破除"不得远行征调"的政策规定。曾国藩表示，他要练勇 1 万人，交江忠源统领。

咸丰三年（1853）二月，太平军下金陵，定都于此，称天京。武汉战略地位凸显。咸丰帝发布上谕说："长江上游，武昌最为扼要，若稍有疏虞，则全楚震动。着骆秉章、曾国藩选派兵勇，并酌拨炮船，派委得力镇将驰赴下游，与湖广总督吴文镕等会合剿办，力遏贼冲，毋稍延误。"又谕称：

55

曾国藩团练乡勇，甚为得力，剿平土匪，业经著有成效。着酌带练勇，驰赴湖北。所需军饷等项，着骆秉章筹拨供支。两湖唇齿相依，自应不分畛域，一体统筹也。

至此，曾国藩所统帅的湘军已与国家正规武装具有同样的职能。

对于湘勇这接连不断的蜕变，作为曾国藩幕僚的四大弟子之一的薛福成，有一经典的总结，他说：

文正以团练始，不以团练终，且幸其改图之速，所以能成殄寇之奇功，扩勇营之规制也。曾文正公虽由此发轫，然惟早变其实，并变其名，所以能有成功，否则前事可睹矣。天下事无实意者鲜成效，务虚名者多后患。（见薛福成《叙团练大臣》）

3 羽毛不丰，不可高飞

过早将自己的底牌亮出去，往往会在以后的交锋中失败。羽翼未丰满时，更不可四处张扬。《易经·乾卦》中的"潜龙在渊"，就是指君子待时而动，要善于保存自己，不可轻举妄动。

曾国藩早在京城为官，深研《易经》，对"潜龙在渊"尤为加意。他初建湘军时，水陆两军加一起只有一万多人，这时若和太平天国的百万之师相对抗，无异以卵击石。因此曾国藩为保护他的起家资本，以训练不精为由，四次抗旨。

咸丰三年（1853 年）八月，曾国藩把练勇万人的计划告诉了爱将江忠源，还表示兵与勇由于是两种体制的人，难以在一起训练，因而只想招募勇丁。他对江忠源说：

> 今募勇三千，仆已于六月办齐发往矣。至于添兵六千，则鄙意以为不如概行添勇。盖兵勇嫉妒不和之说，已尽于上云云矣。……
> 鄙意欲再募勇六千，合成万人，概交阁下为扫荡澄清之具。

江忠源不知深浅，立刻向清廷合盘奏出，结果船炮未齐就招来咸丰帝的一连串征调谕旨。

第一次是咸丰三年（1853）十月，太平军西征军进至蕲、黄一带，武汉危急，清廷接连下令曾国藩增援湖北。

第二次是同年十一月，太平军大将胡以晃进攻庐州，清廷令曾国藩督带船炮、兵勇速赴安徽救援。

第三次是咸丰四年（1854）正月，太平军袭破清军黄州大营，清廷再次催促曾国藩驰援武汉。曾国藩深知太平军兵多将广，训练有素，没有一支训练有素的劲旅是不能与之交战的。况且，此时的曾国藩正在衡州打造湘军水师，因而一再以各种理由拒绝出征。他在给林源恩的信中说：

> 剑戟不利，不可以断割；毛羽不丰，不可以高飞。若仓皇一出，比于辽东自诩之豕，又同灞上儿戏之师，则徒见笑大方耳。必须练百金精强之卒，制十分坚致之械，转战数年，曾无馁志，乃可出而一试。

在与夏廷樾的信中他表示：

> 此次募勇，成军以出，要须卧薪尝胆，勤操苦练，养成艰难百战之卒，预为东征不归之计。若草率从事，驱不教之士，执窳脆之器，行三千里之远，以当虎狼百万之贼，未与交锋而军士之气固已馁矣。……鄙意欲竭此两月之力，昼夜训练。凡局中窳苦之器，概与讲求而别为制造，庶几与此剧贼一决死战。

煙外暮鐘未遠寺

雨餘秋漲集空濛

左泉仁弟館丈屬

愚生曾國藩

曾国藩行书七言联

曾国藩认为，断不能招集乌合，仓促成行，蹈六月援江之故辙，即使遭受清廷的责咎和别人的质疑也在所不惜。

曾国藩初创湘军，既担心因为"不得远行征调"的政策规定限制湘军的发展，使湘军仅仅成为保护家乡的一支小队伍，因而希望抓住出省作战的机会发展壮大湘军；同时又顾虑没有经过训练、武器装备不足，仓促一战败多胜少，因而迟疑不定。而清廷屡次令曾国藩赴援外省，绝非要他充当主力，只是配合国家正规军作战。因而当曾国藩在上奏中以四省合防为词，说什么"事势所在，关系至重，有不能草草一出者"，咸丰帝即以讥讽的口吻道：

> 今观汝奏，直以数省军务一身克当。试问汝之才力能乎？否乎？平时漫自矜诩，以为无出己之右者。及至临事，果能尽符其言甚好；若稍涉张皇，岂不贻笑于天下？着设法赶紧赴援，能早一步，即得一步之益。汝能自担重任，迥非畏葸者比。言既出诸汝口，必须尽如所言，办与朕看。

在咸丰皇帝眼中，曾国藩是一个好高骛远、自我吹嘘的书生。曾国藩接到谕旨后，仍然拒绝出征。他在奏折中陈述船炮未备、兵勇不齐的情况之后，激昂慷慨地表示：

> 臣自知才智浅薄，惟有愚诚不敢避死而已，至于成败利钝，一无可恃。皇上若遽责臣以成效，则臣惶悚无地，与其将来毫无功绩，受大言欺君之罪，不如此时据

实陈明，受畏葸不前之罪。

并进一步倾诉说："臣不娴习武事，既不能在籍服丧守孝，贻讥于士林，又复以大言偾事，贻笑于天下，臣亦何颜自立于天地之间乎！每到夜间焦思愁闷，只有痛哭而已。为臣请皇上垂鉴，怜臣之进退两难，诚臣以敬慎，不遽责臣以成效。臣自当殚尽血诚，断不敢妄自矜诩，亦不敢稍涉退缩。"

咸丰皇帝看了奏折，深为曾国藩的一片"血诚"所感动，从此不再催其赴援外省，并以朱批安慰他说："成败利钝固不可逆睹，然汝之心可质天日，非独朕知。"曾国藩"闻命感激，至于泣下"，更以十倍的努力，加紧做出征的准备。多少年后，曾国藩还对此念念不忘，并专门请人从京中抄回原奏（因底稿在九江与座船一起丢失），与咸丰帝的朱谕一起保存。

曾国藩坚持船炮不齐不出省作战，也让他的老师、湖广总督吴文镕陷入危机之中。二人交谊甚厚，于公于私都应迅速赴援。曾国藩却迟缓其行，并反复说明不能草草而出的理由：

　　盖此次出师，即是竭力凑办，如其毫无把握，后此更难措手，故不能不慎重也。吾师两次谕言，不可草率一出，皆极确当。

但吴文镕受到湖北巡抚崇纶的参劾，咸丰帝也责其不出战。在此胁迫下，吴文镕被逼出兵，曾国藩得知后写信劝阻，大意说："之前屡次给老师去信，皆说鄂省目前应当坚守省城，不必轻言进剿，等到明春二月，我率湖南兵勇水陆并下，然后与鄂省之师会合进剿。不料您却以此获咎，反被参劾。老师之进退，关系南北两湖之安危，也关系天下之利害。如果尚未成行，望您审慎三思，仍驻省城，专重防守。"

吴文镕清楚自己难逃一死，出战前致信曾国藩，令其万勿草草而出："我今为人所逼，以一死报国，无复他望。君所练水师各军，必等稍有把握，然后可以出而应敌，不要因为我的缘故，轻率东下。东南大局，完全倚仗你一人，务以持重为意，倘若你有不测之险，恐怕连后来的继承人都找不到了。我虽然是老师，牵涉国家的分量还是不如你重要。望你三思。"

当太平军进攻庐州时，江忠源危在旦夕，曾国藩派刘长佑和江忠叙率 1000 新勇由陆路赴援。咸丰三年（1853）十二月，太平军攻陷庐州，江忠源赴水而死。曾国藩于四年（1854）正月致信吴文镕：

> 庐州失陷，岷樵（江忠源）遂尔捐躯。吾党失此男子，知与不知，同声泣悼。国藩之初意，欲多备船只、炮械，募练劲旅，奉吾师为主帅，而国藩与岷樵二人为左右之辅。盖以近年以来，老成凋谢，吾师为中原群士所归仰，而国藩与岷樵二人又适皆出门下，或者共相激厉，维持南服数省之大局。今岷樵成名以去，吾师又被参劾，国藩区区，将何所依倚以图宏济乎？但祈吾师善

卫玉躬，临戎持重。

吴文镕此时实已力战黄州而死。

　　江、吴二人去世，对曾国藩是个沉重的打击。在曾国藩所有门生中，江忠源办团练最早，最有实战经验，又任职安徽巡抚，最得清政府的信任。他的死无异砍去了曾国藩的膀臂，使曾国藩不得不亲自带兵出征。吴文镕任湖广总督，既是曾国藩的老师，又是他强有力的后台。若吴文镕仍在，他就不至陷入后来那样的困境。

　　曾国藩深知天道盈缩、洪荒变换的道理，他常常告诫诸将说："宁可好几个月不开一仗，决不可以开仗而毫无安排、准备和算计。凡是用兵的道理，本来力量强而故意显给敌人以懦弱的多半会打胜仗，本来力量弱小而故意显给敌人以强大的多半会打败仗。敌人向我进攻，一定要仔细考究、衡量而后应战的多半会打胜仗；没有仔细考究、衡量，轻率地发兵向敌人进攻的多半会打败仗。用兵是不得已才去用，应常常存留着一颗不敢为先的心，必须让对方打第二下，我才打第一下。……与强悍的敌人交手，总要以能看出敌人的漏洞和毛病为第一重要的道理。如果在敌方完全没有漏洞、毛病时，我方贸然前进，那么在我方必有漏洞和毛病，被对方看出来了。不要乘自己有急躁情绪的时候行动，不要为大家的议论所动摇，自然能够瞄准敌方可破的漏洞。"

63

4 避人耳目，在衡州成军

兵书曰："羽翼未丰而遭众忌，乃招祸之端。"又说："谋未行而先令人知，乃凶兆之端。"

一个成功的谋略家必须洞察巨微而不为他人所制。曾国藩为他的湘军争独立地位，并为了扩大湘军，避开众多耳目，移军衡州是典型的退避三舍，走为上计。

清朝的正规军称为"经制额兵"，主要有八旗和绿营两种。由于清政府为防止兵将相合而构成对统治的威胁，采取一有战事，各地临时调兵以成军的做法，这样的结果如曾国藩所说：所调之兵，天涯一百，海角五十，兵与兵不相熟悉，将与将不相和睦。此营打败，彼营掉臂不顾，甚至掩口微笑，军营以终身不见"贼"面而后快。如此兵将，岂能"平贼"？

他一再表示，要练勇万名，"呼吸相顾，痛痒相关，赴火同行，蹈汤同往。胜则举杯酒以让功，败则出死力以相救"。

湘军开始称为湘勇，是招募性质的，职能最初是保卫地方治安，待遇根本不能和正规军相比，又处处受到歧视，打败仗时地方官就请求解散它，打胜仗更会招来嫉恨。绿营兵尤其看不惯湘勇每天训练。兵与勇这种体制上的不同使得矛盾渐多。驻守省城长沙的绿营官兵不止一次与湘军发生冲突，并打进曾国藩公馆。

塔齐布是绿营将领，曾国藩对他非常赏识，曾对吴文镕说：

> 今岁在省，于武员中赏识塔将，实以今日武营习气，退缩浮滑，恬不事事，骄蹇散漫，如抟沙者之不能成饭，太息痛恨。求如塔将之血性奋发、有志杀贼者，实为仅见，以是屡加器许。……今日天下之变，只为混淆是非，麻木不仁，遂使志士贤人抚膺短气，奸滑机巧逍遥自得，安得侍坐函丈，痛哭而一倾吐也！

塔齐布最初奉曾国藩之命，在长沙训练湘军。而绿营兵纪律败坏，营操废弛。长江协副将清德，认为塔齐布诏媚于曾国藩，练兵无虚日，大为不满。他说："将官不统于文吏，这是祖宗的成法。即使是巡抚，也不统帅武官。"清德拿出将官不应该受文官统辖的祖制，要弹劾塔齐布，扬言塔齐布盛夏操兵，虐待军士。并威胁说："提督现驻省城，我不传操，敢再妄为者军棍从事。"塔齐布受此恐吓，畏惧不敢出，而"司道群官皆窃喜，以为可惩多事矣"。

曾国藩对清德的做法大为不满，两次参奏清德废弛营操，清德因此被革职。同时，举荐塔齐布，拔擢为中军参将。曾国藩参劾武将，且有越俎代庖之嫌疑。他于是给巡抚张亮基写信解释：

> 鲍提军（鲍起豹）来省，以清副将为梯附，而屏斥塔游击，大以其操兵为非是，言有敢复操兵者，即以军棍从事。弟久有保塔将一折，五月已缮写矣。适会闻此，恶夫黑白之易位，因并夹以参劾之片，昨已以公牍咨往，想阁下必不疑弟之侵官也。世事败坏至此，为臣子者独当物色一二忠勇之人，宏济艰难，岂可以使清浊混淆，是非颠倒，遂以忍默者为调停耶！

鲍起豹于六月初来到长沙省城，专门在清德面前讲塔齐布的坏话，"媒孽其短，百端构煽。于是文武不和、兵勇不睦之象，渐次成矣"。七月十三日湘勇试枪，误伤一个提标长夫。标下弁兵执旗吹号，操军火器械在城外校场寻湘勇开仗。

曾国藩以为勇是湘乡人，长夫是常德人，尽管事情不排除是鲍起豹背后唆使，但为了息事宁人，只将这个湘勇送到城上，面责二百棍，而那个兵（长夫）则置之不论。到八月初四，永顺兵与辰勇因为赌博发生冲突，又执旗吹号，下城开仗。

曾国藩以为屡次称兵内斗，将来怎么与太平军交战？想按照军法处置。不料，曾国藩刚刚把惩治闹事的咨文移交给提督，提督手下的兵士竟然围攻参将塔齐布公馆，毁其内室。同日晚上，绿营兵气势汹汹，城中文武官员纷纷闭门。绿营兵更加肆无忌惮，包围曾国藩公馆，刺伤曾国藩护兵，差点刺伤曾国藩。

曾国藩急忙向巡抚骆秉章求救。骆表面惊讶，喝退众兵，但对此不闻不问。司道官自然向着巡抚讲话，说曾国藩操切激变，即"罪有应得"。曾国藩一肚子委屈也不说出。

曾的幕宾等敦劝曾国藩据实参奏，请求惩凶犯、辨是非。曾国藩却说："为臣子者，不能为国家弭平大乱，反以琐碎事来烦扰皇上，我内心十分不安。"觉得在长沙省城，仅有惩办土匪的虚名，练军并没有取得进展，万一兵与勇之间再闹什么事，难以处置，于是决定"抽掣转移，急为衡州之行"。

事实上，曾国藩作为帮办团练大臣，不能私自调动湘勇，于是他向清廷上奏报告带团练到衡州的同时，又向主管湖南、湖北两省军政的总督吴文镕详细解释这一过程。

咸丰三年（1853）八月，曾国藩率湘勇移驻衡州。曾国藩一开始说在衡州的时间只是几个月。因此，吴文镕敦促他回长沙时，曾国藩委婉拒绝，并向吴文镕说出真实想法：

　　国藩回省之说，非不三思及之。惟目前与王璞山（王鑫）谋募练勇，兴举浩大，费用繁多。若在省城，耳目之间，动多触碍，不如避迹偏郡，捐资多则多募，捐资少则少募，张弛广狭，惟吾之所自为。且奉命办团查匪，而必在省干预兵政，本属越俎之谋，宜人之从而议其后。时位进退之际，亦当有以自审也。募勇一万，每月须费六万金。目下岷樵（江忠源）统带之楚勇、湘勇已四千矣。此间旧招新募，拟再添六千。

原来，曾国藩移军衡州，另外还有一番打算。在长沙省城，以他的作为，必定干预省府官员的事，如此一来与省府大员会产生矛盾；同时，他的行动也全部在他人耳目之中，众口铄金，他不想刚刚办团练就成为众矢之的。更重要的是，在一个偏僻的山乡，筹集到的捐款多，就多招募乡勇，若捐款少，可以少募弁，张弛伸缩，全凭他一个人说了算，别人不能横加干涉。

曾国藩在衡州练军，加上水师、陆师、勇夫在内，多达1.9万人。这是一支独立于八旗绿营之外，兵籍不归兵部，不受地方总督、巡抚节制，极易引起清廷和督抚猜忌的队伍。等到曾国藩率军从衡州出发，北上湖北，出省作战，已经完全挣脱了清廷最初设定的"不得远行征调"的政策底线和藩篱，成功蜕变为一支规模庞大、训练和作战能力都得到极大提升的地方武装了。

曾国藩最初练兵一万的规模能够得到清廷的认可，是他打着为江忠源招募的旗号，而江忠源率领楚军，转战广西、湖南、江西，在短短的两三年中由一个知县升到安徽巡抚这样的封疆大吏，是因他屡立战功。曾国藩找到了清廷非常信任的一块挡箭牌。伴随太平军定都金陵为天京，西征、北伐的展开，清廷危机重重，也顾不得考虑曾国藩办湘军的非体制因素了。

还有，曾国藩办湘军打出的旗帜是"为澄清扫荡之具"，帮助清廷平乱，这个旗帜够大的，别人不再说三道四了。

曾国藩在一年多的时间内，赤手空拳，在没有清廷户部支持的条件下，利用帮办团练大臣的名头，以及与湖广总督吴文镕，湖南、湖北巡抚张亮基、骆秉章等各种公私关系，集合了一批崇奉理学的儒生骨干，建成了一支具有水陆两师的湘军，表现出惊人的资源整合和组织能力，也表明他不是平凡无能、畏葸怯懦的人。

曾国藩在晚年曾总结湘军这个平台的重要性，他毫不隐讳地说，湘军之有战斗力，主要是由于：

> 营官由统领挑选，哨弁由营官挑选，什长由哨弁挑选，勇丁由什长挑选。譬之木焉，统领如根，由根而生干、生枝、生叶，皆一气所贯通。是以口粮虽出自公款，而勇丁感营官挑选之恩，皆若受其私惠。平日既有恩谊相孚，临阵自能患难相顾。

在这里，曾国藩的话只讲了一半。实际情况是，湘军水陆师的营官、统领全部由他委派或批准，统领是根，曾国藩是灵魂，是集统帅及精神领袖于一身的人，由根生干、生枝、生叶，故粮饷虽出自公款，统领、营官等"皆若受其私惠"，所以他拥有湘军的绝对指挥权，湘军也仅仅听命于他的指挥。他在湘军中的地位，绝非他人所能代替。

曾国藩在筹建湘军时，反复强调他组织的湘军是"义师"，在编立营头，委派营官、统领等时都做了精心安排。"义师"说到底，就是脱离清廷体制，受他个人控制的一支军队。

5 师出有名，广而告之

　　曾国藩在长沙办团练伊始，就采取更让人容易接受的形式，即不用公牍告示，而是用书函劝谕的方式，广招英才。也就是放下身段，不以团练大臣自居，不用公对公的方式，而是以私人对私人的方式，与加盟湘军阵营的人进行沟通、交往。

　　同时他又写信给湖南各府州县士绅，说自奉命以来，日夜悚惕，自度才能浅薄，不足谋事。唯有"不要钱、不怕死"六字，时时自矢，以质鬼神，以对君父，即借以号召吾乡之豪杰。

　　曾国藩一再以"不要钱、不怕死"一语自矢，一时人人称颂。换言之，湘军能不能办成功，他自己不敢期许，但自己能够做到两点：不要钱、不怕死。过去有一句话，文官不要钱、武官不怕死，这个王朝就不会覆亡。曾国藩作为文官，他又是湘军统帅，现在的身份是文武兼资，由此他给自己定的最基本也是最难做到的保证是不要钱、不怕死。

　　咸丰四年（1854）正月底，曾国藩在衡州经过长达半年多的准备，湘军已经是一支近 2 万人的庞大队伍了。在正式出征湖北、走出湖南衡州前，发布了闻名天下的《讨粤匪檄文》一道，布告远近。

这篇所谓的檄文，也是曾国藩出省作战，乃至成立所谓"义师"的招牌。通篇文字洗练，层次分明，极具煽动性和感染力。开篇对太平军起事以来极尽诬枉之词，随后拿太平天国信奉拜上帝教大做文章，说中国自唐虞三代以来，历世圣人，扶持名教，敦叙人伦，君臣父子，上下尊卑，秩然如冠履之不可倒置。太平军窃外夷之绪，崇天主之教，自其伪君伪相，下至兵卒贱役，皆以兄弟相称。士不能诵孔子之经，而别有所谓耶稣之说、《新约》之书。举中国数千年礼义人伦、诗书典则，一旦扫地荡尽。此岂独大清之变，乃开辟以来名教之奇变，我孔子、孟子之所痛哭于九原！凡读书识字者，又怎可袖手安坐？

第三段大讲太平军对民间信仰的不尊重，说自古生有功德，殁则为神，王道治明，神道治幽。李自成至曲阜，不犯孔庙；张献忠至梓潼，亦祭文昌。而太平军所过郡县，先毁庙宇，即关帝、岳王之凛凛，亦皆污其宫室，残其身首。以至佛寺、道院、城隍、社坛，无庙不焚，无像不灭。斯又鬼神所共愤怒，欲一雪此憾于冥冥之中者也！

第四段是政策宣示：本部堂奉天子命，统师二万，水陆并进，誓将卧薪尝胆，殄此"凶逆"，传檄远近，咸使闻知。倘有血性男子，号召义旅，助我征剿者，本部堂引为心腹，酌给口粮；倘有抱道君子，痛天主教之横行中原，赫然奋怒，以卫吾道者，本部堂礼之幕府，待以宾师；倘有仗义仁人，捐银助饷者，千金以内给予实收部照，千金以上专折奏请优叙；倘有久陷贼中，自拔来归，杀其头目，以城来降者，本部堂收之帐下，奏授官爵；倘有被胁经年，发长数寸，临阵弃械，徒手归诚者，一概免死，资遣回籍。

第五段为清朝统治者辩解，说在汉、唐、元、明之末，群盗如毛，皆由主昏政乱，莫能削平。今天子忧勤惕厉，敬天恤民，田不加赋，户不抽丁。以列圣深厚之仁，讨暴虐无赖之贼，无论迟速，终归灭亡。若尔被胁之人，甘心从逆，抗拒天诛，大兵一压，玉石俱焚，亦不能更为分别也。

最后是表达决心：本部堂德薄能鲜，独仗"忠信"二字为行军之本。上有日月，下有鬼神，明有浩浩长江之水，幽有前此殉难各忠臣烈士之魂，实鉴吾心，咸听吾言。檄到如律令，无忽！

这篇檄文充满对太平军的极端仇视，又以捍卫儒家道统自居，最后预言太平军一定会失败。

6 局面狭小，以自立门户为大忌

太平军全盛时，也是曾国藩编练湘军刚刚起步的时候。这一阶段险象环生，稍有不慎，就会付出生命的代价。

曾国藩自己有使命，而追随他的人未必都有他的境界。咸丰十年（1860）六月，曾国藩署理两江总督不久，他把湘军统帅部、两江总督署行辕，迁到"兵危之地"的祁门。

当年九月，李鸿章因曾国藩参劾李元度失守徽州之事，与老师持有不同意见，又特别担心被太平军攻破营垒，借口返回江西，曾国藩身边的幕僚也大多离开。幕府仅有程尚斋（名桓生，字尚斋）等几人，奄奄无生气。

面对越来越冷落的门庭，曾国藩困窘不堪。这时李秀成率太平军大部破羊栈岭，进克黟县，距曾国藩所在的祁门大营仅有80里，朝发夕至，毫无遮阻。

当时，曾国藩身边只有3000防兵，驻扎休宁的张运兰更是岌岌可危。曾国藩急调鲍超驰援祁门。曾国藩此番处于绝境，自料难逃一死，连遗嘱也写好了。祁门大营的幕僚惊慌失措，乱作一团。曾国藩见人心已散，不可强留，乃心生一计。一天，对其中一人说："死在一堆何如？"众幕僚默不

作答，悄悄将行李放在舟中，为逃避计。一日曾国藩忽传令说："贼势如此，有欲暂归者，支付三月薪水，事平，仍来营，吾不介意。"众幕僚听到这段话，大受感动，都表示要和他同生死，人心于是安定下来。

其后，李秀成在休宁柏庄岭与鲍超、张运兰大战失利，随即匆匆撤兵南下，经屯溪、婺源转入浙江，曾国藩逃过一劫。

在此期间，曾国藩表面上谈笑风生，神态自若，内心则极为恐惧。据说，李秀成退兵之后，鲍超率亲兵一队前往祁门大营拜见曾国藩，曾国藩从容而出。鲍超下马，将行礼，曾国藩快步上前，与鲍超相拥抱，并说："不想仍能与老弟见面！"言已泪下，不能自禁。可见这次祁门被围，曾国藩承受的精神压力之大。

太平军占领徽州后，随时可能进攻祁门。曾国藩为摆脱困境，令鲍超留驻渔亭，张运兰驻扎黟县，以加强祁门大营的防卫力量。但随后不久，太平军兵分三路再次向祁门发动进攻。曾国藩再度陷于惊恐之中，他在家信中说："自十一月来，奇险万状，风波迭起，文报不通者五日，饷道不通者二十余日。"经鲍超、左宗棠救援，曾国藩才得以度过危机。

在安徽，还发生曾国藩发誓"三不忘"的李元度打出"安越军"旗号，另寻出路的事。

一般而言，当局面不利时，如果核心人物另立门户会造成很大影响。曾国藩为维护湘军的完整统一，对另立门户者坚决抵制，甚至予以打压。后来台面做大了，天下人才趋之若鹜，他反而鼓励多立山头了。

咸丰八年（1858）初，因湖北巡抚胡林翼的奏请，李元度奉命带兵进入浙江，这是湘系势力进入浙江的开始。曾国藩在家为其父服丧一年多，重新出山后保荐李元度升任按察使衔，赏"巴图鲁勇"号。

咸丰十年（1860）春，清军江南大营被太平军摧毁，浙江战事吃紧，清廷命李元度赴浙江交巡抚王有龄差遣委用，王有龄不久升任李元度为浙江温处道道员。李元度把他所统领的平江勇3000人交浙江提督饶廷选统率，自己回湖南另行招募平江勇。

此时，太平军占有苏南，王有龄所部大半是江南大营的残兵败将，他为了分化湘军，便把李元度拉过来保护浙江。曾国藩署理两江总督后，将行辕从安徽宿松移到皖南祁门，并奏调李元度为皖南道道员。

这时，李元度率新募的平江勇3000人抵达祁门，曾国藩命李元度率新募平江勇进驻徽州。李元度失守徽州后，曾国藩不顾李鸿章等人的劝阻，将李元度参劾革职。王有龄见有机可乘，就再三拉拢李元度，将其处分奏请开除。

胡林翼对王有龄的用意看得很清楚。他致书李元度说：近来知你有愤激不满之言。老兄以仓促召募之师，像个跛子一样连走路都困难，就疾入徽城，如果说锐于行义则可，谓精于治军则不可。曾国藩参劾你，太过分。……但你也不是没有过错。我敬你，是因你爱才如命，嫉恶如仇，这份诚心可以共谅，但你还谈不上知人之明，否则也不至于随人指嗾而失所亲。听闻右军欲勾致老兄，遣人由祁门而江西，如苏秦以舍人随侍张仪故事，其用计亦巧，而老兄不加以拒绝，是为什么？难道是动心了？我们这些文人任事，与正人同死，死亦得附于正气之列，是为正命。……右军之权诈，不可与同事，兄岂不知，而欲依附以自见？则吾窃为阁下不取也。兄之吏才与文思过人，弟与希庵兄均扫榻以俟高轩之至。如可相助为理，当亦涤帅所心许，何尝不欲酬复前劳。

信中的"右军"，即以王羲之指代王有龄，希庵是指李续宜。胡林翼的意思是劝李元度不要效力于王有龄，即便不能与曾国藩和好，也可以到胡林翼、李续宜这里谋求东山再起。

但李元度不改文人习气。当年底，王有龄奏调李元度援浙，清廷下诏准其所请。李元度立功心切，立即回湖南募勇，还取名"安越军"，以示与曾国藩的湘军不是一个体系。

胡林翼在湘军中"小心以护诸将"最为有名，也最能调解纷繁的人际关系，为了争取李元度、团结湘系，他与官文会衔上奏李元度功绩，曾国藩奉命赏还李的按察使衔加布政使衔，但李元度仍打着"安越军"的名号作战。

咸丰十一年（1861）十月，太平军攻克杭州，王有龄一家自杀。清廷命左宗棠为浙江巡抚，李元度擢浙江按察使。

曾国藩无法容忍李元度打出"安越军"的旗帜，便再次参劾李元度，加给他的罪名是：第一，私求王有龄调赴浙江，并且不向我请示而擅自回湘募勇，取名"安越军"。第二，"安越军"在江西、湖北所得胜仗，多系"冒禀邀功"。第三，李元度到衢州，节节逗留，任王有龄传书飞催，恳求赴杭援救。李元度之前既负我，后又负王有龄，"法有难宽，情亦难恕"，请予革职，"安越军"应予遣散。

后经左宗棠奏请：将"安越军"十五营挑强汰弱，照湘军编制编成五营，由我节制，仍归李元度统率；李元度应免治其罪，归我差委。而清廷将李革职遣戍。

此事又经李鸿章上奏，又与沈葆桢、李续宜、彭玉麟、鲍超等代缴台费，李元度被赦免回籍，免于发配。

李元度是曾国藩的患难之交，但曾国藩却两次弹劾，而且是在李鸿章等人的强力劝阻下。曾国藩也清楚自己做得过头，但为了维系湘军的高度统一，不得不违背自己的初衷。

在参劾陈由立投奔河南疏中，曾国藩还把李元度拉出来"陪绑"，作为不从一而终的典型。后来，曾国藩在重新编订他的文集时，感觉这样并列陈、李非常不妥，于是写下这样几句话：

此片不应说及李元度，尤不应以李与郑（元善）并论。李为余患难之交，虽治军无效，而不失为贤者。此吾之大错。后人见者不可抄，尤不可刻，无重吾过。

曾国藩为参劾李元度时常感到内疚，对曾国荃等说：

次青之事，弟所进箴规，极是极是。吾过矣！吾过矣！……余生平于朋友中，负人甚少，惟负次青实甚。两弟为我设法，有可挽回之处，余不惮改过也。（同治元年六月初二日）

惟与我昔共患难之人，无论生死，皆有令名，次青之名由我而败，不能挽回，兹其所以耿耿耳。（同治元

年闰八月二十四日）

次青之事，鄙人负疚最深。在军十年，于患难之交，处此独薄。（同治四年四月初十日致李瀚章）

平灭太平天国后，曾国藩兄弟同时封爵拜官。曾国藩在上同治帝的奏疏中说：

今幸金陵克复，大功粗成，臣兄弟叨窃异数，前后文武各员，无不仰荷殊恩，追思昔年患难与共之人，其存者惟李元度抱向隅之感。……李元度从臣最久，艰险备尝，远近皆知。其十年守徽之役，到郡不满十日，伪侍王大股猝至，兵力未厚，府城失陷，臣奏参革职拿问。其十一年援浙之役，参案未结，遽行回籍，沿途饰报胜仗，又不努力救杭，臣奏参革职留营。议者皆谓臣后参援浙最为允当，前参守徽失之太严。江、楚等省之公论，昭昭在人耳目。臣虽知公论谓臣太严，而内省尚不甚疚。所最疚者，当咸丰六年之春，臣部陆军败于樟树，江西糜烂，赖李元度力战抚州，支持危局。次年臣丁忧回籍，留彭玉麟、李元度两军于江西，听其饥困阽危，蒙讥忍辱，几若避弃而不顾者。此一疚也。李元度下笔千言，条理周密，本有兼人之才，外而司道，内而清要各职，均可胜任，惟战阵非其所长。咸丰五年自请带勇，十年夏间臣又强之带勇，用违其材，致令身名俱裂。文宗有李元度失䭾可惜、人才难得之叹，皆臣不善器使之过。此又一疚也。此二疚者，臣累年以来，每饭不忘。兹因忝窃高爵，拜恩怀旧，惭感交并。

后来，曾、李结为百年之好，曾国藩内疚之情才得以缓解。

其实，曾国藩的这种愧悔是对个人感情而言，对于他所成就的事业来说，即场面狭小时，决不允许属下自立门户。

7 待价而沽，为集团争待遇

曾国藩通过创立湘军为自己做了一个"大局"。湘军的名分、旗帜都有了，如何保证"局中人"都有一个理想的归宿？为此，他脱下谦逊的外衣，伸手向清廷要官、要权、要职位。

清廷对曾国藩的猜忌由来已久。

咸丰四年（1854）八月，当曾国藩率湘军攻下武汉时，最初咸丰帝高兴得不得了，赏给曾国藩二品顶戴，署理湖北巡抚，并加恩赏戴花翎。但一旁的大学士祁寯藻却怎么也高兴不起来。

咸丰帝说："曾国藩乃一介书生，不料立此奇功。"祁寯藻说："曾国藩乃在籍侍郎，与平民百姓没有什么区别。但他登高一呼，从者万人，这不是国家的好兆头。"言外之意，曾国藩带领的曾家军，今天打武汉，明天打南京，将来势力坐大，皇帝的金銮宝殿，他难道不觊觎？恰在此时，即九月十三日，曾国藩上奏谦逊说：

> 奉命署理湖北巡抚，于公事毫无所益，于臣心万难

自安。臣统率水师，即日启行，于鄂垣善后事宜不能兼顾。且母丧未除，遽就官职，得罪名教，何以自立？是以不敢接受关防，仍由督臣收存。

曾国藩的辞奏清廷还没有收到，咸丰帝就反悔了，给曾国藩下谕旨说："曾国藩虽系署任巡抚，而剿贼之事重于地方。"该辞折未奏到时，奉上谕："曾国藩着赏给兵部侍郎衔，办理军务，毋庸署理湖北巡抚。陶恩培着补授湖北巡抚。未到任以前，着杨霈兼署。"

等曾国藩辞折奏到时，咸丰帝朱批道：

朕料汝必辞，又念及整师东下，署抚空有其名，故已降旨，令汝毋庸署湖北巡抚，赏给兵部侍郎衔。汝此奏虽不尽属固执，然官衔竟不书署抚，好名之过尚小，违旨之罪甚大，着严行申饬！

曾国藩什么都没有得到，却因奏辞官衔没有写署理湖北巡抚，竟然得了个"违旨之罪甚大"。曾国藩当时的心情可想而知。到了咸丰七年（1857）初，曾国藩率湘军接连打了几场大胜仗，他的声望日隆的时候，清廷又把他晾在一边，接到曾国藩请求的奏折、奏片，全部置若罔闻，不答不理。曾国藩被装进了闷葫芦。

对于清廷这种装聋作哑的做法，曾国藩随即上了一个《目疾请假折》，说："微臣现患目疾，恳恩赏假一月。"但一个月已过，清廷对他的请求依然搁置不理。曾国藩满心委屈，一肚子怨气。

恰在这时，曾国藩在江西瑞州军营接到父亲曾麟书去世的消息。他半是哀伤，半是怨恨，上了《奏报丁忧开缺折》，不待清政府准假，就与曾国华从瑞州回籍奔丧，对江西军务来一个大撒手。

咸丰帝对曾国藩也不深究，赏假三个月，命曾在家治丧。到五月二十二日，曾国藩以假期届满，上《沥陈下情恳请终制折》，奏请开去兵部侍郎署缺，恳请在籍守制。

对曾国藩想要的，清廷心知肚明，但就是不说破，上谕有"一门忠义"的话，也算是对曾门父子的肯定，命曾国藩仍遵前旨，治丧期满上战场。

到了六月初六，曾国藩实在不想用这种暗示的办法，而是直接与清廷摊牌，请开兵部侍郎署缺的同时，又具折沥陈历年办事艰难竭蹶情形。曾国藩主要讲他有三难。一是他没有地方实职，没有人事权："臣处一军，概系募勇，虽能奏保官阶，不能挑补实缺。将领之在军中，权位不足以相辖，大小不足以相维。臣居兵部堂官之位，而事权反不如提、镇。"

二是没有经济权：

> 筹饷之事，如地丁漕折，劝捐抽厘，均需经地方官之手。臣职在军旅，与督抚势分主客，难以呼应灵通。

三是没有统兵的名分：

> 臣办团之始，仿照通例，刻木质关防，文印屡次更

换，前后所奉寄谕，援鄂援皖，筹备船炮，肃清江面，外间皆未明奉谕旨，时有讥议。关防更换既多，往往疑为伪造。如李成谋已保至参将，周凤山已保至副将，出臣印札，以示地方官而不见信，反被诘责。甚至捐生领臣处实收，每为州县猜疑。号令所出，难以取信。

在讲了三难之后，曾国藩终于把话题摊开："三者其端甚微，关系甚大。考察今日情形，非位巡抚不能办。臣处客寄虚悬之位，又无圆通济变之才，恐终不免贻误大局。"请在籍守制。

曾国藩本想用父丧在籍守制的机会，希望清政府给予湘军与绿营兵同等的地位与待遇，给予他总督、巡抚的官位。岂料咸丰帝命开去他兵部侍郎署缺，令在籍守制。

曾国藩弄巧成拙，一时间受到外界的讥笑与责骂，但他在全体湘军官兵中的威望却更高了。清廷对曾国藩的冷落，湘军将帅大为不公，纷纷表示要与他同进退。湘军第一大将李续宾就致书曾国藩说：一旦攻克九江后，"或攻皖省，或援豫章（江西），先生不出，公（胡林翼）不来，续宾何敢独行前往？虽有厚庵（杨岳斌）、雪琴（彭玉麟）同志，而水陆途分，且不能咨商群帅，难言之情，愿先生教之。盖蒙先生让我出山，仍当恳请带我归里"。

曾国藩人虽在湘乡，与所部将领书札不断。他写信给邵懿辰说：

考经典中言夺情事，惟《公羊传》较详，孔子以三年之丧而从其利，微示讽戒，则固未深许也。后世夺情，大约君固留之，臣固辞之，两尽其道，未有君以为可去，臣自请夺情者也。近世官场丁忧，率不回籍，或奏、或咨，留营、留省，自请夺情，习为常例。鄙人不幸，两次夺情，皆介乎可去可留之间，进退之际，茫无依据，至今惶愧。

信中，曾国藩仍为咸丰帝没有命他夺情而抑郁不平。

曾国藩在家守制期间，仍时刻挂念他一手创办起来的湘军，所谓"江右军事，刻不去怀"。他检讨自己办事"有初鲜终，此次又草草去职，致失物望，不无内疚"。想到这些，"心中纠缠，时忆往事，愧悔憧扰，不能摆脱"。他在籍守制共一年零三个月，这段时间里，他迫切地期待着有朝一日咸丰帝命令他重新走上前线，重掌湘军。

咸丰八年（1858）三月，曾国藩的弟弟曾国华出山，从军于九江。李续宾将他留在军中，遇事咨商。湘军接连攻克九江、抚州、建昌。

太平天国翼王石达开督率所部十余万进入浙江，攻打衢州，苏、浙震动。浙江在京城做官的纷纷奏请刚刚补授浙江布政使的李续宾移军援浙，浙中官绅也争催李续宾督师赴任。清政府也要保住这块财赋重地，命李续宾领兵入浙。而胡林翼借口皖、鄂军情紧张，命李续宾回援皖、鄂。

赴援浙江，实际是为曾国藩复出作铺垫。本来，清政府已命和春兼督江浙军务，但和春害怕与石达开作战，借口生病，拒不赴命。遇到这种大事，湘系内部是声气相通的。像石达开入浙，与湖南并无利害关系，然而湖南巡抚骆秉章上奏请求朝廷起复曾国藩统兵赴援。清政府迫不得已，于五月二十一日下达谕旨：

> 兹据和春奏，现在患病未痊，刻难就道。东南大局攸关，必须声威素著之大员督率各军，方能措置裕如。曾国藩开缺回籍，计将服阕。现在江西抚（州）、建（昌）均经克复，止余吉安一府，有曾国荃、刘腾鹤等兵勇，足敷剿办。前谕耆龄饬令萧启江、张运兰、王开化等驰援浙江。该员等皆系曾国藩旧部，所带勇丁，得曾国藩调遣，可期得力。本日已明降谕旨，令曾国藩驰驿前往浙江办理军务。着骆秉章即传旨，令该侍郎迅赴江西，督率萧启江等星驰赴援浙境，与周天受等各军，力图扫荡。

六月初三日，曾国藩在家乡接到皇帝谕旨。这时他也不在乎是什么名分、有没有地方督抚大权，初七日就治装由家启行。十二日抵达省城长沙，与骆秉章、左宗棠会商军事。曾国藩的关防仍是木质的，上面刻的文字是"钦命办理浙江军务前任兵部侍郎关防"。曾国藩不忘谢主隆恩，说"圣恩高厚，令臣下得守年余之丧，又令起复，以免避事之责。感激之诚，匪言可喻"，表示此次出山，当"约旨卑思，脚踏实地，但求精而不求阔"。

重新出山的曾国藩完全像换了一个人。他经过好友欧阳兆熊的点拨，一以"禹墨勤俭为体，庄老为用"。在省城长沙，他还把精心集的 12 个字，请左宗棠篆刻一联，作为座右铭，置之身旁。临行时，左宗棠设家宴款待这位乡党。二人也捐弃前嫌，和好如初。

二十四日，曾国藩行抵武昌，与胡林翼会商进兵之路、筹饷之数、大营转运粮台报销各事，逗留湖北巡抚署中达旬日之久。曾国藩素称胡林翼才大心细，事无巨细，虚衷商度，"胡公亦悉心力代为之谋，谈议每至夜分不息"。二人合作最好，谈论了湘军的发展与未来。

曾国藩又拜访湖广总督官文，与他会商追击石达开等事宜，协调与湖北湘、楚军的作战部署。随后，曾国藩从武昌顺流而下，在巴河先后召见李续宾、李续宜、曾国华、彭玉麟、刘蓉、唐训方等旧部，商谈援浙军事。

曾国藩就是这样的人，他以尺蠖之曲，既能尽性，又能知命。似有意，似无意，二者的关系又处理得恰到好处。

平常人之所以不能正确对待尽性与知命，就在于太在乎事情的结果。他们或有意或无意产生这样的倾向，即有多少耕耘就该有多少收获，不然的话，就会悻悻然、愤愤然，牢骚满腹，怨天尤人。不知道谋事在人，成事在天，这个天就是命。但相信天并不等于放弃努力，得过且过，无所作为，而是要正确看待自己的努力以及所产生的结果。因此，在尽性上不妨盲目一些，在知命上不妨透彻一些。

曾国藩的这种思想并非晚年才有，早在咸丰年间就已思虑成熟，他曾写过一联："养活一团春意思，撑起两根穷骨头。"也是柔中显刚，主静藏锋，可进可退。正是这种思想使其游刃于天地之间。

8 事关成败时，要敢于对上说不

曾国藩《杂著》中有《成败无定》一篇，他回顾自己的治军生涯说：

> 国藩在军时，有一时与人定议，厥后败挫，或少归咎于人，不能无稍露于辞色者，亦以见理未明故耳。

为此，他举出三个撤藩的例证：

> 汉晁错建议削藩，厥后吴楚七国反，汉景帝诛（晁）错而事以成。明齐泰、黄子澄建议削藩，厥后燕王（朱棣）南犯，建文诛齐、黄而事以败。我朝米思翰等建议削藩，厥后吴（三桂）、耿（精忠）、尚（之信）三叛并起，圣祖（康熙）不诛米思翰而事以成。此三案者最相类，或诛或宥，或成或败，参差不一，士大夫处大事、决大疑，但当熟思是非，不必泥于往事之成败，以迁就一时之利害也。

他还提出，"大失败者"在于一个"从"字，即凡事没有主见，犹如一个木偶，任人摆布。

他提倡凡事要"心到"，大条理小条理、始条理终条理，都要有自己的全面判断，不能一味唯上是从，尤其是在生死攸关、成败垂成、大是大非面前，更要坚持己见，如果一切盲从，后果当然要自己背负。

战安庆，在曾国藩的战略部署中异常重要。他称之为曾家性命所系，大清安危转机之所系。

咸丰十年（1860）八月，僧格林沁率八旗精锐在天津战败，都城戒严，胜保奏请飞召外援，咸丰帝在逃往热河途中，命令曾国藩速派湘军大将鲍超带兵北援。曾国藩与胡林翼都很清楚，胜保是想借机吞并湘军最能战的鲍超一军。

曾国藩一时举棋不定，接连几天夜不能成寐，因为北援事关"勤王"，无可推诿，但如果把鲍超一军放走，定会有去无回。他召集文武参佐讨论对策，要求每人提出一种方案，结果多数人主张派兵入卫，只有李鸿章力排众议，说"夷氛已迫，入卫实属空言，三国连衡，不过金帛议和，断无他变"，而"楚军关天下安危，举措得失，切宜慎重"，主张"按兵请旨，且无稍动"。

李鸿章认为英法联军业已逼近北京，此役必将以"金帛议和"而告终。危及大清社稷的不是英法联军，而是太平军。湘军"关天下安危"，不能撤安庆之围。至于北援，应"按兵请旨"，静待时局之变。九月初六日，曾国藩上疏：

臣自恨军威不振，甫接皖南防务，旬日之间，徽、

日有丽思經史如詔

鳳池大兄屬

久柊其道金石為開

儀叟李鴻章

李鸿章行书八言联

宁失陷。又闻夷氛内犯，凭陵郊甸。东望吴越，莫分圣主累岁之忧；北望滦阳（指承德），惊闻君父非常之变。且愧且愤，涕零如雨，应恳天恩，于臣与胡林翼二人中，饬派一人，带兵北上，冀效尺寸之劳，稍雪敷天之愤。

他又写信给胡林翼，作北援议八条，实际采取拖延术。结果不出所料，随即便接到"和议"已成、毋庸北援的廷寄：

> 皖南北均当吃紧之时，该大臣等一经北上，难保逆匪不乘虚思窜，扰及完善之区，江西、湖北均为可虑，曾国藩、胡林翼均着毋庸来京。

而同时接到率勇北上谕旨的河南、陕西等省巡抚闻命即行，结果却空跑一趟，劳民伤财。

相比之下，显出曾、胡二人的高明，而他们二人之所以高明，则是接受了当时正在曾国藩幕府充任幕僚的李鸿章的意见。

曾国藩、胡林翼不愿派鲍超入援，还有另一层考虑，即保留湘军勇将鲍超一军不为胜保吞并。胜保若以"勤王"之名将鲍超收归麾下，那时北援湘军就会拱手送人，这对全局又大有影响。

但鲍超不明底里，认为自己失去了一次立功社稷的大好机会，露出不满之意。胡林翼写信劝诫说："涤帅（曾国藩）与兄（胡自称）深知其（指胜保）为人忮忌贪诈，专意磨折好人，收拾良将。弟若北援，无论南北风气异宜，长途饷项军火，无人主持，且必为磨死，而又不能得功得名也。惟北援是君父之急难，不敢不遵，万不可以他词推诿，其时涤帅筹思无策，只得应允，自行北援，或兄北援。以兄与涤帅若能北行，则所带将士或不致十分饥困，亦不致受人磨折也。弟若知涤帅此次之恩，弟且感激流涕之不暇。涤帅待弟之恩，是天地父母之恩也。……弟于世事太愚，当一心敬事涤帅，毋得稍有怠玩。自来义士忠臣，于曾经受恩之人，必终身奉事惟谨。……"

经过胡林翼的一番开导，鲍超才明白了曾国藩的良苦用心。

英法联军侵入北京，咸丰帝逃往承德，一时天下纷扰不宁。此时的曾国荃，自恃湘军已成清廷依靠的力量，其兄也总督两江，于是接连给曾国藩写信，既建议不要分兵北上，又要力挺僧王、恭亲王。

九月初十日，即曾国藩上奏清廷的第四天，曾国藩引用孔子"多闻阙疑，慎言其余"的圣言，平生第一次严厉训诫他这位口无遮拦、心中没有判断的阿弟。信虽然有点长，但反映曾国藩凡事都有主见的做事风格，非常值得一读：

初九夜所接弟信，满纸骄矜之气，且多悖谬之语。天下之事变多矣，义理亦深矣，人情难知，天道亦难测，而吾弟为此一手遮天之辞、狂妄无稽之语，不知果何所本？恭亲王之贤，吾亦屡见之而熟闻之，然其举止轻浮，聪明太露，多谋多改。若驻京太久，圣驾远离，恐日久亦难尽惬人心。僧王所带蒙古诸部在天津、通州各仗，盖已挟全力与逆夷死战，岂尚留其有余而不肯尽力耶？皇上又岂禁制之而故令其不尽力耶？力已尽而不胜，皇上与僧邸皆浩叹而莫可如何。而弟屡次信来，皆言宜重用僧邸，不知弟接何处消息，谓僧邸见疏见轻，敝处并未闻此耗也。

分兵北援以应诏，此乃臣子必尽之分。吾辈所以忝窃虚名，为众所附者，全凭忠义二字。不忘君，谓之忠；不失信于友，谓之义。令銮舆播迁，而臣子付之不闻不问，可谓忠乎？万一京城或有疏失，热河本无银米，从驾之兵难保其不哗溃。根本倘拨，则南服如江西、两湖三省又岂能支持不败？庶民岂肯完粮？商旅岂肯抽厘？州县将士岂肯听号令？与其不入援而同归于尽，先后不过数月之间，孰若入援而以正纲常以笃忠义？纵使百无一成，而死后不自悔于九泉，不诒讥于百世。弟谓切不可听书生议论，兄所见即书生迂腐之见也。

至安庆之围不可撤，兄与希庵之意皆是如此。弟只管安庆战守事宜，外间之事不可放言高论，毫无忌惮。孔子曰"多闻阙疑，慎言其余"，弟之闻本不多，而疑则全不阙，言则尤不慎。捕风捉影，扣槃扪烛，遂欲硬断天下之事。天下事果如是之易了乎？大抵欲言兵事者，须默揣本军之人才，能坚守者几人，能陷阵者几人；欲言经济，须默揣天下之人才，可保为督抚者几人，可保为将帅者几人。试令弟开一保单，未必不窘也。弟如此骄矜，深恐援贼来扑或有疏失。此次复信，责弟甚切。嗣后弟若再有荒唐之信如初五者，兄即不复信耳。

恭亲王此时正值其一生中的高光时刻，而曾国藩对他并不看好。事实证明，曾国藩的判断不久就全部应验。

9 有功不可独享

有难同当，有功独享，是事业的大忌。

曾国藩的九弟曾国荃攻下安庆后，没有等待对金陵合围就孤军深入，且有独享此大功之心。先是不让外国人染指，后又怕李鸿章抢功。但由于做法拙劣，外人一看就清楚，而曾国荃故意闪烁其词。曾国藩不时开导九弟："弟十九日疏陈轮船不必入江而以巡海盗为辞，殊可不必。弟意系恐李泰国来金陵搅局攘功，何不以实情剀切入告？苦战十年，而令外国以数船居此成功，灰将士忠义之心，短中华臣民之气等语，皆可切奏。凡心中本为此事，而疏中故托言彼事以耸听者，此道光末年督抚之陋习，欺蒙宣宗，逮文宗朝已不能欺，今则更不宜欺矣。七船之事，余曾奏过三次，函咨两次，即不许李泰国助剿金陵、苏州。李少荃亦曾上书恭邸二次，计恭邸亦必内疚于心。特以发贼未灭，不欲再树大敌，故隐忍而出此耳。君相皆以腹心待我兄弟，而弟疏却非由衷之言，恐枢府疑我兄弟意见不合，又疑弟好用权术矣。以后此等折奏望先行函商一次。"

在曾国藩看来，不让外国人在平定太平军上得大功，是完全可以拿到台面上讲的事情。而曾国荃却用需要李泰国巡海盗为辞上奏，这就给主持朝政的恭亲王等人一个印象，曾家兄弟意见不一，是有意为之。

果然，清廷随即收回曾国荃单衔奏事的权利。这对曾国荃无疑是一次重要的警示和惩罚。曾国藩担心他九弟又怄气，写信安慰说："批谕饬无庸单衔奏事，弟性褊激，于此等难免怫郁，然君父之命，只宜加倍畏慎。余自经咸丰八年一番磨炼，始知畏天命、畏人言、畏君父之训诫，始知自己本领平常之至。昔年之倔强，不免客气用事。近岁思于畏慎二字之中养出一种刚气来，惜或作或辍，均做不到。然自信此六年工夫，较之咸丰七年以前已大进矣。不知弟意中见得何如？弟经此番裁抑磨炼，亦宜从畏慎二字痛下功夫。畏天命，则于金陵之克复付诸可必不可必之数，不敢丝毫代天主张。且常觉我兄弟菲材薄德，不配成此大功。畏人言，则不敢稍拂舆论。畏训诫，则转以小惩为进德之基。余不能与弟相见，托黄南翁（黄冕）面语一切，冀弟毋动肝气。至嘱至嘱。"

李鸿章在上海站稳后，连下数城，并攻下苏州。而且淮军的装备远比湘军精良，战斗力也更强。清廷下旨，令攻下苏州的李鸿章一鼓作气，协助曾国荃攻下金陵。

李鸿章本人也颇想立此大功，但他清楚，这是老师及九帅拼尽身家性命所做的事，自己不能与之分功。曾国藩对李鸿章搪塞，清廷说什么久战之后淮军需要修整，心知肚明是为成全他们兄弟。

同治二年（1863）正月，曾国藩最初想亲自前往金陵前线大营与九弟进行协商，后来作罢。他写信对曾国荃说：

95

余思至金陵一行，不过因弟太辛苦，或兄弟一会，以畅欢怀。近见弟累次来信，襟怀甚恬畅，字画甚光润，心意甚敬谨，可卜其神不外散。别无波折，余即决计不赴金陵。盖洋船虽快，往返亦须八九日也。少荃决不能来，显而易见。

最初，曾国荃认为攻下金陵指日可待。曾国藩对此心存疑虑，又不好说破，怕挫伤九弟一意向前的性子。只好告诫他，一旦攻下金陵，也必须功不己居：

城事果有可望，大慰大慰。此皆圣朝之福，绝非吾辈为臣子者所能为力。不特余之并未身临前敌者不敢涉一毫矜张之念，即弟备尝艰苦，亦须知谋事在人，成事在天，劳绩在臣，福祚在国之义。刻刻存一有天下而不与之意，存一盛名难副、成功难居之意。蕴蓄于方寸者既深，则侥幸克城之日，自有一段谦光见于面而盎于背。至要至要。

曾国藩经历太多，对荣辱看得很淡。在他的一再开导下，曾国荃的境界也有很大提升。曾国藩及时鼓励，对他说：

弟近来气象极好，胸襟必能自养其淡定之天，而后发于外者有一段和平虚明之味。如去岁初奉“不必专折奏事”之谕，毫无怫郁之怀。近两月信于请饷请药，毫无激迫之辞。此次于莘田、芝圃外家渣滓悉化。皆由胸襟广大之效验，可喜可敬。如金陵果克，于广大中再加一段谦退工夫，则萧然无与，人神同钦矣。富贵功名皆人世浮荣，惟胸次浩大是真正受用。余近年专在此处下功夫，愿与我弟交勉之。

常州攻下后，金陵成为一座孤城。曾国藩料定清廷必会命李鸿章会攻金陵，如此一来，曾国荃又会怕人抢功，曾国藩写信对曾国荃说：

> 弟切勿焦灼致疾，听其自然而已。如奉旨饬少荃中丞前来会攻金陵，弟亦不必多心，但求了毕兹役。独克固佳，会克亦妙。功不必自己出，名不必自己成，总以保全身体，莫生肝病为要。善于保养，则能忠能孝，而兼能悌矣。

又说：

> 金陵之克，亦本朝之大勋，千古之大名，全凭天意主张，岂尽关乎人力？天于大名，吝之惜之，千磨百折，艰难拂乱而后予之。老氏所谓"不敢为天下先"者，即不敢居第一等大名之意。弟前岁初进金陵，余屡信多危悚儆戒之辞，亦深知大名之不可强求。今少荃二年以来屡立奇功，肃清全苏，吾兄弟名望虽减，尚不致身败名裂，便是家门之福。劳师虽久而朝廷无贬辞，大局无他变，即是吾兄弟之幸。只可畏天知命，不可怨天

尤人。所以养身却病在此，所以持盈保泰亦在此。千嘱千嘱，无煎迫而致疾也。

但金陵久攻不下，曾国藩担心日久生变，又怕曾国荃一支队伍难以完成，遂与之商量请李鸿章助攻：

> 吾与昌岐（黄翼升）久谈，少荃于吾兄弟处，实有相亲相卫之意。吾意欲奏请少荃亲带开花炮队、洋枪队前来金陵会剿。接弟此次复信即一面出奏，一面函咨少荃，请其迅速西来。如苏军齐到成功，则弟受其劳，而少荃享其名，既可以同膺懋赏，又可以暗培厚福。盖独享大名为折福之道，则与人分名即受福之道矣。如苏军虽到，而城贼仍坚持不下如故，则谤可稍分，而责亦稍轻。余昨日已咨少荃派炸炮至金陵会剿。细思弟之肝病，不宜再郁两月，而饷项亦断难支至三四月，故决计奏请少荃前来。

此时，清廷也一反原来静观其成的态度，明令李鸿章助攻。而曾国藩为了解劝他这位阿弟，竟然将父母从"地下"请出，他在一封信中说：

> 昨专函与弟商请少荃亲带炸炮来金陵会剿。本日接奉寄谕，亦令少荃亲剿金陵。余遂决计请少荃来金陵，同心办贼。今日先咨弟处，明日即咨少荃，并专案复奏也。今日陈虎臣（陈艾）自苏归来，具述少荃于吾兄弟

休戚相关患难相顾，与昌岐之言相同，且炸炮轰倒之城，实可骑马而登，胜于地洞十倍。少荃亦有信来，愿派季泉（李鹤章）带炸炮来助。吾意季泉来，不如少荃亲来，盖深知老弟之心，不畏少荃占弟之名，而颇畏季泉之勇不受约束也。弟接奉寄谕及兄此信，亦望作一信邀少荃前来会办。此事余踌躇已久，细思吾考妣今若尚在，吾以此疑敬询吾亲，必曰："速请李中丞来会剿，无令尔沅弟久郁郁也。"因是决矣。

是否请李鸿章会攻金陵之事，是曾国藩最踌躇的事情。他甚至对其弟说出这样的话：

千思万想，皆为恐弟肝病日深起见。不请少荃来会剿，则恐贼城相持太久，饷绌太甚，弟以郁而病深。请少荃来会剿，则二年之劳苦在弟，一旦之声名在人，又恐弟以激而病深。故展转踌躇，百思不决。此次将咨与函送弟处自决。弟之声名，即余之声名也；弟之性命，即余之性命也。二者比较，究以保重身体为大。弟自问身体足以久磨久炼，则余自放心矣。

99

在长兄的百般劝说下，曾国荃终于同意李鸿章前来助攻。精明透顶的李鸿章却不愿做摘桃子的人，他要保全老师的脸面。

这时清廷又下令李鸿章速率军助攻金陵。李的麾下也跃跃欲试，认为这是一个立大功加官晋爵的机会。而李鸿章终不为所动，他想出了一个两全其美的办法，一是上奏朝廷，说曾国藩完全能够平此大乱，金陵即日可克；二是请派他的弟弟携大炮到曾国藩处听其指挥、助攻。

正当曾、李为此大费脑筋时，金陵城终于攻下。据说，大功告成之日，李鸿章亲往祝贺，曾国藩带曾国荃迎于下关，亲执李鸿章之手说："曾家兄弟的脸面薄，全赖你了！"李鸿章自然谦逊一番。

红旗报捷时，曾国藩将自己的名字列于湖广总督官文之下，并一再声称，大功告成，实赖朝廷的指挥和诸官将的同心协力，至于他们曾家兄弟是仰赖天恩，得享其名，实是侥幸而来。只字不提一个"功"字。对李鸿章，当然要多多美言。

曾国藩谈到收复安庆的事，总是归功于胡林翼的筹划，多隆阿的艰苦战斗。谈到后来攻下金陵，则又归功于各位将领，没一句提及他弟弟曾国荃。谈到僧格林沁进攻捻军的时候，赞扬他能吃苦耐劳，说自己比不上他的十分之一二；谈到李鸿章、左宗棠，称他们是一代名流，不是说自愧不如，就是说谋略莫及。

曾国藩受命镇压捻军，成效缓慢。捻军进入湖北时，曾国荃任湖北巡抚，派将领追剿，但屡战失利。李鸿章后来接替曾国藩平捻成功，言语中不免对曾家兄弟有微词。后来曾国藩上疏中有"臣不敢以一战之功，遂自忘其丑陋"的话，大概是对李鸿章所发。

有一次，有人面告李鸿章这件事，李鸿章惊恐地说："有是哉？"来人曰："是则然矣。"李鸿章命取邸钞来看，果然有这句话。此后，李鸿章谈湖北的事情，不再说九帅不善用兵了。此事等于曾国藩又足足地给李鸿章上了一课，其疏既有不要以一时一事看人，不要以己之长攻人之短之意，又寓有功过不应由己任之的深意。

10 做大局面，端在下属发展

曾国藩平生以"立人达人"作为平生的首要处人原则，并付诸从政为官数十年的实践中。

曾国藩比同时代人的卓识之一，是局面做大时公开鼓励下属独立发展。他经常说："人才何常，褒之则若甘雨之兴苗，贬之则若严霜之凋物。""称许不绝于口，揄扬不停于笔，人谁不欣欣向荣！"

心理学家马斯洛指出："除了少数病态的人之外，社会上所有的人都有一种对于他们的稳定的、牢固不变的、通常较高的评价的需要或欲望，有一种对于自尊、自重和来自他人的尊重的需要或欲望。"

曾国藩对李鸿章手下的人从不谋求独立发展，感到颇为惊讶。有一次他对李鸿章开玩笑说：

> 昔麻衣道者论《易》云：学者当于羲皇心地上驰骋，无于周孔脚跟下盘旋。前此湘军，如罗罗山（罗泽南）、王璞山（王鑫）、李希庵（李续宜）、杨厚庵（杨载福）辈，皆思自立门户，不肯寄人篱下，不愿在鄙人

及胡（林翼）、骆（秉章）等脚下盘旋。淮军如刘（铭传）、潘（鼎新）等，气非不盛，而无自辟乾坤之志，多在台从脚下盘旋，岂阁下善于制驭，不令人有出蓝胜蓝者耶？

在对待李鸿章、左宗棠等人时，曾国藩都体现了鼓励人独立发展的精神。李鸿章赴上海、练淮军，曾国藩说："少荃去，我高枕无忧矣。惟此间少一臂助，奈何？"李鸿章再请，曾国藩不但欣然同意，还扶上马送一程，令李鸿章终生铭记。

李鸿章所募淮勇到安庆后，曾国藩"为定营伍之法，器械之用、薪粮之数，悉仿湘勇章程，亦用楚军营规以训练之"。李鸿章深知淮勇实力单薄，难膺重任，对老师说："敝部除张遇春一营（炮队）外，均系新勇，战守难恃，远征异地，若无精兵宿将，立有覆败之虞"，请调拨数营湘勇，以加强战斗力。

曾国藩原来就打算以湘军为榜样，陶铸淮勇风气，随即陆续调拨湘勇八营，归其节制。其中有曾国藩新兵两营，由韩正国统带，充任李鸿章亲兵；开字两营，借自曾国荃，由程学启统带（程学启原是陈玉成部勇将，后被策反投奔湘军，其部下多籍隶两淮）；林字两营，由滕嗣林、滕嗣武统带，编入淮军；熊字营由陈飞熊统带，垣字营由马先槐统带，均系奉曾国藩之命在湖南所招，原备湘军部将陈士杰率领，随同李鸿章援沪，因陈氏不愿前往，遂拨归淮军。这构成淮军初创时的基干队伍，共13营，6500人。他认为湘、淮本是一家，淮军由湘军而派生，尤有水源木本之谊。

左宗棠佐幕湖南巡抚骆秉章时，因参劾樊燮案受牵连，经胡林翼、曾国藩等全力斡旋，方得安全。咸丰十年（1860）四月，曾国藩向清廷举荐左宗棠"刚明耐苦，晓畅兵机。当此需才孔亟之时，无论何项差使，求明降谕旨，必能感激图报"。当时左宗棠就在曾国藩统帅大营。

左宗棠留营中两旬，"昕夕纵谈东南大局，谋所以补救之法"。随即奉旨，左宗棠以四品京堂候补，襄办军务，回湘募勇。当月，曾国藩署理两江总督，督办江南军务。十一年（1861），清廷令曾国藩节制浙江军务，曾国藩奏辞节制浙江省一折称：

> 臣自受任两江以来，祁门被困，仅得自全；至于安庆之克，悉赖鄂军之功，胡林翼筹画于前，多隆阿苦战于后，非臣所能为力。江苏乃职分应办之事，尚无一兵一卒达于苏境。乃蒙宠遇非常，节制四省，自顾菲材，实难胜任。左宗棠之才，实可独当一面，即无庸臣兼统浙省，苟思虑所能到，才力所能及，必与左宗棠合谋，不分畛域，不必有节制之名，而后尽心于浙事也。

从而为左宗棠出任浙江巡抚预留空间。

攻下太平天国都城天京前后，曾国藩"台面"达到极盛，其间出自湘军体系任封疆大吏的多达20余人。有的是曾国藩奏保的，如李鸿章、沈葆桢等；有的多人奏保，如李续宜、彭玉麟得到官文、胡林翼的保荐，刘蓉由胡林翼、骆秉章、文祥保荐，保荐左宗棠的更多。至攻下天京为止，清廷先后任命毛鸿宾为两广总督，刘长佑为直隶总督，左宗棠为闽浙总督，杨载福为陕甘总督，郭嵩焘为广东巡抚，李鸿章为江苏巡抚，唐训方为安徽巡抚，刘蓉为陕西巡抚，阎敬铭为山东巡抚，曾国荃为浙江巡抚（未到职），恽世临为湖南巡抚。再加上此前已任的胡林翼、骆秉章、曾国藩、罗遵殿、严树森、李续宜、沈葆桢、彭玉麟（未到职）、田兴恕、江忠义（贵州巡抚，未到职），在四年多的时间里，湘军体系共有21人先后出任督抚。如再加上与之关系密切的晏端书（两广总督）、黄赞汤（广东巡抚），则多达23人。

这23人中，有13人是湖南人，均为湘军将领或幕僚。在中央集权削弱，地方督抚掌握军事、行政、人事、经济等各项权力的背景下，他们通过出任督抚控制财源的区域非常广泛，且是经济发达的长江区域。这大大便利于筹集军饷，扩充兵源，从而为湘军实力急剧增长奠定了重要基础。

湘军督抚中，作为统帅的曾国藩是其灵魂和首脑，在他的号召、感召下，这些人一方有难，八方为援，结成一个特殊的关系网，痛痒相关，呼吸相顾。一直到清末，尽管清廷多次发起重振中央集权、压制乃至收回督抚权力的举动，但效果非常有限。

两江总督、直隶总督被清廷视为经济、军事之命脉所系，但一直都由湘、淮军将领出任。清廷每有大的兴革，决策前都要征求他们的意见。曾国藩的"局"做得太大，以至于他自己也说，长江数千里江面，都张挂他的旗帜。

11 接班人要找光大门庭之人

著名历史学家罗尔纲先生提出，曾国藩的护身符就是李鸿章。可以毫不夸张地说，组建淮军、扶植李鸿章，堪称曾国藩天命之年的神来之笔。

在曾国藩的所有弟子中，李鸿章是入门最早的一位。

早在京城为官时，曾国藩的同年进士、在刑部任职的李文安就带着尚未考中进士的儿子李鸿章拜见曾国藩。曾国藩很早就留意人才，又会相面，对这位年龄比自己小一轮的"年家子"非常喜欢。跟随曾国藩学习两年后，李鸿章考中进士。随后，曾国藩回湖南办团练，给李鸿章写信，希望他加入。

李鸿章当时在翰林院，前途无量，不愿把前途交给战场。但后来太平军进入安徽，连下安庆、桐城，李鸿章的家乡庐州也十分危急，于是他动员在工部任侍郎的同乡吕贤基向皇帝请缨回安徽办团练，但吕贤基不久死于战场。曾国藩给李鸿章写信，请李加入同是他的弟子、时任安徽巡抚的江忠源的幕府。又给江忠源写信推荐李鸿章，赞其大有用之才，"阁下若有征伐之事，可携之同往"。

李鸿章后加入江忠源幕府，而江忠源不久也去世于军中。咸丰八年（1858）六月，曾国藩结束在家为父守丧，重新回到战场。

这时李鸿章四顾无人，给曾国藩写信，说了自己再不能相从于莫不相知之人的话，还说打太平军，只有老师会最后成功。这样的表态颇让曾国藩高兴，于是李鸿章正式加入曾国藩幕府。

咸丰九年（1859）四月，曾国藩奏派李鸿章前往江西抚州，协助曾国荃攻打太平军。景德镇一战打了胜仗，曾国藩奏请当时仅仅是一位记名道员的编修李鸿章留营襄办军务。咸丰十年（1860）曾国藩署理两江总督后，于当年七月具折奏保道员李鸿章，请简授江北地方实缺，兴办淮扬水师。后来，李鸿章因为不能阻止曾国藩参劾李元度，加之祁门危急，离开了曾国藩。

这时的李鸿章想去福建就任道员，征求沈葆桢的意见，沈葆桢强烈反对他到自己的家乡任职。胡林翼也会看相，他给曾国藩写信说："李某……必会大富大贵，才力又宏远，选择福将而用，是最大帮助啊。大局安危，只看你如何放手放胆去做了。"

好马也吃回头草。这样，李鸿章重新回到了曾国藩这里。

咸丰十一年（1861），太平军在江浙取得突破进展，清廷的财赋重地岌岌可危，尤其是上海面临被太平军占领的威胁。因此，从清廷到江浙地方官绅，都向曾国藩发出派兵救援的吁请。曾国藩认识到这是扩大湘军势力的极好时机，但不能将精锐派到上海，而只能另辟蹊径，再练一支军。

当时曾国藩考虑人选时，主要从以下几点出发：一是有勇有谋之人，才能胜任；二是与他个人乃至湘军体系，关系密切；三是对湘军、对他本人都有大益处。

自咸丰十一年（1861）十月十六日起，曾国藩的日记详细记载了上海请兵以及他与李鸿章筹划的全过程：

> （十六日）午刻，江苏上海庞宝生派户部主事钱鼎铭来请兵，携有书函，系庞宝生钟璐、殷谱经兆镛、潘季玉曾玮、顾子山文彬暨杨庆麟、潘馥公函。书辞深婉切至，大略谓吴中有可乘之机，而不能持久者三：曰乡团，曰枪船，曰内应是也；有仅完之地，而不能持久者三：曰镇江，曰湖州，曰上海是也。问之，系冯桂芬敬亭手笔。钱君在坐次哭泣，真不异包胥秦庭之请矣。薛中丞（薛焕）亦派厉委员来，皆与久谈。与少荃久谈。

随即，曾国藩设宴招待钱鼎铭等人，李鸿章作陪。十九日日记载："与少荃商救援江苏之法，因钱莒甫鼎铭来此请兵，情词深痛，不得不思有以应之也。"

这里明确的是，曾国藩仅仅与李鸿章商量出兵救上海等事。次日，江西永修人吴坤修主导请缨。曾国藩日记载："吴竹庄来久谈，渠请募兵六千，赴江苏上海一带救援，盖因钱莒甫求兵甚切也。余以新兵恐难得力，未许。"二十一日："钱莒甫来，久谈，语次，声泪俱下，叩头乞师，情词哀迫，余愧无以应之。傍夕至少荃处一谈。"二十二日："至少荃处，与钱莒甫久谈，渠请兵甚切，余以非二月不能筹出一支兵速赴上海。"

以上从十六日到二十二日的一周时间里，曾国藩反复考虑如何派兵赴援，由谁来率领。曾国藩倾向于在现有队伍中抽调一部分，再另外招募一部分，采取新旧搭配的形式。

值得注意的是，筹划此事，李鸿章都直接参与。且二十二日的谈话地点改在李鸿章住处。这或可说明，此时曾国藩已与李鸿章谈好，由其率领。这与曾国藩所答复的"非二月不能筹出一支兵速赴上海"非常吻合。

吴竹庄即吴坤修，是捐纳出身，道光末年在湖南做官，因参加守护长沙城被提拔为知县。曾国藩与之交往颇早。在衡州练兵时，曾国藩与王鑫谈话，因口音太重双方听不懂，吴坤修充当翻译。曾国藩改变对王鑫的看法，也源于吴坤修的私信。或许曾国藩从资历上对吴坤修不满意，在极短时间内招募一支新队伍无法做到，可能出自曾国藩的真实判断，而对吴坤修不是很满意，也是其中一因。曾国藩曾在信中指出吴坤修的弱点：

> 阁下昔年短处在尖语快论，机锋四出，以是招谤取尤。今位望日隆，务须尊贤容众，取长舍短，扬善于公庭，而规过于私室，庶几人服其明而感其宽。

又说：

> 鄙意办理洋务，小事不妨放松，大事之必不可从者乃可出死力与之苦争。

从吴坤修与王鑫的关系中，以及对吴的既往经历、做事风格上，曾国藩认为他难以成为一个方面军的统帅。

大概钱鼎铭一直住在曾国藩的两江总督署。曾国藩作为两江总督，当时的上海属于江苏，是曾国藩本辖之区，他于公不能袖手旁观；于私，对湘军发展极为重要，因为上海官绅开出的条件非常诱人，每个月出饷银80万两。这对于正在发展扩张的湘军而言，实在是非常丰厚的财富。至十二月初八日，曾国藩正式答复，复江苏绅士庞宝生等公函。

紧接着，曾国藩与李鸿章开始紧张筹集、招募淮军的工作。这项工作至次年正月基本完成。曾国藩逐一与淮军将领谈话，检阅其部队、营操等。

据日记，至同治元年正月二十四日，曾国藩出城至李鸿章处道喜，贺其当日移居营盘。

二月初四日，曾国藩至城外李鸿章营，又至韩正国营、程学启营、李济元营、滕嗣林营，至晚方归。淮军进入上海的"盘缠"，即运送淮军的费用也有了着落。

十九日早饭后，江苏委员厉学潮来，解饷8万两。"少荃启行之途费有着，快慰之至。"

二十八日二更后，江苏有绅士钱鼎铭、潘馥复来请援，带火轮船，"将潜载少荃之兵直赴上海。随后更有轮船六号续至。每次七船，计可载三千人，将分作三次迎接少荃之兵。余以少荃之兵，日内已订定由巢县、和、含陆路东下，今若遽改为舟行，则大拂兵勇之心；若不由舟行，则大拂江苏绅民之心，踌躇久之，不能自决"。

二十九日，"少荃来，与之言江苏官绅殷殷请援之意，有甚于蹈水火者之求救。其雇洋船来接官兵，用银至十八万之多，万不可辜其望，拂其情，决计由水路东下，径赴上海。傍夕，希庵来，少荃亦来，谈及少荃所部诸将优劣，一更四点散。余倦甚，不能治事"。

由以上记载可以确定，曾国藩经过再三权衡，举荐李鸿章担此大任。

李鸿章临行前，曾国藩与他数十次详谈，嘱咐他先把兵练好，不要急于出战，吏治、洋务可以缓办。告诫李鸿章要把军事放在首位，只有练就精兵，学会作战，才能站稳脚跟，否则将一事无成。

他还看出李鸿章心高气盛，急躁，傲慢，任性，因而以"深沉"二字相劝，其他好友也纷纷提出忠告。李续宜以"从容"规之，沈葆桢、李桓"以勿急相戒"。李鸿章深受教益，在给李桓的复信中表示：

111

> 手谕诲爱谆切，感佩无量。鸿章素性激直，从事师友贤豪间，皆深知其戆而曲谅之。自兹以往，不欲蹈习官样，又未便率性而行。

对于师友们的劝诫，"当奉为枕中秘"。

李鸿章到上海前，曾国藩于咸丰十一年（1861）十一月奏保道员李鸿章"可膺封疆重寄，现在臣处统带水军，请酌拨陆军数千人，驶赴下游，以资援剿"。

李鸿章到上海不足一月，清廷采纳曾国藩的意见，命李鸿章署理江苏巡抚。李鸿章处处以弱军自居，而清廷接连命令李鸿章出兵解上海之围。因为淮军没有经过训练，李鸿章特向老师诉苦，曾国藩知道个中奥秘，坚决支持他按兵不动：

> 羽毛不丰，不可高飞；训练不精，岂可征战？纵或洋讯绅恳，中旨诘责，阁下可答以散处坚嘱不令出仗。二三月后各营队伍极整，营官跃跃欲试，然后出队痛打几仗。阁下此次专以练兵学战为性命根本，吏治、洋务皆置后图。

当李鸿章翻刻老师所订的营规、爱民歌等时，曾国藩告诫李鸿章：

> 翻刻营制营规、爱民歌、《劝诫浅语》之类，皆系从外面说去，不从骨里用功。阁下此时除选将、练兵、筹饷，别无政事；除点名、看操、查墙，别无工夫。诸件若未刻，则停刻；已刻，则停散。少一分播扬标榜，即多一分真实蕴蓄也。至嘱至嘱！

只有关系极为密切的人，曾国藩才会密传心法。

待清廷令他劝李鸿章出兵的谕旨下发后，曾国藩又让李"会防不会剿"。

当时有戈尔为统帅的洋枪队，即外国雇佣军防守上海，曾国藩写信给李续宜说：

> 少荃至上海，诸事颇顺。惟洋人纠缠不已，今日催

出队，明日催会剿，时而借夫，时而牵马。彼中皆奉洋如神明，无敢少撄其锋，殊觉刚柔两难耳。

曾国藩的意见是，李鸿章要在上海站稳，必须不能让外国人事事牵着走，而要占据主动，以我为主。"会防"，无论是淮军建立初衷，还是身为江苏巡抚，李鸿章都责无旁贷，因此一开始与外国人"会防"上海最合适不过。"不会剿"就是不参加共同对抗太平军的会战，因为打了胜仗外国人抢头功，淮军只能配合；打了败仗，外国人会推卸责任。

李鸿章经过多次试探，终于看清洋人的用意是拿他的军队当替死鬼，他不但佩服老师的眼力，更坚定了不出兵的信念。

此后，李鸿章处处秉承老师的旨意办事，在上海6个多月间，李鸿章写给曾国藩的信即有44封之多。他把曾国藩比作佛祖释迦牟尼，而自己是佛门传徒习教之人，附骥尾以成名。他事事请命，时时请命，有何创举总拜求曾国藩为首，有何大政总拜求曾国藩主持。尤其是洋务大政，李鸿章推曾国藩领头，从而掀起极大的声势。

有时李鸿章写给老师的信用"禀"字，这是下级对上级所用的公文格式。曾国藩与李鸿章同为督抚大员，但谊属师生，曾国藩开玩笑地予以制止："禀"字怎么还不换去？听闻老前辈中多愿为黑翰林，不愿为红外官，所争的就是这些。阁下开府三吴，宜"启"而不宜"禀"。还君玉堂故物，不必更崇谦抑。顶戴尚未更换，便中或当陈请。

攻陷天京前后，曾国藩实际上是清军的前线总司令，且

能吃天下第一等
苦乃能做天下第
一等人 咸豐十年曾國藩題

曾国藩手书

握有苏、浙、皖、赣四省军政大权。曾国藩感到惶恐，既担心清廷秋后算账，又为权力过大不能完成清廷托付而忧心，表面上圣宠甚隆，骨子里为后事发愁。因此，曾国藩急需一位衣钵传人。

曾国藩自重新出山后，以"禹墨为体，庄老为用"作为座右铭，既吃苦实干，又无欲无为。表面上看他很消极，更深的含义是以实力对抗压力。

曾国藩曾打算写一本《挺经》，书虽未出，李鸿章已深谙内中之味。李鸿章曾对人说："我老师的秘传心法，有十九条挺经，这真是精通造化、守身用世的宝诀。"在湘军攻陷天京后，曾氏兄弟一度大遭物议，明里暗里受参劾不下八九次，李鸿章暗中支持老师，并用"墨守挺经"四字相勉。既表明挺经之道乃对抗压力之宝，又表明李鸿章未辜负师门厚望，大纲一致。

打下金陵后，曾国藩做出了一生中最艰难的举措，也是为了自保，这就是裁湘留淮。此时的李鸿章已声望日隆，甚至有青出于蓝而胜于蓝的架势。但在重大问题上，如"剿捻"、办洋务等，仍与曾国藩保持高度一致。

李鸿章确是光大曾氏门庭的学生。曾国藩去世后，李鸿章在送给老师的挽联上说，自己"师事近三十年，薪尽火传，筑室忝为门生长"，此言不虚。

第三章

/

居官不败

　　曾国藩自28岁为官，37岁成为最年轻的二品高官，其后在地方办湘军，50岁实现人生突围，官居一品，出任两江总督，随后任协办大学士、大学士，达到仕途巅峰，是最有权力的大臣。一无家庭背景，二无长袖善舞，为什么官越做越大？又如何晚场善收？他善于吸取前人失败的教训，总结出许多居官不败的原则与规律。本章通过他独特的为官智慧，解开他如何成为传统中国最后一尊精神偶像的谜底。

1 做官宜公而忘私

自古以来，官场的倾轧与争斗是屡见不鲜的事实，但也不乏清正廉洁、为民请命的正直官员。

道光十八年（1838），28岁的曾国藩考中进士，随后改翰林院庶吉士。当年底，曾国藩衣锦还乡，父亲曾麟书大张筵席数日。

清朝有一条不成文的规定——宰相出翰林。因此不但父母官前来拜贺，甚至高官也前来道喜。筵席结束后，曾国藩的祖父星冈公对曾麟书说："吾家以农为业，虽富贵，毋失其旧。彼为翰林，事业方长，吾家中食用无使关问，以累其心。"祖父训谕父亲这句话，恰好为曾国藩听到了，他发誓，绝不以积宦囊留子孙，一生清廉自矢。自是以后，官京师十余年，未尝知有家累。

道光二十七年（1847），37岁的曾国藩迎来仕途中的一次重要升迁，任内阁学士兼礼部侍郎衔。二十九年（1849）正月，曾国藩升授礼部右侍郎。任命的第二天，道光帝召见了曾国藩，训谕教诲了一番。两天后，曾国藩走马上任。虽说礼部在六部中属清要一类，但事务仍然繁多。而且，其属员即有百余人。曾国藩公事之余，应酬也十分多，他给父母的信中说，"几于刻无暇晷"。

父亲曾麟书收到信后，为曾家出了位大官而兴奋不已。但知子莫若父，曾麟书太了解儿子曾国藩的脾气性格了，他唯恐刚登高位的儿子有什么闪失，立即写信一封，嘱咐再三：

> 官阶既高，接人宜谦虚，一切应酬，不可自恃。见各位老师，当安门生之分。待各位同寅，当尽协恭之谊。至于同乡官如何子贞（何绍基），尔请他作祖父大人七十寿序，写作俱臻绝顶，有此学问，品行必端，尔宜善待之。外官李石梧（李星沅）前辈，癸卯年（1843）巡抚陕西，尔是年放四川正考官，路过其地，他待尔极好，并受其指教，受益最大。他现总督两江，每年必以书信问候而已；若有人干以私情，宜拒绝之。做官宜公而忘私，自尽厥职，毋少懈怠已耳。此嘱。

曾国藩不会忘记，他在去往四川主持乡试途中，在保定患热病，撑着病躯一路向西，李星沅前途派人迎接曾国藩，又找最好的医生为之诊病。多日间，曾国藩都吃住在西安陕西巡抚署。

更让曾国藩感动的是，李星沅的母亲嘱咐"仲云世兄代祷抚署两神"。曾国藩病愈后，在巡抚署拈香。由于父亲的殷殷教诲，曾国藩自为高官之日始，就怀着匡济天下、忠心为国的抱负，全身心投身到工作中去。

曾麟书信中所说的李星沅，字子湘，号石梧，湖南湘阴人。早年有"神童"之称。道光十二年（1832）中进士，次年授翰林院编修，二十二年（1842）擢陕西巡抚。曾麟书写这封信时，李星沅升任两江总督。

因为有李星沅救助这层关系，又是父亲训谕，曾国藩后来对李星沅之子李桓关照有加。李桓，字叔虎，号黼堂，又作辅堂。咸丰八年（1858），曾国藩重新出山，奉命赴浙江围追太平军。由江西提供军饷八成。曾国藩奏请以李桓、李瀚章、沈葆桢、蔡应嵩四人综理厘金之事。随后，曾国藩给李桓、李瀚章二人写信，就江西厘金筹措、用人等事详细指导，特别强调"除官气、裁浮费"二语。

关于用人，曾国藩希望借用湖南人员，但要先网络江西人才，"兼进并收，不宜过示偏重，使豫章（江西）才俊，有向隅之感。其自湘来者，先给薪水，优加礼貌，不必遽授以事。收之欲其广，用之欲其慎。大约有操守而无官气，多条理而少大言，本此四者以衡人，则于抽厘之道，思过半矣"。李桓后升任按察使、布政使、巡抚之职。

121

2 仕而优则学

《论语》："子夏曰：仕而优则学，学而优则仕。"清朝汉人为官，首重科甲出身的，也可以说是"学而优则仕"。而就一般的官员常态而言，做官事务冗杂，应酬极多，如果没有明确的目标和超乎常人的毅力，是断断不能坚持学习的。曾国藩任两江总督时，写信给他的爱徒、初任江苏巡抚的李鸿章，告诫说："吾辈当为餐冰茹檗之劳臣，不为肠肥脑满之达官也。"

道光二十年（1840），曾国藩为自己制订了系统读书的计划：单日读经，双日读史，至午正。未初起，单日读史，双日读集。午正就是正午十二点。未初是下午一点。也即逢单之日，上午读经书、逢双之日上午读史书；下午是单日读史，双日读集。由此可见，在曾国藩的读书日程表中，读史书占了一半时间。而经书、集部（涵盖子部）统合占了一半。

曾国藩第二次参加会试不售后，曾在金陵用借来的钱买了一部《二十三史》。这就是正史。他系统读的第一部史书是康熙时吴乘权等人编的《纲鉴易知录》。这是一部编年体通史，记载自上古至明末间的历史。曾国藩是去琉璃厂，将所买正史约换《纲鉴易知录》。他用了一个多月的时间，至次年正月全部读完。"阅《易知录》……思将古来政事、人物分类，随手抄记，实为有用，尚未有条绪。"

中国历史的记载非常浩繁。如果不得要领，会陷入进去而不能自拔。曾国藩注意的一是"政事"，二是"人物"，重在"实用"。为了更有效地读史，他又阅读明朝永乐时名臣薛瑄的《读书录》。

薛瑄《读书录》一法程朱，也是儒家正脉。这部书不但教导人如何读书，更重要的是书中有很多名言，蕴涵为人处世的哲理，对曾国藩颇有启发。如惟宽可以容人，惟厚可以载物；欲淡则心静，心静则理见；不以利交则无咎；凡事皆能谨于几微，则不至于差之大矣；凡事皆当谨始虑终；轻与必滥取，易信必易疑；人有不及者，不可以己能弃之；虚心接人，则于人无忤；自满者反是。

《纲鉴易知录》只是历史的"纲"。要深入读，从借鉴历史即"实用"而言，就远远不够了。为此，还要从正史入手读，即"二十四史"。

曾国藩对古文非常下功夫，而《汉书》堪称一举两得之书，既有西汉历史的记载，又能读到名臣、名家的奏议文章。在二十四史中，《汉书》是第一部纪传体断代史，它独特的价值在于收录大量奏疏。曾国藩自道光二十一年（1841）正月始，阅读《汉书》。曾国藩后来总结他的读书法，并与诸弟分享，乃至对国学大师钱穆先生亦深有影响，即"读史专熟一代，读经专守一经"。曾国藩读的最熟的就是《汉书》《后汉书》。为此，他还对《汉书》进行圈阅，即精读细读。他

123

不时总结，并与友朋分享。他给郭嵩焘写信，"言学问之事，以日知月无亡为吃紧语；文章之事，以读书多、积理富为要"。此外，《史记》《通鉴》以及清朝人王鸿绪、万斯同等编的《明史稿》，也是曾国藩反复研读的史书。《通鉴》他读得非常熟、透，他还在较长一段时间，让长子曾纪泽讲《通鉴》，他予以点评。

曾国藩的文章写得好，被誉为晚清文章三大手笔之一，是因为他在读古文上着实下过大功夫。《文选》是曾国藩反复研读的第一部诗文选集。这部书是南朝梁代昭明太子萧统所编，是我国现存最早的一部诗文总集。收录了上起周代，下至南朝梁代 130 位作家及若干佚名作者的作品 764 篇，按体裁分为赋、诗、骚、诏、册、表、启、颂、赞、史论、碑文、墓志、行状等 38 类，其中收录汉、魏时作品最多。《四库全书总目》誉为"文章之衡鉴，著作之渊薮"。曾国藩不但阅读《文选》，还进行了分类抄写。曾国藩平生最喜读韩愈诗文，并进行大量抄写、批改。咸丰元年（1851）他在日记中写道："二日内，觉于古人大有所得，乃悟韩文实从扬（雄）、马（司马迁）得来，而参以孔、孟之义理，所以雄视千古。"

他还将《斯文精萃》与《文选》进行比较。咸丰十一年（1861），他给家塾请的邓寅皆先生写信：

> 现读《斯文精萃》，亦系古文中最善之本，尚不如《文选》之尽善。《文选》纵不能全读，其中诗数本则须全卷熟读，不可删减一字，余文亦以多读为妙。盖《京都》《田猎》《江》《海》诸赋，虽难于成诵，而造字、

形声、训诂之学，即已不待他求。此外各文则并无难成诵者也。

曾国藩任两江总督后，给僚属写一副楹联，其中上联的"看读写作一日无间"既是对自己的要求，也是对曾家男子的约束，更是对僚属的期勉。他还回顾说，他考中进士、留在翰林院，前辈多以写作相期许，而他认为，看读是写作的源泉，只有看读多而精，才能写出好作品。他在复葛封泰信中说：

> 大抵看书与读书，须画然分为两事，前寄（邓）寅皆先生书，已详言之矣。看书宜多、宜速，不速则不能看毕，是无恒也；读书宜精、宜熟，能熟而不能完，是亦无恒也。足下现阅《八家文选》，即须将全部看完，如其中最好欧阳公之文，即将欧文抄读几篇，切不可将看与读混为一事，尤不可因看之无味，遂不看完，致蹈无恒之弊。

125

曾国藩办湘军、任职封疆大吏，但舟次不废学，因而对古文有深刻研究。他在复吴嘉宾信中言：

> 弟尝劝人读《汉书》《文选》，以日渐于腴润。姚惜抱（姚鼐）论诗文，每称当从声音证入，尊兄或可以此二义参证得失。弟夙昔好扬雄、韩愈瑰玮奇崛之文，而近时所作率伤平直，不称鄙意，亦缘军中日接俗务，不

克精心营度耳。

许振祎向他请教古文之法。曾国藩谦逊地说：

> 古文之法，仆本无所解，近更荒浅，不复厝意。古
> 文者，韩退之氏（愈）厌弃魏晋六朝骈俪之文，而反之
> 于六经、两汉，从而名焉者也。名号虽殊，而其积字而
> 为句，积句而为段，积段而为篇，则天下之凡名为文者
> 一也。国藩以为欲著字之古，宜研究《尔雅》《说文》
> 小学、训诂之书，故尝好观近人王氏（王念孙、王引
> 之）、段氏（段玉裁）之说；欲造句之古，宜仿效《汉
> 书》《文选》，而后可砭俗而裁伪；欲分段之古，宜熟读
> 班（固）、马（司马迁）、韩（愈）、欧（阳修）之作，
> 审其行气之短长，自然之节奏；欲谋篇之古，则群经诸
> 子以至近世名家，莫不各有匠心，以成章法。如人之有
> 肢体，室之有结构，衣之有要领。大抵以力去陈言、戛
> 戛独造为始事，以声调铿锵、包蕴不尽为终事。仆学无
> 师承，冥行臆断，所辛苦而仅得之者，如是而已。

曾国藩对桐城派的主要著述，从方苞到姚鼐，乃至明朝
归有光的作品，都异常认真研读，他评价姚鼐《古文辞类纂》
"所选书，说有不尽厌于意者"。

读书与买书，构成一位儒学官员的独特风景。他复信爱
将李续宜，更是把应该读的书分为两大类，一类是"本根之
书"，一类是"剿袭之书"，提倡要多读前者，不要或少读

后者：

> 鄙人尝谓古今书籍，浩如烟海，而本根之书，不过数十种。经则《十三经》是已，史则《二十四史》暨《通鉴》是已，子则十子是已，五子之外，管、列、韩非、淮南、鹖冠，集则《文选》《百三名家》暨唐宋以来专集数十家是已。自斯以外，皆剿袭前人之说以为言，编集众家之精以为书。本根之书，犹山之干龙也，编集者犹枝龙护砂也。军事匆匆，不暇细开书目。阁下如购书，望多买经史，少买后人编集之书为要。

朱熹的书，也是儒家经典，曾国藩要读熟读精并按照书中所揭示的躬行实践。道光二十四年（1844）七月十一日，曾国藩至琉璃厂书店，买《朱子全书》一部，随即阅《朱子全书·为学之方》十余页。十四日至唐镜海（唐鉴）先生处，问检身之要、读书之法。

> 先生言当以《朱子全书》为宗。时余新买此书，问及，因道此书最宜熟读，即以为课程，身体力行，不宜视为浏览之书。又言治经宜专一经，一经果能通，则诸经可旁及。若遽求兼精，则万不能通一经。先生自言生平最喜读《易》。又言为学只有三门：曰义理，曰考核，曰文章。考核之学，多求粗而遗精，管窥而蠡测。文章之学，非精于义理者不能至。经济之学，即在义理内。又问：经济宜何如审端致力？答曰：经济不外看史，古

人已然之迹，法戒昭然；历代典章，不外乎此。

唐鉴向曾国藩概括学问之道，并向他推荐倭仁前辈。可以说，这是曾国藩真正踏入理学之境乃至学术之路的开始。所以才有"听之，昭然若发蒙也"的心理撞击，才有如获至宝，立即告知家中诸弟之举。向唐鉴、倭仁、吴廷栋等人请益，并与诸友朋往复讨论，打开了曾国藩思想的脑洞。他制订了日课、月课计划。每日必有记录，是为日课。每月中作诗、古文若干篇，是为月课。课程有十二条：一曰主敬，二曰静坐，三曰早起，四曰读书不二，五曰读史，六曰谨言，七曰养气，八曰保身，九曰日知所亡，十曰月无忘所能，十一曰作字，十二曰夜不出门。

按照唐鉴等人的推荐，曾国藩读经典不限于十子、《朱子全书》。二十三年（1843）二月，唐鉴对他说："国朝诸大儒，推张杨园（张履祥）、陆稼书（陆陇其）两先生最为正大笃实，虽汤文正（汤斌）犹或少逊，李厚庵（李光地）、方望溪（方苞）文章究优于德行。"为此，在接下来一段时间里，曾国藩专心读张履祥的《张杨园先生集》。

从唐鉴等人这里，特别是通过理学的"内省"功夫，曾国藩把读书的目标归为为己与为人两种。为己，就是增长知识、见解，为人就是"功利"性读书。他"因闻竹如（吴廷栋）言，知此事万非疲软人所能胜，须是刚猛，用血战工夫，断不可弱，二者不易之理也。时时谨记《朱子语类》'鸡伏卵'及'猛火煮'二条，刻刻莫忘"。

在《四书》中，《孟子》以"养浩然之气"为著。道光

茅簷静坐千山月

峭壁高懸万簇雲

滌生曾國藩

曾国藩行书七言联

二十二年（1842）十月初一，他拜访倭仁前辈，倭仁认为人心善恶之几与国家治乱之几相通。又教他写日课，当即写，不宜再因循。曾国藩"次日早起，高诵'养气'章，似有所会，愿终身私淑孟子。虽造次颠沛，皆有孟夫子在前，须臾不离，或到死之日可以仰希万一"。

由"养气"而锤炼人的意志，特别是在逆境中磨炼自己。曾国藩非常注重诗文中的"养气"之道：

> 杜诗、韩文所以能百世不朽者，彼自有知言、养气工夫。惟其知言，故常有一二见道语，谈及时事，亦甚识当世要务。惟其养气，故无纤薄之响。而我乃以矜气读之，是客气用事矣，何能与古人投入哉！

由养气到作文章，乃是一事。曾国藩提出，欲师其文章之法，先师其为人之心术。他说：

> 为文全在气盛，欲气盛，全在段落清。每段分束之际，似断不断，似咽非咽，似吞非吞，似吐非吐，古人无限妙境，难于领取。每段之处，似承非承，似提非提，似突非突，似纡非纡，古人无限妙用，亦难领取。

又说：

> 奇辞大句，须得瑰玮飞腾之气驱之以行。凡堆重处皆化为空虚，乃能为大篇，所谓气力有余于文之外也，

否则气不能举其体矣。

曾国藩在书法上，即他所谓的"写"字上，也全力用功。他"初学颜、柳帖，在词垣兼临褚帖"，又与湖南书法名家何绍基研习书法。博采百家，并融众长，是他在几十年的书法实践中摸索出的方法，而要成为书法大家，曾国藩认为需要日积月累。他曾谕示儿子曾纪鸿："我四十岁以前在京所作之字，骨力、间架皆无足观。四十八岁以后，习李北海（李邕）《麓山寺碑》，略有进境，然业经八年之久，临摹已过千纸。现在你用功不满一月，就想遽臻神妙之境吗？万不可求名太骤、求效太捷也。"

3 致力于"经济之学"

曾国藩的读书史，具有明显的实用性，即与他的职场息息相关。

道光二十七年（1847），他升任内阁学士兼礼部侍郎衔，官居从二品。虽然礼部侍郎是兼差，但他清楚，一旦出缺，就会补实缺。二十九年（1849）正月，升授礼部右侍郎。他"勤于供职，署中办事无虚日"。每八日一至海淀圆明园当班奏事，有事加班，不待期日。"在部司员，咸服其条理精密。"此后又改任或兼署刑、工、吏部。

各部侍郎与作词臣有绝大不同，统管的是实际事务。特别是刑部与吏部，在六部中号称"大部"。一般做官的人，能够官居部级高官，已是仕途顶峰，完全可以躺平，每日养尊处优，照常当班就可以了。曾国藩此时年仅37岁，这种年龄优势让他对未来有更高的期许，这期许不是官位，而是肩负的责任和抱负。咸丰元年（1851）的一天，已是四十不惑之年的曾国藩，读《史道邻集》，他颇有感慨道：

孙高阳、史道邻皆极耐得苦，故能艰难驰驱，为一代之伟人。今已养成膏粱安逸之身，他日何以肩负得大事？

"在坐假寐二刻。在刑部十刻，在礼部七刻，来回七刻。"他每日奔走在二部之间，"曲肱而枕"，把自己的胳膊作为枕头，在办公室假寐一刻，接着又进入繁重的工作，已然常态。

而肩负大事，必须有学养做基础。职位高了，家中造访的人越来越多，他不敢放松自己的学习。"至东邻愿学堂义塾。因家中客来太密，故至彼看书，习静。"很长一段时间，他都是匆匆与来客寒暄，随即躲到东邻愿学堂读书。他官至卿贰，名望渐崇，而好学不倦。

曾国藩致力于"经济之学"，早在他任职礼部侍郎前就已开始。有一次，何绍基来，二人的话题不仅仅是书法，何告诉曾国藩，他在国史馆，每次去，手抄书10页，抄录《东华录》所不载而事有关系的，约5000字。

这件事对曾国藩触动很大。"闻之，服其敏而好学。予前冬入史馆而绝不供职，对之愧杀。"胡林翼的父亲胡达源在京城去世时，曾国藩对这位同乡前辈充满敬意，忙前忙后，帮助料理丧事。胡林翼护送其父棺枢离京时，曾国藩一直送到运河码头。胡林翼把岳父陶澍的文集回赠给曾国藩两部。过去一直有传闻，曾国藩第二次参加会试落第后，专程去金陵拜访两江总督陶澍，因某种原因，曾国藩吃了闭门羹。陶澍是道光时期湖南人职位最显赫，且对朝政有重大影响的一位大吏，他推动盐法、漕运等多项艰难的改革，是近代初期经世派的代表人物。

曾国藩如获至宝，一连多日，都在阅读《陶文毅公全集》，以及魏源主持编撰的《经世文编》，还有洪亮吉的《洪稚存集》。曾国藩通过大量、系统阅读嘉道时期地方大吏的文集，不但对国政有更深的了解，而且对国家运行中的问题，也有了自己独特的判断。

他对"经世致用"之学尤为用心，尝说古人无所谓经济之学、治世之术，一衷于礼而已。秦蕙田所著《五礼通考》，综括天下之事，而于食货之政稍缺，曾国藩乃取盐课、海运、钱法、河堤各事，抄辑近时奏议之切当时务者，别为六卷，以补秦氏所未备。又采国史列传及先辈文集中志状之属，分门编录，条分近代学术，用桐城姚鼐之说，以义理、考据、词章三者为目，依汇辑之。

134　　咸丰元年（1851），他的日记写道：

有义理之学，有词章之学，有经济之学，有考据之学。义理之学即《宋史》所谓"道学"也，在孔门为德行之科。词章之学在孔门为言语之科，经济之学在孔门为政事之科。考据之学即今世所谓"汉学"也，在孔门为文学之科。此四者阙一不可。

他回顾自己：

于四者略涉津涯，天质鲁钝，万不能造其奥突矣。惟取其尤要者而日日从事，庶以渐磨之久而渐有所开。

义理之学，吾之从事者二书焉，曰"四子书"，曰《近思录》。词章之学，吾之从事者二书焉，曰《曾氏读古文钞》，曰《曾氏读诗钞》二书，皆尚未纂集成帙，然胸中已有成竹矣。经济之学，吾之从事者二书焉，曰《会典》，曰《皇朝经世文编》。考据之学，吾之从事者四书焉，曰《易经》，曰《诗经》，曰《史记》，曰《汉书》。此十种者，要须烂熟于心中。凡读他书，皆附于此十书，如室有基，而丹艧附之；如木有根，而枝叶附之；如鸡伏卵，不稍歇而使冷；如蛾成垤，不见异而思迁。其斯为有本之学乎！

曾国藩所列的"经济之学"二书，是体量不小而对于清朝政治、经济、学术等最重要的书籍。清朝沿袭明朝的体制，康熙时期编成第一部《会典》，这是具有"大经大法"性质的一代典制，是国家行政运行的规范。其后，雍正、乾隆、嘉庆三位皇帝在世时，都续编《会典》。乾隆时因为国家行政运行已久，各种典章体制因革变化较多，于是把各行政机构运行的规制从《会典》中独立出来，形成《会典》记载"大经大法""国家经久常行之制"，而《则例》记载各行政运行之变化。

《经世文编》是经世派的代表著作，曾国藩、左宗棠都逐字阅读过多遍，"丹黄殆遍"。"附于此"的书籍，包括《户部则例》，曾国藩亲手付装、批阅。他"每绾部务，悉取《则例》，博综详考，准以事理之宜，事至剖断无滞"。

曾国藩经过总结、归纳，把"经济之学"概括为十四

135

门，并以清朝为主，探究历史流变及利弊：

> 天下之大事，宜考究者凡十四宗，曰官制，曰财用，曰盐政，曰漕务，曰钱法，曰冠礼，曰昏礼，曰丧礼，曰祭礼，曰兵制，曰兵法，曰刑律，曰地舆，曰河渠，皆以本朝为主，而历溯前代之沿革本末，衷之以仁义，归之于易简。前世所袭误者，可以自我更之；前世所未及者，可以自我创之。其为苟且者，知将来之必敝；其至当者，知将来之必因，所谓虽百世可知也。

他完成本兼各职，"退食之暇，手不释卷，于经世之务及在朝掌故，分汇记录，凡十有八门"。他为此制作了二个大书柜，内里有"抽屉十八。将凡经世之务宜讲求者，分为各屉，以便抄存各件纳于屉内，备缓急之用"。

河、漕、盐、钱，被称为王朝"四大政"。曾国藩于此尤为用心考究。咸丰元年（1851）七月，他"阅漕、河各考，在《漕运全书》中者，不知何人所撰，甚简要"。又"看《淮南磋务新章》"。这是道光时期陶澍主持的票盐改革新章程。"细看《淮南票盐新章》"，"读袁西台《南河编年纪要》"，"看《会典·盐法门》，午刻至未初止"。在长达半年多的时间里，曾国藩几乎每日都在看《会典》及盐、漕、河、钱等相关书籍。

自道光二十九年（1849）正月，曾国藩任礼部侍郎，直到咸丰二年（1852）八月他闻母丧回籍，其本职一直在礼部。三十年（1850）六月，兼署工部侍郎，十月，兼署兵部侍郎。咸丰元年（1851）五月，兼署刑部侍郎，二年正月兼署吏部侍郎。清朝兼署官，视同本职，并非挂名而已。

这三年多的时光，是曾国藩最忙碌的时候，其间有道光帝去世、咸丰帝即位等皇位交替，礼部又是最为繁忙的部门。他又兼署他部。日记里"加班"是出现频率最高的词。他在工部，"尤究心方舆之学，左图右书，钩校不倦，于山川险要、河漕水利诸大政详求折中"。

梁启超在描写清代中期学术史的关注重点时，特别讲到嘉道时期因西北等地"边患"，使得学者们的注意力转移到边疆史地。而鸦片战争带给国人的震撼，曾国藩在日记里记载颇详。道光二十五年（1845），他因"查地舆图东三省及西北、新疆诸省"而兼好读地图。又由清朝而看汉、唐、宋地舆图。咸丰时曾国藩办湘军，后任两江总督、钦差大臣，每每规划军事、战略，及上奏与太平军作战之要害，于地势、形胜宛如眼前。这不能不说得益于他多年喜看地图的习惯积累。

4 读史学史是为官的必修课

曾国藩对历史有极大的偏好。他会试落第竟然从同乡那里借了100两银子，又把随身穿带的衣服赊当，才买了一套《二十三史》。而100两银子相当于普通农户几年的收成。在父亲的严格督促下，曾国藩足不出户近一年。随后再赴京城，考中了进士。从此，他与史书结下不解之缘。他临终前，读的最后一部书，还是《通鉴》。

曾国藩从史书里读出了王朝的兴衰成败，读出了名臣贤达的个人得失，读出了蕴涵丰富经验的古人智慧。在浩如烟海的史书中，他读的最透彻的是《史记》《汉书》《通鉴》。这几部书，曾国藩都阅读了很多次，其中的很多篇章他都高声诵读，很多经典的篇章他能够背诵。

道光二十四、五年（1844—1845），他常常令长子曾纪泽背诵《通鉴》，随后曾国藩予以讲解。有所感有所得，就会笔之于书，写到日记里，或以通信的方式与家中诸弟及好友交流。当他读到历史上许多有才能及有贡献的人被打压、迫害时，常常扼腕叹息。他说：

李牧在赵，匈奴不侵。汲黯在朝，淮南寝谋。林甫为相，阁凤反。卢杞柄政，李怀光叛。反叛非其本心也，故人君慎置左右之臣，其益于人国者多矣。

这段评论涉及发生在战国、西汉、唐朝的四个历史事件，而主旨都落在君王用人上。李牧是战国时期著名军事家，是赵国赖以支撑危局的唯一良将，镇守北部，匈奴不敢来犯。因此有"李牧死，赵国亡"之称。汲黯是西汉景帝、武帝时有名的谏臣，他平生仰慕傅柏、袁盎的耿直，多次冒死直谏，在朝堂上面折廷争，让武帝在群臣面前下不来台。淮南王刘安一直想反叛汉廷，因畏惧汲黯而不敢贸然行动，他说：汲黯爱直言相谏，固守志节而宁愿为正义捐躯，很难用不正当的事情诱惑他。至于游说丞相公孙弘，就像揭掉盖东西的蒙布或者把快落的树叶震掉那么容易了。李林甫在唐玄宗时期任宰相近 20 年，周旋于各方势力之间，"口蜜腹剑"就出自《通鉴》对他的评价。卢杞是黄门监卢怀慎之孙，御史中丞卢奕之子，他任宰相后，党同伐异，嫉妒贤能，先后陷害杨炎、颜真卿、严郢、张镒等人，痛怨之声遍天下。唐德宗在奉天被朱泚围攻，李怀光自魏县赶赴国难。卢杞从中阻挠，不让其晋见德宗，李怀光大怒，于是心怀异志。曾国藩通过唐朝两个反叛的例证，得出"反叛非其本心也，故人君慎置左右之臣，其益于人国者多矣"这样的结论。

陈汤是西汉有名的大将，他与甘延寿率兵出击匈奴，取得胜利，他的豪言"明犯强汉者，虽远必诛"，至今仍为人传诵，而他有功不得封的人生遭际却令曾国藩认识到宰相忌功妒能给国家带来的祸患。唐将郝灵荃在边域征突厥有功，却为名相宋璟所抑，同样引起曾国藩的关注。他说：

> 陈汤斩郅支单于之首，匡衡抑其功，仅得封关内侯。郝灵荃得突厥默啜之首，宋璟抑其功，仅得授郎将。其后，汤以非罪而流，灵荃以恸哭而死。宰相妒功疾能，人之不得伸其志者多矣。

曾国藩还探究度量与人取祸的关系。他总结说：

> 有盖宽饶、诸葛丰之劲节，必兼有山巨源、谢安石之雅量，于是乎言足以兴，默足以容。否则峣峣易缺，适足以取祸也。雅量虽由于性生，然亦恃学力以养之。惟以圣贤律己，躬自厚而薄责于人，则度量闳深矣。

曾国藩还探究功高震主的案例。他说：

> 唐宣宗之立，不能平于李德裕，至毛发为之洒淅。此与霍光骖乘而宣帝芒刺在背者，何以异？功高震主，或不无自伐之容。公孙硕肤赤舄几几，此周公所以为大圣也。

他通过这些人物的事迹，得出若干启示：

> 盗虚名者有不测之祸，负隐慝者有不测之祸，怀忮

心者有不测之祸。除却进德修业，乃是一无所恃，所谓把截四路头也。若不日日向上，则人非思责，身败名裂不旋踵而至矣，可不畏哉！

王朝兴衰尤为曾国藩所重点研究。他提出国家财赋再多，也经不起长久战争的消耗。他说：

> 隋（文帝）开皇之十二年，有司家府藏皆满，无所容，积于廊庑。曾不一纪，炀帝嗣位，东征高丽，南幸江都，遂致困穷。唐天宝之八载，帝观帑藏金帛充牣，古今罕俦。曾不数年，（安）禄山反叛，九庙焚毁，六飞播迁，遂以大变。故国虽富，不足恃，独恃有人主兢兢业业之一心耳。

5 兼署刑部侍郎的"作为"

    曾国藩自咸丰元年（1851）五月，以礼部侍郎兼署刑部侍郎，至次年正月兼署吏部侍郎，在任刑部仅八九个月。

    刑部是六部中的"大部"，因事关人命大案，曾国藩尤为加意，所谓"兼摄刑部，职务繁委，值班奏事，入署办公，益无虚日"。他参预审理一些大案要案，据理力争，而且通过专研《大清律例》，他要制作《律表》。

    曾国藩在刑部，正赶上"秋审季"。七月初三日记载："至刑部，合三时归。看《秋审册》五本。"每日如此。侍郎是堂官，看完《秋审册》后，遇有与原拟意见不同的要堂议讨论，之后将结果交由九卿会议，最后由皇帝勾决。闰八月二十二日，"堂议秋审不符各册，酉初始散"。当天夜里，他至大理寺少卿田敬堂处，"商张定六事"，这是云南司所呈的一个案件：

        季麻二家被盗，钱四哇、钱五哇、张老哇三人窃去衣服。季麻六次早始觉，邀允邻人张定六等查捕。过五日后，张定六撞遇张老哇卖衣，认系季麻二衣服，即经拿获，同拉送究。钱四哇等在中途骂称欲杀害报复，张定六用柴火烧死钱四哇、钱五哇、张老哇三命。云南巡抚拟以情实，本部秋审处及同堂诸君皆拟以缓决。余以情太残忍拟实。在堂上商订良久，本日未定，至廿四日乃定。

琦善是以大学士在新疆办理番案得罪，咸丰帝派萨迎阿为钦差大臣前往查办，奏请将琦善交刑部治罪，奉旨逮问。当年闰八月，琦善押至京师，入刑部，因琦善身份贵重，钦派军机大臣与三法司会审。琦善自供折有千余言，其中辩解说他的罪由是萨迎阿的陷害。在廷诸官员也都把罪过归咎于萨迎阿的原奏上。当时萨迎阿代琦善任，尚未回到京邸。会审之际，琦善争辩不已。军机章京邵懿辰驳诘琦善的供词有十九事，但更多参加会审的官员却置此于不顾，最后定议传萨迎阿随带查办的司员四人，赴法堂与琦善对讯，甚至有人提议要反坐萨迎阿。

琦善是穆彰阿提携的人，鸦片战争发生后代林则徐为钦差大臣，秉承皇帝意旨，以议和为取荣之资。曾国藩没有顾忌他是"穆党"的身份，单独提出反对意见，说：

> 琦善虽位至将相，然既奉旨查办，则研鞫乃其职分；司员职位虽卑，无有传入廷尉与犯官对质之理。若因此得罚，将来大员有罪，谁敢过问者？且谕旨但令会审琦善，未闻讯及司员，必欲传讯，当奏请奉旨然后可。

因曾国藩争之甚力，词气抗厉，四坐为之悚动，其事乃已。

刑部审理案件，不但要依据《大清律例》，还要依据例文、案例。而例文变化甚多，甚至"有例不用律"，这给吏胥徇私舞弊留下空间。有所谓"欲轻判有轻判的条例，欲重判有重判的条例"，上下其手，生死由人。

曾国藩发现了这一问题。他经常对照案件，查阅并研读律例，连续数月，为此倾注心血。其日记载：

> （九月初九日）早，看《律表》及《名法指掌》，欲另立一表，始写数行。
>
> （九月十五日）早，读律，抄律为表，至巳正止。酉初，仍抄《律表》。
>
> （九月十六日）早，为《律表》课：杀卑幼。
>
> （九月十七日）夜，补抄杀卑幼表。
>
> （九月十八日）早，阅《刑律》：杀奸门。
>
> （九月十九日）阅《刑律》：人命、杀奸门，与《指掌》校对。
>
> （九月二十一日）早，看《大清律》。
>
> （九月二十四日）早，看《刑律》：杀一家三人。

为追溯清朝法律的渊源，曾国藩从《尚书·吕刑》到《汉书·刑法志》进行全面研究。"读《书经·吕刑篇》《多方篇》"，九月二十九日日记中说："始悟昌黎诸文皆学《书经》。"

由于曾国藩遇事敢争，得罪了刑部的官员，人们对他颇有微词。咸丰二年（1852）正月初一日记载：

> 是日，因早间闻人言，刑部同堂诸君子疑我去年所
> 上折有参劾刑部之言，心不怡者一日。以平日不见信于
> 人，遂招此群疑众谤也。

刑部对曾国藩的议论是指他去年十二月十八日所上《民
间疾苦疏》所陈"目前之急务，其大端有三"，其二是"盗
贼太众，良民难安"；三是"冤狱太多，民气难伸"。"三大
端"的"二大端"都直接关系刑部。他在历陈盗贼横行，百
姓受其荼毒后说："今日之劣兵蠹役，豢盗纵盗，所在皆是，
每一念及，可为寒心。臣在刑部见疏防盗犯之稿，日或数十
件，而行旅来京言被劫不报，报而不准者，尤不可胜计。"

关于"冤狱太多，民气难伸"一端，他说：

145

> 自署理刑部以来，见京控、上控之件，奏结者数十
> 案，咨结者数百案。惟河南知府黄庆安一案、密云防御
> 阿祥一案，皆审系原告得实，水落石出。此外各件，大
> 率皆坐原告以虚诬之罪，而被告者反得脱然无事。……
> 告奸吏舞弊，告蠹役诈赃，而谓案案皆诬，其谁信之
> 乎？即平民相告，而谓原告皆曲，被告皆直，又谁信之
> 乎？……民人京控……近来概交督抚审办，督抚发委首
> 府，从无亲提之事。首府为同寅弥缝，不问事之轻重，
> 一概磨折恫喝，必使原告认诬而后已。风气所趋，各省
> 皆然。一家久讼，十家破产；一人沉冤，百人含痛。往

往有纤小之案，累年不结，颠倒黑白，老死囹圄，令人闻之发指者。

曾国藩在刑部这八九个月，力图改变因循状况。但因上疏得罪刑部，他随即转兼署吏部侍郎。

6 从"沉默者"到犯颜极谏

曾国藩自道光十九年（1839）在翰林院为官，二十七年（1847）官居从二品，二十九年（1849）就任实缺礼部侍郎。次年正月，道光帝病逝。曾国藩在道光朝的十年间，并没有就朝政上一个条陈，完全是一个"沉默者"的为官形象，乃至于家乡的罗泽南写信批评他"阿旨取容"。相反，咸丰帝即位后，曾国藩连上六道疏，而且一次比一次激切，最后竟然犯颜直谏，说咸丰帝"口是心非"。他为什么在道、咸二朝如此截然不同？他后来被咸丰帝长期压制是否与此有关？

道光朝的政治风气泄沓萎靡，人才日见寥落。这与皇帝的好尚及官员的逢迎谄谀，都有密切的关系。《眄庵杂识》记载，曹振镛成为官场不倒翁，他的门生请教原故，曹答曰："无他，但多磕头，少说话耳。"当时流传颇广的"一翦梅"有四首，形容官场积习曰：

其一云：仕途钻刺要精工，京信常通，炭敬常丰。莫谈时事逞英雄，一味圆融，一味谦恭。

其二云：大臣经济在从容，莫显奇功，莫说精忠。

万般人事要朦胧，驳也无庸，议也无庸。

其三云：八方无事岁年丰，国运方隆，官运方通。大家赞襄要和衷，好也弥缝，歹也弥缝。

其四云：无灾无难到三公，妻受荣封，子荫郎中。流芳身后更无穷，不谥文忠，也谥文恭。

曾国藩对这种不黑不白的政治风气早已厌倦了，但他之所以做一个"沉默者"，一则他深刻意识到，如果对朝政提出批评，不但于事无补，而且会给自己带来不测之灾。还有，他是穆彰阿提携的人，如果对朝政有所批评，也会失去更多机会。他选择沉默。

咸丰帝即位不久，于道光三十年（1850）二月初发布谕旨："九卿科道有言事之责者，于用人、行政一切事宜，皆得据实直陈，封章密奏。"这本来是习惯性做法，是新君即位的惯常性操作。曾国藩于三月初上《应诏陈言疏》，对政治风气导致的用人取向及人才不振提出尖锐批评。他说：

一时人才循循规矩准绳之中，无有敢才智自雄、锋芒自逞者。然有守者多，而有猷有为者渐觉其少。大率以畏葸为慎，以柔靡为恭。以臣观之，京官之办事通病有二，曰退缩，曰琐屑；外官之办事通病有二，曰敷衍，曰颟顸。退缩者，同官互推，不肯任怨，动辄请旨，不肯任咎是也。琐屑者，利析锱铢，不顾大体，察及秋毫，不见舆薪是也。敷衍者，装头盖面，但计目前，剜肉补疮，不问明日是也。颟顸者，外面完全，而中已溃烂，章奏粉饰，而语无归宿是也。有此四者，习俗相沿，但求苟安无过，不求振作有为，将来一有艰巨，国家必有乏才之患。

他提出造就人才，不能让那些工于章句小楷者得到重点提拔。

曾国藩确有先见之明，他隐约意识到，国家用人取向出了大问题，一旦遇有大事变，无人担此重任。当年底，太平天国在广西金田起义。

两个月后，他又上疏举荐人才五人，称李棠阶以学政归家，囊橐萧然，品学纯粹，可备讲幄之选；吴廷栋不欺屋漏，才能干济，远识深谋，可当大任；王庆云闳才精识，脚脚踏实，可膺疆圉之寄；严正基洞悉民隐，才能济变；江忠源忠义耿耿，爱民如子。

君主政治以皇帝为核心。曾国藩清醒意识到，最终能否革除王朝积弊，关键还是皇帝。为此，他于咸丰元年（1851）四月上《敬陈圣德三端预防流弊疏》，文中指出如要转移政治风气，培养有用人才，全在皇帝个人的态度。

首先，他直陈咸丰帝以礼仪为名，对臣下吹毛求疵，使得臣下谨于小者，且有谨其所不必谨，如此一来，必然造成对于国家大计有疏漏而不暇深求的后果。什么是国家大计？

> 如广西（指平定太平军）一事，其大者在位置人才，其次在审度地利，又其次在慎重军需。今发往广西人员不为不多，而位置之际未尽妥善。姚莹年近七十，

曾立勋名，宜稍加以威望，令其参赞幕府，如果泛泛差遣委用，则不能收其全力。严正基办理粮台，而位卑则难资弹压，权分则易致牵掣。夫知之而不用，与不知同；用之而不尽，与不用同。……今军兴一载，外间既未呈进地图，规画全势，而内府有康熙舆图、乾隆舆图，亦未闻枢臣请出，与皇帝熟视审计。至于军需之说……此三者皆就广西而言，今日之大计也。……图其远大，即不妨略其细微。汉之陈平，高祖不问以决狱；唐之房（玄龄）、杜（如晦），太宗惟责以求贤。诚使我皇上豁达远观，罔苛细节，则为大臣者不敢以小廉曲谨自恃，不敢以寻行数墨自取竭蹶，必且穆然深思，求所以宏济于艰难者。所谓防琐碎之风，其道如此。

150　　　其次，他指出咸丰帝表面求言，却粉饰而无实际：

自去岁求言以来，岂无一二嘉谟至计？究其归宿，大抵皆以"无庸议"三字了之。间有特被奖许者，手诏以褒倭仁，未几而疏之万里之外；优旨以答苏廷魁，未几而斥为乱道之流。是鲜察言之实意，徒饰纳谏之虚文。自道光中叶以来，朝士风气专尚浮华，小楷则工益求工，试律则巧益求巧。

翰林院、内阁、六部、军机处这些最优的选官机构，而保送之时，但取工于小楷者。曾国藩说，"欲人才振兴，必使士大夫考古来之成败，讨国朝之掌故，而力杜小楷、试律工巧之风，乃可以崇实而黜浮"。不久前，有奏请刊布《御制诗文集》之事，已蒙允许。曾国藩认为，清代列帝文集刊布时多在三十、四十以后。"皇上春秋鼎盛，若稍迟数年再行刊刻，亦足以昭圣度之谦冲，且明示天下以敦崇实效、不尚虚文之意。风声所被，必有朴学兴起，为国家任栋梁之重。臣所谓杜文饰之风，其道如此。"

第三，皇帝用人的趋向有问题。

> 近来两次谕旨，皆曰黜陟大权，朕自持之。而不知天视自民视，天听自民听。国家设立科道，正民视、民听之所寄也。……黜陟者，天子一人持之；是非者，天子与普天下人共之。……古今人情不甚相远，大率戆直者少，缄默者多，皇上再三诱之使言，尚且顾忌濡忍，不敢轻发苟见；皇上一言拒之，谁复肯干犯天威？……自古之重直臣，非特使彼成名而已，盖将借其药石，以折人主骄侈之萌，培其风骨，养其威棱，以备有事折冲之用，所谓疾风知劲草也。若不取此等，则必专取一种谐媚软熟之人，料其断不敢出一言以逆耳而拂心，而稍有锋芒者，必尽挫其劲节而销铄其刚气。一旦有事，则满庭皆疲苶沓泄，相与袖手，一筹莫展而后已。……夫平日不储刚正之士，以培其风骨而养其威棱，临事安所得才而用之哉？……诚恐一念自矜，则直言日觉其可憎，佞谀日觉其可亲，流弊将靡所底止。

在这道奏疏中，曾国藩指出专制政治的最大弊病，莫如皇帝自智自雄，视天下臣民如无物。最后的结果必然是"直言日觉其可憎，佞谀日觉其可亲，流弊将靡所底止"。而这些话却不是自矜才智的皇帝所乐意听闻的。而且，在积威之下，绝大多数臣僚为了功名富贵，也决不肯向皇帝讲这些逆耳之言，因为皇帝一旦发怒，臣子将有不测之祸。

据说咸丰帝在初阅此疏时，大为震怒，将原疏掷之地上，欲将曾国藩重加惩治。幸赖大学士祁寯藻一再劝解，才未予加罪。

曾国藩的父亲得知其子上了这样的奏疏，写信提醒他说，作为言谏官可以指陈朝政及皇帝过失，但你是部院大臣，大臣有大臣之体。而曾国藩也战战兢兢。他在致诸弟信中说：

> 余……受恩深重……若于此时再不尽忠直言，更待何时乃可建言？……是以趁此元年新政，即将此骄矜之机关说破，使圣心日就兢业而绝自是之萌，此余区区之本意也。现在人才不振，皆谨于小而忽于大，人人皆习脂韦唯阿之风，欲以此疏稍挽风气，冀在廷皆趋于骨鲠而遇事不敢退缩，此余区区之余意也。

金梁所撰的《四朝佚闻》说，曾国藩因上《敬陈圣德三端预防流弊疏》为咸丰帝所特知，谕祁寯藻曰："敢言必能负重。"故其后遂倚以平乱。由此说来，曾国藩在此疏中固然表现了他的耿耿忠忱，而咸丰帝也看出了曾国藩之有担当、有抱负，可委以重任。

民国时期学者徐一士评论说："盖此疏之伉直，在当时确为言人所不敢言也。"孙嘉淦在乾隆帝即位之初所上的《三习一弊疏》，虽然号称清代第一疏，但多泛泛而论，与曾国藩的直言咸丰帝种种过错之举，实在不能等同。

曾国藩于咸丰即位之初连上六疏，涉及行政、用人、经济、军事、社会、司法等方面，是对清朝积弊认识最深刻并能提出具体解决办法的人。换言之，曾国藩的夹带里，已有一套系统的变革方案。只是以他的地位以及王朝政治运行的固有模式，他无力改变。

而咸丰帝对他犯颜极谏，并非像曾国藩自己所说，或是官方记载的那样，如何大度包容。吴廷栋是曾国藩的好友，二人一生为友。咸丰二年（1852），咸丰帝曾经召见吴廷栋，对曾国藩深表怀疑，幸赖吴廷栋为曾国藩说好话：

153

> 上曰："汝常读何书？"
>
> 对曰："臣尝读程朱之书。"
>
> 上曰："何以学程朱者多迂拘？"
>
> 对曰："此正不善学程朱之故。程朱以明德为体，新民为用，乃由体达用之学，天下断无有体而无用者。其用不足，必其体尚多缺陷，凡临事迂拘不通，正由平日不能如程朱之格物穷理，而徒资记诵，非学程朱之过也。"
>
> 上曰："明之杨大洪此等人，岂可谓非程朱之学？"
>
> 对曰："明朝开国，即崇尚程朱之学，人人奉为法守，故能培养一代人心廉耻，而节义最著。杨大洪，节义之士也。"

上曰:"汝识曾国藩否?"

对曰:"曾国藩曾署刑部左侍郎,臣实早与相识,其人励志不苟,亦是杨大洪一流人材,虽进言近激,而心实无他。"

由此君臣对话可知,在咸丰帝眼中,曾国藩还是一个只读程朱的迂腐人物,其犯颜极谏也是标榜声名之举,并非能做大事的人。而吴廷栋在咸丰帝面前极力举荐曾国藩,说他是杨大洪一类人物。杨大洪即杨涟,是晚明著名谏臣,东林六君子之一。天启五年(1625),他因弹劾魏忠贤二十四罪,被害死于狱中。

由于有吴廷栋的保举,咸丰帝打消疑虑,用曾国藩办理团练。曾国藩自此改换"轨道",走上文人带兵的道路。

154

7 警惕居官四败——昏、傲、贪、诈

居官为宦的人，许多人走向失败，有的原因很清楚，也有不清不白稀里糊涂被免职罢官的。曾国藩总结古代高官失位的原因，归结为主要的四个方面，即昏、傲、贪、诈。他在日记中说，过去曾把居官四败、居家四败写在日记中来自警。现在怕时间久而遗忘，再次写在这里。与前次稍有不同。居官四败是昏、傲、贪、诈："昏惰任下者败，傲狠妄为者败，贪鄙无忌者败，反复多诈者败。"居家四败是："妇女奢淫者败，子弟骄怠者败，兄弟不和者败，侮师慢客者败。"认为官宦之家不违犯此八败，就会长久。

曾国藩认为要居官有成，必须力戒此四败。欲不昏惰任下，必须做到"明"，尤其是知人之明。

他在咸丰三年（1853）给吴文镕的信中说，您说的"选择贤人委以重任，听其言而察其理"这两句话，因我阅历尚浅，实行起来难免把握不准而失去良才。不过，今年我在省里，在管辖的武职官员中特别赏识塔齐布这个人，实在是因为目前军营风气不好，官兵们遇事退缩，行为虚浮，漫不经心，无所作为，骄纵涣散，如同撮合起来的泥沙不能当饭吃，

令人又是叹气又是痛恨。求得一个像塔齐布这样热血澎湃、立志杀敌的人，实在很难，因此我才倍加器重，屡加赞许。除他之外，我也缺乏可以信赖的心腹。至于那些我不肯定的人，则对之唾弃。有些人想要混淆黑白、颠倒善恶，将大才、小才各种人才混为一谈，那么依着我这不够宽大的胸怀，对此实在不能容忍。今天整个社会的动乱局面的出现，只因为人们混淆是非，万事漠不关心，才使得志士贤人灰心丧气，偷奸耍滑之徒得意洋洋。

知人之明，才能做到人尽其才，人尽其才，才能事业兴旺。因此曾国藩在军命将，说某可为营官，某人可为大帅，某人福薄，当以死难著名；某人福寿，当以功久终，皆一一验证。

如他保举塔齐布说"将来如打仗不力，臣甘同罪"。后来，塔齐布果然屡立功勋，战死沙场。他说左宗棠"才可独当一面"，李鸿章"才大心细，劲气内敛"，沈葆桢"器识才略，应堪大用"，皆无不应验。有知人之明，部下就不敢胡作非为，一意孤行。曾国藩对陈国瑞问题的处理，充分说明了这一点。

在曾国藩剿捻之初，认为陈国瑞率僧格林沁军残部驻扎济宁，力量过于薄弱，遂把刘铭传也派到济宁，驻守济宁城北的长沟集。陈国瑞向来暴虐，一直不把湘、淮两军放在眼里，此次见刘铭传驻扎长沟，十分憎恶，又见刘铭传军配备着先进的洋枪，早已羡慕倍至，遂产生了抢夺的念头。于是，陈国瑞率兵突过长沟，见人就杀，见枪就夺，连杀数十人。

刘铭传闻讯后十分恼怒，发兵将陈国瑞团团围住，将其亲兵全部打死，将陈国瑞囚禁起来，连饿三天，直到陈国瑞告饶为止。回去以后，陈国瑞恶人先告状，向曾国藩控告刘铭传，刘铭传亦不甘示弱。于是，两个人便在曾国藩面前打起官司。曾国藩对于陈国瑞的蛮横、骄纵早有耳闻，如今目睹所发生的火并事件，也深怨陈国瑞。于是，曾国藩便在陈国瑞禀帖上，历数其半生的功与过，并劝其悔过自新，最后与之约法三章：

> 第一条，八千勇数，必须大为裁减，极多不许过三千人，免致杂收游勇，饥溃生变。第二条，该军与淮勇及英、康等军，一年之内不准同扎一处。第三条，该镇官衔，宜去"钦差"字样，各省协饷，均归河南粮台转发，不准别立门户，独树一帜。

157

无奈，陈国瑞却矢口抵赖。曾国藩便对其进行了三次参奏，终使陈国瑞受到了被撤去帮办军务，褫去黄马褂，责令其戴罪立功的处罚。这样，陈国瑞不得不向曾国藩认错，并立即服从曾国藩的调遣，由济宁移驻江浦，再也不敢一意孤行。

至于那些傲狠妄为如安禄山、贪鄙无忌如和珅、反复多诈如李林甫等，都是注定要失败的。因此曾国藩的为官不败，可以说和他的用人之明、谦谨清廉、坦荡至诚等为官之道密不可分的。

8 居官而不知爱民，即是罪孽

打下金陵后，曾国藩作为两江总督，更对地方百姓兴业负有责任。他在给江苏道员高梯信中说：

（你所管）各属积年旧案多至千余，殊属不成事体。应即予以限期，勒令将同治元年以后各案，无论大小，悉令补报详办。其在咸丰年间之案，并无重大罪名，或原、被二告杳无踪影者，尽可详销，以断葛藤而清尘牍。徐、海各属办案限期，屡经奏请展缓，阁下有过人之精力，若能趁此时锐意亲提多结数百案，实造无穷之福。凡天之立君、国之设官，皆以为民也。吾辈居官者，与百姓交涉，只有词讼与钱粮两端。钱粮不能无浮收，但不可过于浮勒；词讼不能必听断之公允、曲直之悉当，但不可过于拖累，便算是极好之官。仆尝谓统兵而不知爱民，即百战百胜，也是罪孽；居官而不知爱民，即有位有名，也是罪孽。阁下爱民而能耐劳，仆所稔知。……值此军务初平，正好用全副精神听断辞讼，将徐、海数十年膏肓之疾，痛与针治一番，俾冤民如沉

穿市不嫌微雨濕

過溪翻喜板橋危

漆生曾國藩

曾国藩楷书七言联

痼得苏，讼棍如疟鬼远避，岂不大快！

经过十几年的战争，江南一片萧条。曾国藩"不禁秦淮灯舫"一事，更可见他恢复生业的一片苦心。

金陵乃六朝金粉之地。自魏晋隋唐之后，一直以其富庶繁华为天下瞩目。但迭经战争，后来只剩秦淮河一带，尚存一些中古风流。明朝末年，此地出了马湘兰、李香君一辈色艺俱绝的名妓，倾动才流。至今读郑板桥的《访画舫》，字里行间还有余香萦绕。

太平天国失败后，江宁知府涂宗瀛，以理学自居，思想保守，对刚刚兴起的秦淮河花坊颇不以为然，认为这是伤风败俗之事，立即下令各县，严禁秦淮河的画舫灯船，随即拜谒两江总督曾国藩，禀报他对此事的处理。

谁知曾国藩听了他的禀报后，只是不置可否地一笑，然后对涂知府说道："听说淮河灯船，尚寥落如晨星。我多年前曾经过此处，只见千万船只来往如梭，笙歌之声彻夜不绝，实在是太平年代的一大乐事啊！"涂知府听了以后，如当头浇了一盆冷水，怏怏而回。

又过了几天，曾国藩约了幕府中的几位僚属，乘船游览十里秦淮，并命江宁、上元两个县的县令，设宴款待太守涂知府。席间，曾国藩饶有风趣地对大家说："三十年前，我是心向游冶而不敢游冶；三十年后，我是心不想游冶而不禁别人游冶。"停了一会儿，他又说："三十年后的今天，我身为两江总督，处理事情则不能凭一己之好恶。务要为金陵百姓恢复一个源远流长、大家喜爱的游乐场所，并重建一个人文荟萃、河山锦绣的江南名城。"

　　曾国藩不禁秦淮灯舫的态度对僚属的启发很大，特别是对涂知府是个极大的教育。他原来下令严禁，后来不仅撤了禁令，还积极采取措施，号令修复鸡鸣寺、莫愁湖、胜棋楼、扫叶楼等，将六朝旧迹、前明文物一一恢复，使龙盘虎踞的石头城再放光彩。

　　曾国藩不禁秦淮灯舫的消息传开后，在金陵引起了强烈反响。一时士女欢欣，商贾云集，荒榛断莽之区又复白舫红帘，日益繁华起来。无论外地的寓公或本地的土著，闻讯都渐渐聚居于此，大有一派丰乐昌盛的气象。社会史家无不评论，曾国藩此举，实在是深知为政之体的表现。

9 多做少言，三种情况不应上报

曾国藩信奉孔夫子"言寡尤、行寡悔，禄在其中"的圣人之训，把"多做少说"作为居官的箴规。

攻打金陵前后，时任两江总督、钦差大臣的曾国藩，向朝廷的奏报比以前更少了。同治元年（1862）正月，他接到皇帝的上谕，责备他自从去年冬天以来，奏章报告非常稀少，几乎一个月才一次。同治的谕旨是这样的："我以很小的年龄登基即位，荷蒙两宫皇太后孜孜不倦地治理天下，拔举贤才，任用贤能，夜以继日，操心劳累，每天与议政王、军机大臣筹划军机大事。每当这些大臣们将奏章呈报上来后，我都详细审阅。对于他们那些好的谋划，都深深地予以嘉奖勉励，甚至言听计从。心中认为这些大臣们都是胜算老谋，对于大局方针一定早就布置周详。只是近来大臣们的奏章却寥寥无几，因此对于南方的大局我一直深深忧虑。"上谕的后面是一连串的质问和不满，命令曾国藩权衡轻重缓急，随时随地飞马驰报。

对此，曾国藩自有理由，他上疏说："我跪拜谕旨后，心中确实深深地感到忧惧，谕旨垂询的各项事务，臣已于正月

初十日、二十二日两次奏报，将这些事的梗概情况说清楚了。只是圣主对于臣下信任专一，两宫皇太后希望天下平安，心情急切，可是我们做臣子的却奏章寥寥无几，几乎是一个月才呈上一个奏章，这种疏忽迟缓的罪名又怎么能够推辞呢？我自从参与军事，几年以来，向朝廷呈上的奏章非常少。之所以这样谦谦自守，也是有原因的：第一个原因是不轻易将谣传之言上奏朝廷。例如最近贾臻上奏朝廷说已经收复庐州，袁甲三奏报说已经收复巢州，都是把探子的无稽之谈作为向朝廷报告的真凭实据的例子。还有，有时太平军的踪迹尚未接近，我军之中便相互震惊，动辄以发现和接近十万、二十万太平军的消息向朝廷上奏，这更是足以惑乱军心而使大的决策失误。我从不凭借探子的报告就向朝廷上奏，是因为我不愿意用谣传之词而淆乱朝廷的视听。

"第二个原因是不将尚未确定的事情轻易向朝廷上奏。一般说来，凡属大股强悍的太平军到来，在开始的时候常常是形势万分危急的，如果能够坚守支持一段时间，后来就会渐渐地趋于安稳。例如去年黄文金向内地进攻，攻陷七县，我军坚持了三个月，我仅仅综合成四个奏章向朝廷汇报。去年冬天徽州被围，苦战九次，坚守了将近一个月，可是我仅仅向朝廷上奏了二次。我不愿意用尚未确定的事实，来增加朝廷的忧虑。

"第三个原因是不将尚属计划中的设想轻易上奏朝廷。战场情况瞬息万变，是胜利还是失败，很难通过计划进行预测。咸丰八、九年间，江南大营多次上奏朝廷说金陵指日可克，咸丰十年（1860）夏天，又多次上奏朝廷说嘉兴指日可克，可是事后都不能实践诺言。我当初督帅江南江北的时候，曾上奏朝廷说，由宁国进兵，可以到达江苏境内，但后来宁国失守，至今我不能履行诺言，我一直深深地以此为耻辱。至于最近内臣上奏朝廷而又承蒙圣恩抄录以后传达到我这里的那些奏章，有的说援助浙江的军队可以从嘉兴直捣苏州，有的说扬州的军队可以从常熟进攻苏州，都是没有考虑到兵源和粮饷都很穷乏的情况，而拟出的万万不可以成功的计策。我不愿意把预计中的设想上奏朝廷，不仅仅是顾虑到徒放大言难以兑现，也是担心扰乱朝廷正常的规划部署。

"由于这三个原因，我每次都必存谨慎严肃的想法，不料却反而得到了迟延的罪名。在此以前文宗皇帝（咸丰帝）统御天下，对于封疆将帅各分其责，使之各任其职，我尚且能够以碌碌无为的平庸之辈跟随在诸位将帅后面，遵循着我这种愚陋笨拙的规则。现在正是圣上刚刚登基之时，我这个微不足道的小臣蒙受到非同寻常的恩遇，所倚侍寄托的责任越来越重，圣上对我的延访也越来越经常。现在接到圣上谆谆告诫的谕旨，我自然应当改变以前的做法，今后随时将奏章飞驰入告朝廷，从此以后每隔十日便向朝廷呈上一个奏章，如果有紧急情况就随时具奏。"

曾国藩主张不必事事、时时向朝廷汇报，少上空言，多做实事的做法是十分妥当的。尤其是军事行动时，瞬息万变，早晨报告的事情晚上可能发生了变化。至于因为朝廷对他的倚重而改变做法，打算以后多上奏章也是不无道理的。

清廷收到曾国藩的奏章后，认为所言在理，不仅免去了责备之词，而且还令曾国藩按照自己的想法奏报，不必拘泥十日一奏的设想，一切要从效率出发。曾国藩有了"圣旨"，自然做起事来心中更有数了。事情过去三年，同治四年（1865），曾国藩受命北上镇压捻军，清廷又以奏报不繁为言责备之。曾国藩奏称："至臣之不轻奏报，曾于同治元年具奏陈明，迄今不改此度。若欲因此获咎以谢仔肩，则生平所志所学，断不肯如此取巧。"再次声明不轻易上奏。

10 面对一石二鸟的大政潮

曾国藩在道光时期由权臣穆彰阿重点提携、咸丰时期由权臣肃顺提携，同治时期又与恭亲王奕䜣交好。而在一朝天子一朝臣的背景下，曾国藩竟然没有受到牵连，反而职位稳如泰山，越来越高，这与他的为官分清公与私的界限，"不着痕迹"的为官之道有很大关系。特别是慈禧太后整治恭亲王的过程，更是让曾国藩惊心动魄。

同治初年的政治格局是恭亲王奕䜣以议政大臣主持朝政，曾国藩以钦差大臣、两江总督、协办大学士主持于外，两人内外呼应，互相借重。攻陷天京后，这种格局面临很大的考验。此时慈禧的统治已经基本稳固，她通过垂帘听政驾驭朝廷，对恭亲王处处权力坐大颇不以为然。

咸丰十一年（1861）年春，支持何桂清的彭蕴章重新回任大学士，署兵部尚书，随后又兼都察院左都御史。当年冬他上《密陈事务六条》，"大旨谓楚军遍天下，曾国藩权太重，恐有尾大不掉之患，于所以撤楚军，削曾国藩权者，三致意焉"。

湘军攻陷金陵前后，御史多次参劾曾国荃等湘军统帅。

芳穎蘭揮瓊光玉振

文情綺合藻思羅開

鶴舫穆彰阿書

穆彰阿楷书八言联

而蔡寿祺秉承慈禧太后的意旨，前后两次上密奏，进而直接参劾曾国藩。

蔡寿祺是江西人，曾在胜保幕府，因此与旗人官将交好。打下金陵后，蔡寿祺新进日讲起居注官，进行政治投机，第一次上疏攻击曾国藩，然后观察政治风向，等到奏折"留中不发"，未受申斥，便又进上第二疏，矛头指向恭亲王，同时仍牵涉曾国藩，作一箭双雕之用。慈禧见此疏正合己意，遂用以打击恭亲王。

本来，同治初年，在奕訢主持下，清廷重用汉官，慈禧并不赞成。有文献记载二人的争论。慈禧太后说："这天下，咱们不要了，送给汉人吧！"奕訢辩解。慈禧气愤地说："汝事事与我为难，我革汝职！"奕訢也不示弱，说："臣是先皇第六子，你能革我职，不能革我皇子！"因跪得过久，站了起来。慈禧见状大呼恭王蔑视天子，命太监将恭王赶出。

清朝前期的权力构成是内重外轻，内满外汉。以封疆大吏为例，顺、康、雍、乾四朝汉人任总督者寥若晨星，任巡抚也不多；至道光末年，满汉总督数大体平衡，巡抚数汉人略多于满。太平天国兴起后，八旗子弟颟顸无能，满族中的有识之士如文庆、肃顺直至奕訢都强调要重用汉官，因此，总督和巡抚的满汉比例迅速变化，同治元年（1862）的满汉总督比例为6：11，巡抚比例为6：18；同治三年（1864）即太平天国失败时的满汉总督比例为2：10，巡抚比例是0：17，即没有满人了。

而在这众多的汉人督抚大员中，又以曾国藩湘军集团的人数最多，有胡林翼、左宗棠、李鸿章、江忠源、彭玉麟、杨载福、李续宾、刘长佑、曾国荃、李瀚章、郭嵩焘、沈葆桢、刘蓉、田兴恕、唐训方等人。奕䜣还力主由湘系大将杨岳斌出任陕甘总督，这就打破除这一职位非满人不任的祖制。

蔡寿祺在第二疏中通过攻讦曾国藩等人，牵连到恭亲王，疏中有"自金陵克复后，票拟谕旨多有大功告成字样，现在各省逆氛尚炽，军务何尝告竣？而以一省城之肃清，附近疆臣咸膺懋赏……居功不疑，群相粉饰"等语句，其意仍在攻击曾国藩，确有一石两鸟，使恭亲王、曾国藩并去的阴谋。慈禧太后将两疏一并交廷臣会议，宣布恭亲王罪过，口谕中又有"王植党擅政"一语。所谓"植党"就是暗指培植曾国藩等湘系大员。

曾国藩对于朝中的变化非常关注，多日里惶恐不安。三月十七日日记，"接奉初六日廷寄一道，首行无议政王之衔，为之大诧。与幕中诸友叹讶良久……傍夕至后楼与纪泽一谈时事。"

三月二十八日，"是日早间阅京报，见三月八日革恭亲王差事谕旨，有'目无君上、诸多挟制、暗使离间、不可细问'等语，读之寒心慄栗之至，竟日忡忡，如不自克，二更三点睡，不甚成寐"。

四月初三日，"早饭后清理文件。开船行二十余里至中关，登岸入张仙舫盐局一谈，旋至雪琴（彭玉麟）船上，言及国事与渠家事，唏嘘久之。"

四月初五日，"见京信一件，言及近事颇详，又见三月十六日谕旨，恭王复入总理衙门，读之感叹良久"。

四月二十一日，"是日接廷寄，一等侯之上加'毅勇'

二字，李少泉（李鸿章）伯之上加'肃毅'二字，日内正以时事日非悫然不安，加此二字，不以为荣，适以为忧"。

曾国藩确认奕䜣复出后，终于松了一口气，致九弟函写道："朝廷择善而从，不肯坚执自用，即恭邸大波亦不久即平，是非究不颠倒。沅弟自以再出为是。"示意曾国荃可以出山为清王朝效力。

李鸿意见到奕䜣重回总理衙门的消息后，给曾国藩写信说："恭邸近事，轩然大波，倏忽转幻，朝廷听谗可畏，从谏亦可喜也。"20天后，李鸿章又致书曾国藩说："恭邸似可渐复，惟与艮相嫌衅日深，仍恐波澜未已。"艮相即倭仁，是与奕䜣的改革主张，特别是学习西方的做法持不同意见的反对派。这位善于捕捉政局变化的学生还提醒老师，要他在倭仁与奕䜣之间找好平衡。

170

11 奏请减赋,为江南纾困

江南是太平天国占有的主要地区,清廷与之争夺乃至最后攻陷金陵,使这一地区遭受的战争破坏最为严重。有外国人记述当时他观察到的苏州一带情形:"沿途所历各村,每三四处,必有一完全焚毁者;亦有三村相连,外二村未动,而其中一村仅余焦土者。"过去,南京到苏州一带,"皆富饶殷实,沿运河十八里,廛舍栉比,人民熙熙攘攘,往来不绝",现在,则"房舍、桥梁尽被拆毁,十八里中杳无人烟,鸡犬牛马绝迹。自此至无锡,沿途如沙漠,荒凉万里"。

当湘军围金陵时,曾国藩曾在给郭嵩焘的信中感叹:"皖省群盗如毛,人民相食,或百里不见炊烟。"曾国藩日记中也多次记载民间的惨况,如有的地方没有粮食,将人肉标价出卖,人肉有时甚至还涨价。整个中国因为战争死亡的人口,有人估计为2000万,有人估计为5000万。江苏战前人口为4300万,战后十年即1874年,还没有恢复到2000万。至于金陵城,经过惨烈的攻守战,再加上湘军入城后的抢劫,几乎成了一座废墟。为了恢复经济,曾国藩和江苏巡抚李鸿章、安徽巡抚乔松年一起,分别各地遭受战争破坏的程度,奏请清廷减免钱粮赋税，设法召回流亡人口，恢复农业生产。

早在同治二年（1863），李鸿章作为江苏巡抚率领淮军攻陷松江等地后，与两江总督曾国藩商量，对松江等地进行减赋。他们向清廷奏报说：松江府及太仓州地方，民生凋敝，为数百年来所未有。各厅、州、县田亩抛荒，著名市镇悉成焦土，虽穷乡僻壤，亦复人烟寥落，连阡累陌，一片荆榛，居民间有孑遗，颠连穷困之状，不能殚述。由此拉开减赋大幕。

苏州、松江、太仓三府，本为东南财赋之区，繁庶甲于天下，而赋额亦为天下最重，比诸他省，有多至一二十倍者。经过多年战争，已难以征收。所有苏州、松江、太仓三府州属粮额，清廷命两江总督曾国藩、江苏巡抚李鸿章，督饬司道设局，分别查明各州县情形，折衷议减。总期与旧额本轻、毋庸议减的常州、镇江二属通融核计，著为定额，先自松、太施行。随即经曾国藩等议奏，户部核议，清廷批准，苏、松、太三府所属州县，按照原额减少三分之一。镇江、常州按照原征额减少十分之一。浙江减赋的情况由巡抚左宗棠上奏。江南赋重的问题得以整体解决。

12 清理积案，整肃吏治

曾国藩早在朝中任礼部侍郎时，就向即位不久的咸丰帝上疏，陈述民间疾苦，而狱案不清及吏治腐败是他上疏的重点。他为此得罪了刑部官员。他出任直隶总督，从清理积案入手，整肃吏治。截至同治八年（1869）三月底止，积压的同治七年以前的案件竟达 1.2 万余件。

保定府是直隶总督所在地的首府，承担总督及京控案件的审理。当时保定府仅由朝廷交下来处理的京控案件就多达 130 余件。曾国藩在北上赴任直隶的途中，就留心考察了直隶的吏治，他在奏折中说：

> 臣入境以后，略询民间疾苦，大约积狱太多，羁累无辜。闻有州县到任年余，未曾坐堂一次，讯结一案者。又因连年用兵，差徭甚重，大户则勒派车马，供支柴草；小户则摊派钱文，拷充长夫。劣绅勾通书役，因缘讹索，车辆有出而无归。贫户十室而九逃。

曾国藩认为，江南久经战争，凋敝之余应该实行宽厚政策，以养民力。而直隶乃京畿之地，战争也不多，他认为应该实行严格管理。他说直隶官场"风气之坏，竟为各省所未闻"，因此到任后大力整顿吏治，对不法官吏大加参劾。

曾国藩的第一步，是立即颁布《直隶清讼事宜十条》及《直隶清讼限期功过章程》，这距他接印视事，仅有一个月时间。前者是曾国藩亲自撰写，后者由按察使张树声撰写，曾国藩复核。清朝地方上没有专职的司法审判人员，府、州、县都由地方官负责审判；省一级虽有按察使（又叫臬司）负责刑名案件，但他还要兼管驿传，并且按察使也不是职业法官，因为他今天是按察使，明天可能转任布政使等与司法没有关系的职务，反过来，他以前担任的职务也可能与司法毫无关系。所以，刑名案件是地方官从县、州直至总督、巡抚的重要职责之一，也是衡量地方官政绩的标杆之一，同时，它又与百姓的利益、社会的稳定有密切的关系。这也是曾国藩要花大气力整顿积案和吏治的原因。

《直隶清讼事宜十条》规定：

第一，通省大小衙门公文宜速。曾国藩说，现在军务已过，一定要"力挽积习，与诸君子舍旧图新"，"通省上下皆以勤字为本"。凡是上司要下属查明或办理的事，都要明定期限，违限记过，凡小过达到六次，大过达到三次，就要撤差撤官。

第二，首先整顿保定府发审局。保定为首府，起着全省的表率作用，因此率先整顿。曾国藩要求不准受贿，更不准勒索；审案必须尽速，不得拖延。

第三，州县官必须亲自接案审案，不得听信幕友丁书。

他说不能要求地方官人人都有大才干，但只要以勤字为本、事事躬亲，就可以算是好官。直隶向来逢三日、八日老百姓告状之期，地方官从不亲自受理，而是由典史、门丁收诉讼状，积压多日，地方官根本不过目，全由幕友负责，甚至地方官还不知道告状告的是何事。有时甚至拖得原告被告两家精疲力竭、倾家荡产，已不想再打官司了，然而求收回诉讼却又做不到。这种现象必须杜绝。

第四，禁止滥传被告、滥押证人。从前差役逢到办案时，尽量把多的人拉入案内，并且管押起来，可以乘机勒索。曾国藩规定，凡管押（实际就是今天说的拘留，但当时连证人也管押）之人，必须挂牌明示，如未悬牌，或牌上人数与实际管押人数不符，家属可以喊冤，总督还要派人密查，不符时将记过严惩。

第五，严禁差役勒索。

175

第六，每月必须将审案、监禁、管押、逃犯等情形上报。

第七，严治盗贼以弭隐患。

第八，讼案久悬不结核明注销。这主要针对乡民往往因小事而诬告之风而言。

第九，分别皂白，严办诬告讼棍。

第十，奖借人才，变易风俗。

《直隶清讼限期功过章程》则对官员清理积案的功过，规定明确细致的赏罚条例。这些规定和要求非常详尽细致、具体周到，这与他当年做京官时曾署刑部侍郎，对刑狱审判问题有相当的研究和经验有关。

曾国藩的第二步，是奏留原任直隶按察使、朝廷要将其调到山西任按察使的张树声，以便协助他清理积案。张树声原是李鸿章淮军将领，当淮军组建时，曾国藩对其就非常赏识，此时张树声已经当了四年直隶按察使，对直隶的情形及刑名案件比较熟悉。曾国藩说，自己年纪较大，精力有限，希望让张再留直隶一年，可以将积案清结。朝廷准许他的要求。张树声果然不负曾国藩所望，为清理直隶积案做出了不少努力。一年多以后，张调任山西布政使，再过一年，升任江苏巡抚，以后又升任总督。

曾国藩的第三步，是身体力行，亲自处理案件。同治八年（1869）的曾国藩，已经59虚岁，按当时人的寿命，他已是一个标准的老人。欧阳夫人双眼只能看见光亮，但看不清人和物，已基本失明。曾国藩的身体和精力也是越来越差，但既然为官，就需要好好办事。而他早年那种澄清天下的志向，并没有完全销蚀。而且作为地方长官，要求下属做到的，地方首长必须首先做到，起到表率作用，否则下属必然是阳奉阴违。所以，对重大的、疑难的案件，曾国藩常常需要亲自处理。这些事情非常繁琐，然而面对许多人命关天的事情，却又必须认认真真办理，所以累得腰酸腿疼头痛，以至晚上入睡都困难，自是经常的事。

曾国藩的日记里记下的这类事情很多。当年三月初八日晚上，他仔细阅读一则案件，觉得其中判绞刑但缓刑的犯人张世沅罪行较重，应该改为立即执行，当时的说法，叫“由缓改实”。在日记中，他说自己对此事“沉吟良久”，然后写一封信与按察使商量，可见关乎人命的事，他相当慎重。

接印半个月后，他告诉儿子曾纪泽："吾自初二接印，至今半月，公事较之江督任内多至三倍。无要紧者，皆刑名案件，与六部例稿相似，竟日无片刻读书之暇。做官如此，真味同嚼蜡矣。"接印一个月后又说："余近日所治之事，刑名居其大半。竟日披阅公牍，无复读书之暇。"

除了自己亲自花大量时间和精力处理这些案件外，还委派可靠的人员到各地明察暗访，对办案草率、漫不经心，甚至勒索和受贿的官吏，立即予以处分。

经过整整一年的艰苦努力，多年的积案终于清理完毕。到同治九年（1870）二月初二日，也就是曾国藩接直隶总督印一年后，曾国藩奏报说，已经结清了同治七年（1868）以前的旧案 12074 件，同治八年以来的新案 28121 件；现在旧案只剩 95 件，新案只剩 2940 件。

在清理积案的过程中，有不少官员出了力，也有些官员懒惰或办事不力。对于办事得力的当然要奖励，积案清完，曾国藩奏请奖励的官员有 29 名，其中有的加衔三级。对于贪污腐败、草菅人命或不胜任职务的官员，曾国藩在同治八年一年之内弹劾了 19 人。

曾国藩任直隶总督只有一年多的时间，在他的努力下，直隶的吏治已开始好转。而他为清理积案所用的《直隶清讼事宜十条》及《直隶清讼限期功过章程》对后世产生了深远的影响。因为这两个文件表现了相当大的具体性、可行性和可操作性，清廷非常重视，不久就命印行颁发各省，以便参照执行，以后曾多次命令印行。直到 20 世纪初，清廷还将这两份文件颁发各省，为清理积案作参考。

13 久居高位的三大法宝

做官的人，尤其是做高官的人，没有不想自己要有一个好的结局的，然而很多时候却事与愿违。那么，怎样才能保证自己有一个好晚场呢？曾国藩以他自己身居高位的体验，认为主要应在平时领会居高位之道。他具体开出三个药方，以防居官之败。

曾国藩说，身居高位的规律，大约有三端。第一是不与。这包括几层思想，一是不要居功自傲，躺在功劳簿上；二是虽然有功，就像是于自己没有丝毫关涉。他举例说，天下是最大的，但禹和舜都放弃了，传贤不传子。世俗的人看不透，往往不肯轻易离开职位。第二是不终，即没有结局。古人所说的"日慎一日，而恐其不终"，身居高位，行走危险之地，而能够善终的人太少了。他举例说，周文王兢兢业业，数十年都是如此。人如果停下来，满足了，就会真的不终。第三是不胜。古人所说的"惊心啊，就像以腐朽的缰绳驾驭着六匹烈马，万分危惧，就好像将要坠落在深渊里"，惟恐自己不能胜任。他举例说，《周易·鼎卦》说："鼎折断足，鼎中的食物便倾倒出来，这种情形很可怕。"说的就是不胜其任。方苞说汉文帝做皇帝，时时谦让，像有不能居其位的意思，难道不是在不胜任这方面有体会吗？孟子说周公有与自己不合的人，仰天而思虑事情的原委，以致夜以继日，难道不是在惟恐没有结局的道理上有体会吗？

曾国藩说："越走向高位，失败的可能性越大，而惨败的结局就越多。"因为"高处不胜寒"啊！因而，职位每升迁一次，就要以十倍于以前的谨慎心理来处理各种事务。

他详细阐发说："国君把生杀予夺之权授给督抚将帅，如同东家把银钱货物授给店中众位伙计。如果保举太滥，对国君的名器不甚爱惜，好比低价出售浪费财物，对东家的货财不甚爱惜一样。"介之推说："偷人家的钱财，还说成是盗，何况是贪天之功以为是自己的力量！"曾国藩略微加以改动："偷人家钱财，还说成是盗，何况是借国君之名器获取私利呢！"曾国藩认为利用职权谋取私利，这就是违背了不与之道，是注定要自食恶果的。一事想贪，则可能事事想贪，一时想贪，则可能时时想贪。在这个方面应视手中的权势于虚无，因而也会少生无妄之想。

至于不终、不胜，曾国藩更深有体会。他说：陆游说能长寿就像得到富贵一样。开始我不知道他的意思，就挤进老年人的行列中了。我近来得了个虚浮的名誉，也不清楚是什么原因就得到了这个美好的声名。古代的人获得大的名声的时候正是艰苦卓绝的时候，通常不能顺利地度过晚年，想到这些不禁害怕。想要准备写奏折把这些权力辞掉，不要再管辖这四省吧，害怕背上不胜其任、以小人居君子的罪名。

正因为如此，曾国藩虽身居高位，也时时犹履薄冰；大

179

功告成之日，益觉如蹈危局。反倒使得曾国藩该得到的也得到了，不终也"终"了，不胜也"胜"了。

曾国藩还说，人越是走向高位，越容易成为众人的靶子。所谓位置高、名声大、权力重，人们冀望于你的也更加迫切、更加繁多。如果这时候做不好，就是转向反面，失败也就发生。

14 为官不得罪巨室

不得罪巨室，即势家大族，是为官不败的第一枕中秘籍。当官的人无不知道个中奥妙。如果在一个城市，同驻两个各不统属的机构，官与官就很难相处了。如果再加上一个旗人官僚、一个汉人官僚，麻烦就更多了。曾国藩的幕僚薛福成专门谈到，清朝总督与巡抚之间的矛盾，往往是体制所导致的，甚至在制度设计上有意识地让二者互相牵制。

张亮基、骆秉章相继出任湖南巡抚，左宗棠都是当家的幕僚。后来胡林翼出任湖北巡抚，与左宗棠又有姻亲关系，而曾国藩又是湘军统帅，为制约湘系发展，清朝派旗人官文以钦差大臣的身份出任湖广总督。

胡林翼最初对官文没有丝毫好感，说他"忌刻倾险，尽是内务府习气"。他任湖北巡抚伊始，无法忍受官文，甚至要效法春秋时期的做法，在战场上冲锋陷阵而死。特别是官文因骆秉章参劾署理湖南提督樊燮之案，嫁祸左宗棠，要将左宗棠置于死地后，胡林翼委曲向官文低声哀求放过左宗棠，更是在所有湘军统帅这里蒙上厚厚的阴影。胡林翼处处忍让官文，甚至不顾自己二品大人的体面，当官文的小妾过生日时，率领所有文武一同贺寿。到了曾国荃与官文相处时，就不一样了。

这时，湘军攻陷金陵，打败了太平天国。曾国藩功封侯爵，曾国荃封伯爵。曾国藩还晋为大学士。曾国荃经过短暂的"以退为进"后，也出任湖北巡抚。

官文是旗人，在汉官密布的长江中下游地区，深得清政府的器重。胡林翼任湖北巡抚时，知其不可动，遂处处推美让功，以笼络官文，使得湘军在诸事上均比较顺利。胡林翼死后，官文与湘军关系维持着表面的和气，但实际上已变得十分疏远。此时，曾国荃接任湖北巡抚，与官文同城，骤然间双方的关系紧张起来。

因为湖北按察司唐际盛与曾国荃的挚友黄南坡（黄冕）仇隙很深，于是唐际盛便怂恿官文，奏请曾国荃帮办军务，以便使其离开武昌，免于督抚同城。由此，曾国荃便与官文结怨，并伺机搜集官文的不法证据。

曾国荃先是奏参唐际盛，接着就弹劾官文。由于曾国荃营中没有文员，奏折草拟后没有人商量，恰逢曾纪泽在营中，但又不知参劾官文后的政治利害，因此奏折发出后，语句多不中肯，且文句冗长，首尾不相顾。曾国藩的心腹幕僚赵烈文在日记中记载道：

> 原折沅公（曾国荃）亲笔，而劼刚（曾纪泽）所商定，并为缮写，以贪庸骄蹇，欺罔徇私，宠任家丁，贻误军政，循例纠参装头，后列各款，语多不中肯，文句亦冗沓拖长，首尾不相顾。

曾国荃怕曾国藩知道后，阻挠他弹劾官文，因此故意背着他。外间知道曾国荃参劾官文后，不仅湖北的士绅持反对态度，就是曾国藩的门生故吏也认为此事大为不妥。

曾国藩十分担忧，唯恐由此开罪了满洲贵族。他在给曾国藩的书信中说："顺斋排行一节，亦请暂置缓图。"原因是，"此等事幸而获胜，而众人眈眈环伺，必欲寻隙一泄其忿。彼不能报复，而众人若皆思代彼报复者。"总之，"弟谋为此举，则人指为恃武功，恃圣眷，恃门第，而巍巍招风之象见矣，请缓图之。"

随后，曾国藩又在给曾国荃的书信中说："顺斋一案，接余函后能否中辍？悬系之至。此等大事，人人皆疑为兄弟熟商而行，不关乎会晤与否。"再过十天，曾国藩得知奏参官文的事已发，反复叮嘱曾国荃："吾辈在自修处求强则可，在胜人处求强则不可。""若专在胜人处求强，其能强到底与否尚未可知。即使终身强横安稳，亦君子所不屑道也。"

曾国荃的性格是，一旦他认定了的事就非干不可。他向清廷陈述自己为何要参劾官文的出发点："臣窃维端揆疆寄，乃国家之重臣，非于军务吏治、国计民生、地方安危，确有关系，虽至愚极戆，何敢暴其所短，轻列弹章？"进而，他在奏折中具体列举了官文的七条罪状。

事情发生后，经反复筹思，曾国藩最初想采纳李鸿章的建议，"密折保官（官文），请勿深究"。可是，曾国藩担心此举引起外间的传言，即曾国藩"劾老九"之语，因此只好听之任之。

参案的结果是，军机处派出专查此案的钦差，则"字字开脱，列据各司道文武禀覆供词，以驳原参，几无一事稍有影响，连阅前后两折，直如儿戏，真足令人喷饭"。甚至有人认为曾国荃指责官文"肃党"一事不实，要求照例反坐，治曾国荃的诬陷罪。

慈禧心里清楚，此次参劾纯属湘系与满洲权贵之间的权力之争，而捻军正盛，还需要利用湘、淮两军出力。因此，开去官文的湖广总督一职，却保留大学士衔，回京后又令其掌管刑部，兼正白旗都统。实际上对官文并没有什么损害。

但令曾国藩担心的事还是发生了。此后不久，一大批湘军官员被纷纷开缺回籍，如陕甘总督杨岳斌、陕西巡抚刘蓉、广东巡抚郭嵩焘、湖北巡抚曾国荃、直隶总督刘长佑。这不由得使曾国藩警醒起来，他觉得这有可能是参劾事件所引发的后果。

曾国藩在给郭嵩焘的信中写道："官相（官文）顷有署直隶（总督）之信，不知印渠（刘长佑）何故开缺？近日厚（杨岳斌）、霞（刘蓉）、筠（郭嵩焘）、沅（曾国荃）次第去位，而印（刘长佑）复继之，吾乡极盛，固难久耶，思之悚惕。"

这不能不使曾国藩为自己的末路忧心，而且他日益感到朝廷对自己的冷淡和疏远，对为宦不得罪巨室更有了一层深切的体验。"去年年终考察，吾密劾者皆未动，知圣眷已差，惧不能始终，奈何？"

不久，曾国藩奉到上谕："着调补直隶总督，两江总督着马新贻调补。"曾国藩深知，由两江调往直隶，这并非是对自己重用，身在直隶，上下瞩目，只恐难以任久。而及早辞谢，又难于为陈请开缺措辞，真是宦海之途不自由啊。

15　居官以耐烦为第一要义

做官都会遇到很多麻烦事，也必须要处理很多麻烦事，有的人处理一件麻烦事可以，处理两件麻烦事也还勉强，但遇到三件或三件以上的麻烦事就耐不住了；有的人遇到一件小的麻烦还可以，一旦遇到大的麻烦就挺不住了；有的人处理别人的麻烦事还可以，一旦自己遇到麻烦就受不了了。

当官之所以烦人，就是因为麻烦事往往一件跟着一件，推也推不脱，躲也躲不掉，难得清静，难得自在，难得潇洒。为什么说"无官一身轻"呢？就是因为没有那么多麻烦事。

所以做官要修养心性，第一件事就是训练自己处事不烦，不急不躁，无怨，清醒。头脑清醒才能保持镇静，保持镇静才能做出决断。不然的话，心急似火，性烈如马，只会使事态的发展更加混乱。

曾国藩对耿恭简所说的"居官以耐烦为第一要义"有更深一层的理解，他以为做官如此，带兵亦然。

有一天，曾国藩接到曾国荃的一封信，信中说："仰鼻息于傀儡膻腥之辈，又岂吾心之所乐。"曾国藩谆谆告诫弟弟说，这已经露出了不耐烦的苗头了，将来恐怕难以与人相处。

能耐烦的好处就是从容镇静，从容镇静方能产生智慧，方可处变不惊，才能安稳如山。

好友黄廷瓒到江苏去做官，曾国藩当时在京城还是一个翰林院的小官，给他写信，大谈江苏官场的风气之余，更是把自己的耐字诀送给好友：

> 苏垣为仕宦鳞萃之场，以弟所闻，大抵挥霍者蒙卓声，谨守者沉散秩，生辣者鹊起，和厚者蟹伏，标榜者互相援引，务实者独守岑寂。揆斯三者于吾兄，俱未为谐叶。然君子之道，不汲汲于名望，要在案牍律例之中，诚能三折肱而九折臂，则阅时稍久，亦终为僚友所推，上官所许。弟有一言，奉吾兄于数年之内行之者，其曰"耐"乎。不为大府所器重，则耐冷为要；薪米或时迫窘，则耐苦为要；听鼓不胜其烦，酬应不胜其扰，则耐劳为要；与我辈者，或以声气得利，在我后者，或以干请得荣，则耐闲为要。安分竭力，泊然如一无所求者，不过二年，则必为上官僚友所钦属矣。此二年中，悉力讲求捕盗之法、催科之方，此两事为江南尤急之务，一旦莅任，则措之裕如。人见其耐也如此，又见其有为如彼，虽欲不彪炳，其可得乎？

丁日昌是李鸿章特别推崇的洋务派，也是实干家。出任江苏巡抚后，曾国藩给他写信说：

> 刑、钱、书、启诸幕，俱不可少，腾出精神，以图

186

虚静而谋大事。……阁下志迈识正，不难力追古人，但愿于众醉独醒之际，仍以浑字出之；于效验迟缓之时，更以耐字贞之，则人皆感其乐育，而于己之养德养身，两有裨益。

这里曾国藩强调的是"于效验迟缓之时，更以耐字贞之"，就是劝丁日昌凡事不能操之过急，而要用足够的耐心、耐力去做，这样，效果也会慢慢显现出来。

黎庶昌是"曾门四子"之一，曾国藩对他的学术成就寄予厚望。出任吴江县令后，黎庶昌因征收漕粮不足额，想调到其他地方去，曾国藩写信给他：

阁下天性肫挚，志趣远大，而于涉世应事似尚操之过蹙。从古奇人杰士，类皆由磨砺中来，艰巨杂投，磨砺也，米盐繁琐，亦磨砺也。吴江征收之难，风俗之悍，皆为大府所深悉，而曲原无事，忧谗畏讥，尚希振作精神。遇有烦难之事，耐劳耐苦，徐听事机之转，则所在皆坦途矣。

曾国藩晚年，总结自己一生为官之道，说"忍气耐繁"，实为一生所坚守。

16 宦海畏途当知谨

官场外面的人只知羡慕当官者前呼后拥，号令一方的荣耀，却看不到一入仕途，人生失去很多滋味、全无自由的苦恼。尤其是做大官的人，要免于失败，可以说无时不处于高度紧张状态。尤其是进退都不自由的时候，当官的兴致也就减去许多。

曾国藩于同治初年写给他弟弟的信中说："诸事棘手，焦灼之际，未尝不想干脆躺在棺材里算了，也许比活在世上更快乐。越这样想，焦虑越多，公事越繁，而长眠快乐之期更是杳无音信。"

当曾国荃被清廷升任浙江按察使时，曾国藩上奏说：

自去秋以来，臣一门之内迭荷殊恩，感激之余，继以悚惧。恳求于金陵未克以前，不再加恩于臣家，庶可以保全功名，永承圣眷。前此迭奉保荐督抚大员之旨。封疆将帅，乃朝廷举措之大权，岂敢干预？疆臣既有征伐之权，不当更分黜陟之柄，不特臣一人为然。凡为督抚者，辨之不可不早，所以预防外重内轻之渐，兼杜植私树党之端，庶几纪纲弥肃，朝廷愈尊矣。

攻陷金陵后，曾国藩又被升为大学士，责任越重，事务越多，被人指责也就越多。曾国藩说："世人都以官至极品为荣，而我现在真是把它当作苦恼的处境。然而时势如此，决不能置身事外，也只有当一天和尚撞一天钟了。宦海真是令人无奈！"

当曾国荃打下天京回家暂时休整时，曾国藩像算卦先生一样，为其卜算是出去做官还是继续在家好。他还说："在家应占六分，出去应占四分。"但曾国荃耐不住了，总想早点出去。不久，清廷果真任命曾国荃为山西巡抚，曾国藩立即去信一封，千叮咛万嘱咐，核心是让老九"宦海之途当知畏"。曾国藩说："我的情况如此，沅弟你的处境也不妙。你在山西，虽然清静，但麻烦也不少。山西号称天下富国，京城的银饷大部分来自山西。厘金还没有改动，收入款项与道光年间相差无几，而开支款项则比以前大为增加。山西离京城又近，银钱账目的一丝一毫户部都清清楚楚。沅弟有开销太大的名声，现在既然担任没有战乱的平静省份的巡抚，那么各项款项就不能不谨慎节俭，账目上丝丝入扣。外界想老弟出山之处一定是军务棘手的地方。现在山西虽然还没有贼寇活动，但是圣上担心捻军进入山西，逼近京城一带。老弟此番上任，似乎应多带得力的将帅，勇丁则就近在山西招募。南方人吃不惯面食，山西尤其买不到稻米，不像直隶、山东两省，还可以由大海或河运设法转运。弟弟来京，可以从安庆登陆，到徐州与为兄相会，畅谈一番。听说钦差大臣到达山西，实际上是到陕西查办霞仙（刘蓉）一案，真是一波未平，一波又起，宦海真是可畏啊！"

曾国藩比曾国荃年长14岁，当他50多岁时，曾国荃方逾40，所以曾国荃总是比哥哥血气更旺，斗志更强。曾国藩看在眼里，急在心上，血气一旺，遇事就欠冷静，就往最高处想，就不计后果，总以为自己是对的，别人是错的，于是麻烦也就接连不断。

当九弟率兵平定捻军，收复了两个省之后，曾国藩便给他写了一封信警醒说："你收复了两省，功绩绝对不能磨灭，根基也极为深固。你只担心不能飞黄腾达，不担心不能安命立身；只担心日子不稳适，不担心岁月不峥嵘。从此以后，你只从波平浪静处安身，莫从掀天揭地处着想。"

当然，这不是说曾国藩是一个自甘平庸的人。他将心比心地说："我也是一个不甘心于庸庸碌碌、无所作为的人。近来阅世千变万化，所以我一味在平实处用功夫，不是萎靡不振，而是因为地位太高，名声太重，如果不这样，那么处处是危途。"又说："我们兄弟位高功高，名望也高，朝野上下都将我家视为第一家。楼高易倒，树高易折，我们兄弟时时都处于危险之中。所以应该专心讲究宽和、谦逊，也许这样可以处高位而无危险。过去祖父星冈公常常教导人说，'晓得下塘，须要晓得上岸'。我们应在大功告成后，位高权重时，常常想到退引藏拙，我准备先行引退。我希望你平平和和干一二年，等我上岸以后，你再去轰轰烈烈地大干一番。"

17 高处不胜寒，功名不可恃

人的职位越高、功名越大，越容易颐指气使、得意忘形，而此时的失败也越多。曾国藩之所以受到许多人的崇拜，成为封建时代最后一尊精神偶像，与他善收晚场有很大关系。

"声闻之美，可恃而不可恃"，"善始者不必善终"，这也是曾国藩对功名的看法。

曾国藩告诫弟弟："我们现在处于极好之时，家事有我一个人担当，你们就一心一意做个光明磊落、鬼服神钦的人。待到名声既出，信义既著，即使随便答言，也会无事不成。所以不必贪财，不必占便宜。"可见，曾国藩是把名誉和贪婪相联系的，贪婪的人，恶名加身；大度的人，清誉在外。曾国藩的见识可谓很高，甚至可以说有点狡猾，他把好名声看成人的立身之本，本应正，源要清，不可本末倒置。

曾国藩对家族的名望或声誉十分看重，为了保持这个名望和声誉，他殚精竭虑。

常言道，树大招风。由于家大业大势大，兄弟几人都在朝廷做大官，于是乎外面就有不少关于他们兄弟的传闻。曾国藩就不止一次地听说过对他们兄弟恶行的指责。曾国藩听

了以后，不想秘而不宣，而是一一转告各位兄弟，或者直接责备，或者婉言相劝，希望他们有则改之，无则加勉。

因为名望所在，是非由此而分，赏罚由此而定。有一年冬天，曾国荃的好友金眉生（名安清）被人接连弹劾，结果家产被抄，妻子儿女半夜站在露天下，饱受风寒冰冻之苦。

对此，曾国藩说："难道金眉生果真万恶不赦吗？其实不过是名声不好，惩罚随之而来罢了。所以说，人言可畏，众口铄金，积毁销骨。那些议论不知道在什么地方兴起，也不知道在什么时候结束。众口悠悠，沸沸扬扬，防不胜防。那些有才华的人，因为那些怀疑与诽谤无根无据，虽然恼怒，但还是悍然不顾，结果诽谤一天比一天严重。那些有德行的人，因为这些诽谤无根无据而深感恐惧，于是收敛起来认真反省，并对自己今后的一言一行、一举一动都十分谨慎，结果诽谤不攻自破，谣言一天天平息下去。"

曾国藩还说："我忝居高位，又获得了极高的虚名，时时刻刻都有颠覆的危险。通观古今人物，像我这样名大权重的人，能够保全善终的人极为少见。因此我深深担忧在我全盛之时，不能庇护你们，到了我颠覆之时，或许还会连累你们。所以我只有在我没事的时候，时常用危词苦语来劝诫你们，这样或许能够避免大灾大难啊！"

大凡功成名就之人，名望愈高，愈是珍重荣誉。曾国藩过人之处在于，他对自己的名望始终抱有怀疑的态度，甚至根本就认为没有什么名望。他从自己至爱的兄弟们身上，看到了名望遮掩下的隐患，由此及彼，别人会怎样就可想而知了。

192

　　怀着这种认识和忧惧，曾国藩把这一感触不时传送给兄弟们。他鼓励、劝勉兄弟们为百姓多干实事，勿为名望二字所累，他说："那才是我曾家门户的光荣，阿兄的幸运。"当清廷任命吴棠署理两江总督，李宗羲、丁日昌递署漕运总督、江苏巡抚，饬曾国藩函商复奏时，曾国藩谦逊地表示：

　　　　至李宗羲、丁日昌权领封圻，未免嫌其过骤。数年以来，皇上求才若渴，于疆臣保荐人员破格超迁，外间疑为非常之才，责备吹求，于是台谏弹劾生风，并归咎于原保之员。若令循资渐进，少为回翔，则该员不至见妒于同僚，而言路亦不至仇视于疆吏，实有裨于中外和衷之道。且庙堂之黜陟赏罚，非阃外诸臣所宜干预。今以督抚要缺，谕令臣等往返函商，尤觉非宜，因不俟李鸿章、吴棠商定，直抒管见。

193

18 骑虎难下时的应对术

晚年的曾国藩心情十分矛盾，他不想做官，可又不能不做；他想上疏请辞，而语气又不能太硬，可语气不硬，又怎能获得恩准；即使获得恩准，万一战事又起，他不也还是要被征召吗？真是进退两难。

曾国藩为什么不愿做官？他有三条理由：一是"督抚本不易做，近则多事之秋，必须筹兵筹饷。筹兵，则恐以败挫而致谤；筹饷，则恐以搜括而致怨。二者皆易坏名声"。二是自己"用事太久，恐中外疑我兵权太重，利权太大，不能不缩手以释群疑"。三是他认为"凡作大官，处安荣之境，即时时有可危可辱之道，古人所谓富贵常蹈危机也。……平世辞荣避位，即为安身良策。乱世仅辞荣避位，尚非良策也"。

曾国藩北上镇压捻军，历时近一年没有成效，于是他于同治五年（1866）十月上疏，因病难速痊，请开协办大学士、两江总督之缺，并请另简钦差大臣接办军务，自以散员留营效力，不主调度。清廷给了他一个月的假，钦差大臣由李鸿章接任。李鸿章写信告诉老师："奏章的语气不可太坚

194

决，这样除了让人觉得痕迹太重没别的用处，而且未必马上就能退职，即使退职一二年，其他地方若发生战争，仍然免不了被皇上征召，到那时就更加进退两难了。"

曾国藩觉得他学生的话切中事理，这使他陷入思考之中。他想到了这样一个办法，他在一封信中写道："我决计今后不再做官，也不打算回老家享清福，只求在军营中照料杂事，维系军心。不居大位，不享大名，这样或许可以避免大祸大谤。如果遇上小小的凶咎，我也只好听之任之。"

仅同治五年（1866）这一年，就有多位言官参劾他办理不善，先有御史朱镇、卢士杰、朱学笃等疏，皆奉寄谕钞发。御史穆缉香阿奏督师日久无功，请量加谴责一疏，奉上谕："年余以来，曾国藩所派将领，驰驱东、豫、楚、皖等省，不遗余力，奸贼亦颇不少，虽未能遽藏全功，亦岂贻误军情者可比？该御史所奏，着毋庸议。"是后，又有御史阿凌阿劾曾国藩骄妄各款，亦奉旨辨斥。曾国藩念权位所在，众责所归，惕然不敢安焉！

在给弟弟曾国荃的信中，他也陈述了不能逃避的看法："我们兄弟蒙受国家厚恩，享有赫赫大名，终究不能退藏避事，也只好像以前所说的那样，将祸福毁誉置之度外，坦坦荡荡，俟命而已。"

曾国藩只求能将自己闲置起来，不进不退，不露不藏，这样既可以消除心腹们的后顾之忧，也可以避免其他同僚的闲言碎语；既不至于让皇上为难，也不至于让自己处于被动之中；既可以保持自己的晚节和清誉，又可增加自己的体恤皇上的名声。

19 管好身边人

当官的人可能自己守身至洁，但偏私任下，管不住身边人，终究会落得败名。

曾国藩署理两江总督后，立即给身边人约法三章，这就是有名的"谕巡捕、门印、签押凡三条"：

> 凡为将帅者，以不骚扰百姓为第一义。凡为督抚者，以不需索属员为第一义。督抚与属员交涉，以巡捕、门印、签押三处为最。明日起早，经过地方，即是与州县交涉之始。兹特严定条约，愿巡捕、门印、签押敬听而牢记之。
>
> 第一，不许凌辱州县。人无贵贱贤愚，皆宜以礼貌相待。凡简慢傲惰，人施于己而不能堪者，己施于人亦不能堪也。往尝见督抚过境，其巡捕、门印、签押及委员等，见州县官皆有倨侮之色、严厉之声，实可痛恨。今当痛改恶习。凡见州县及文武属员，总以和颜逊词为主，不可稍涉傲慢，致启凌辱之渐。
>
> 第二，不许收受银礼。凡自爱者，丝毫不肯苟取于

人。凡收人礼物，其初不过收茶叶、小菜之类，渐而收及鞍马、衣料，渐而收及金银、古玩。其初不过投赠之情，渐而笑索授意，渐而诛求逼勒，贿赂公行，皆始于此。嗣后我巡捕、门印、签押务各自爱，不准收受丝毫礼物。即茶叶、小菜、至亲密友赠送微物，若非禀明本部堂再三斟酌者，概不准收。倘有隐瞒收受者，重则枷号棍责，轻则递解回籍。

第三，不许荐引私人。凡巡捕、门印、签押，势之所在，人或不敢不从。或其亲族，或其旧识，或荐至各将营盘，或荐入州县衙门，纵有过失，互相隐蔽，勾通袒护，为患甚大。自此次告戒之后，概不准荐人入将领之营，入州县之署，亦不准各营各署收受。

以上三条，巡捕、门印、签押三处各写一份，贴于座右。如其自度不能，即趁早告退；若其在此当差，即小心凛遵。本部堂既告戒尔等，亦加倍自行儆惕。凡接见文武属员，无论大小，虽至佐杂外委，亦必以礼貌相待，断不以厉色恶声加人。至送礼物者，一概谢绝不收。无论茶叶、小菜，以及裁料、衣服、书籍、字画、古玩、器皿、金银、食物，均皆不收。亦不荐人入武员之营、文员之署。此三者，本部堂若犯其一，准各随员指摘谏争，立即更改。

第四章

/

品格力量

毛泽东直到晚年，仍称赞曾国藩是"地主阶级中最厉害的人物"。而毛泽东"独服曾文正"，就是钦服他既能做大事，又能传播思想，以品格的力量影响后人这一点，称他是中国几千年仅有的"办事兼传教之人"。而曾国藩成就大事之道，也是释放积极能量的体现。

1 精选良材谋大业

跟什么样的人，做什么样的事，这在曾国藩看来是个不容忽略的大事，也是影响人能否成功的关键因素之一。

他说，那些对人时信时疑、时明时暗的人决不能跟从。因为因疑而弃、因暗而忌是时常发生的事，一旦那样，后果可能就不堪设想了。

他多次讲过，"做好人、做好官、做名将，但要好师、好友、好榜样"，并提出要选择下列两类人跟他做事：一是意志坚卓，不为浮言所动，即"不随众为疑信"；二是品性宏大，能打开局面，即"初基不必大，然气势充畅"，用今天的话说，有发展潜力。

他对两个弟弟曾国荃、曾国葆的安排，都突出了"择人而事，不可草草"的原则。

曾国荃，字沅甫，族中排行第九，曾国藩信中以"沅弟"称之。他幼年从父学习，少年在京师跟随长兄曾国藩学习。在曾门五兄弟中，他是天分最高、个性最倔强的一个。道光二十八年（1848），他考取贡生后，决心走科举之路。曾国藩在长沙出办团练时，他随同参与，策划治兵之法，大部分被采纳。咸丰四年（1854），他回家乡一边设馆授徒，一边准备科举考试。次年十月，考取优贡生，后捐同知衔。

咸丰六年（1856）春，江西八府 50 多县为太平军占领，曾国藩被困南昌，多次向清廷请求援师，清廷任命长沙人黄冕为吉安知府。黄冕素知曾国荃才识出众，表示要以他为主帅，一起领兵赴江西解曾国藩之围。曾国荃说："方吾兄战利，吾从未至营相视，今坐困一隅，义当往赴。君但能治饷，吾当自立一军，赴国家急。"黄冕经请示湖南巡抚骆秉章后，由曾国荃在长沙招募 1500 人，周凤山在长沙招募 1700 人，由黄冕督领赶赴江西吉安，这就是后来赫赫有名的吉字营，营官包括后来攻打金陵获得爵位的萧孚泗。后来扩充到五六千人，军锋直指吉安。

曾国藩最初不希望他的几个弟弟上阵打仗，甚至也不希望他们做官。咸丰五年（1855）十月，他在写给几个弟弟的信中说：

> 带勇之事，千难万难，任劳任怨，受苦受惊，一经出头，则一二三年不能离此苦恼。若似季弟（曾国葆）吃苦数月便尔脱身，又不免为有识者所讥笑。余食禄有年，受国厚恩，自当尽心竭力，办理军务，一息尚存，此志不懈。诸弟则当伏处山林，勤俭耕读，奉亲教子，切不宜干涉军政，恐无益于世，徒损于家。至嘱至嘱。

当看到时代不同了，战乱时期不一定走科举之路才能有所成就，他也随之转变了看法，特别是认为如果曾国荃跟随黄冕，能够很快增长见识，就会缩短成材的过程。咸丰六年（1856）九月，他写信给九弟说："沅弟能随南翁（黄冕）以出，料理戎事，亦足增长识力。南翁能以赤手空拳干大事而不甚着声色，弟当留心仿而效之。"

当年十月，曾国藩在瑞州劳师，又目睹了刘腾鸿治军严整，大加赞叹之余，想到如果九弟跟随刘腾鸿磨炼一段时间，一定大有长进，因此，在面临包括咸丰帝在内的清廷朝野责备他劳师糜饷的种种压力下，他仍然写信给他九弟说：

> 惟弟所部之千五百人者，兄意决望其仍来瑞州，与温（弟曾国华）并营。盖峙衡（刘腾鸿）治军整齐，实超辈流。弟若与之同处一二月，观摩砥砺，弟与温合之二千人决可望成劲旅。而憩兄（夏）、南兄（黄冕）与我投契凤深，又为此间官绅之所属望，一至章门（代指南昌），则嘘枯振萎，气象一新，使我眉间忽忽有生气。望弟商之季兄（左宗棠）、憩兄、南兄，即率此千五百人速来瑞州。兄得与憩、南两君熟商一切，大局或有转机。温弟亦得更番归省，公私实为两利。

曾国藩希望弟弟与刘腾鸿合作，打造一支劲旅。曾国荃果然不负兄望，所统吉字营后来成为攻打安庆、金陵的第一支劲旅。曾国藩甚至多次说，他的侯爵是沅弟帮他挣来的。

最小的弟弟曾国葆也一样。他取得诸生身份后，厌弃科举，不肯继续深造。

咸丰三年（1853），曾国藩最初在湘潭、衡阳组建湘军时，曾国葆向长兄推荐杨岳斌、彭玉麟两人，可以作为水师统领。后来，这两人果真成为湘军水师最有名的大将，可见曾国葆的见识也有不凡之处。第二年，曾国葆率湘军一部分兵力在岳阳战败，引咎返回家乡，并一度做起了小生意。

曾国华（即"温弟"）战死三河镇后，曾国藩反复叮嘱曾国葆，希望他能放弃经商致富的打算：

> 明年出外，尚须再三筹维。若运气不来，徒然怄气。帮人则委曲从人，尚未必果能相合；独立则劳心苦力，尚未必果能自立。

曾国葆经过仔细考虑，决定弃商从军。曾国藩得知这一消息后，明确告诉他，如果要出山，必须选择好人："今日办事之人，惟胡润之（胡林翼）、左季高（左宗棠）可与共事。此外皆若明若昧，时信时疑，非季弟所能俯仰迁就也。"希望他能做到"择人而事，不可草草"。

经过慎重考虑，曾国葆于咸丰九年（1859）春间自湖南投奔到湖北巡抚胡林翼麾下，由胡派他率千人自黄州转战潜山、太湖。后又入曾国荃大营，率所部攻安庆，设计招降太平军将领程学启。

对"择人而事，不可草草"体会最深的莫过于曾国藩的大弟子李鸿章了。他曾经说过："以前我所跟随的部级干部有四五任，做得好上司就忌妒，做得不好就会有罪，感到无所适从。而且，学不到真本事，更谈不到建功立业了。自从跟随老师曾国藩后，好像找到指南针一样，所以才有后来的发展。"他晚年回忆说:"自己第一次离开老师的幕府,胡林翼反复开导我,认为天下的高官权贵,能够扶助我发达的几乎没有几个人,而老师曾国藩是第一人,于是重新回到了老师身边,现在想来,多亏胡林翼的教诲。"

2 挺膺负责，方能成事

　　曾国藩最不喜欢经常发牢骚、怨天尤人的做法，积其一生成功经验，提出"天下事在局外呐喊议论，总是无益，必须躬自入局，挺膺负责，方有成事之可冀"的处世名言，也是曾国藩走向成功的最经典表述。这里有四层意思。

　　人的一生面临很多机遇，但重大的机遇并不多，因此，它的第一层意思是，人要把握住重大机会，而不是空发议论，因为这于事无补。第二层意思是行动，即"躬身入局"，全部身心投入。第三层意思是必须挺膺负责，把自己的胸膛挺起来，堂堂正正，敢于担当。有了前面三个条件，才有最后一层意思，即结果，这样做才能有成功的可能性。回过来看曾国藩，他确实能够把握住人生最重要的、属于转折点的重大机遇。

　　最初办团练的时候，咸丰皇帝钦定了40多位大臣，其中就有曾国藩的名字。曾国藩是湖南在籍职位最高的官员，平时也积累了很大名气，故湖南巡抚也邀请他，但他就是不出山，因为他面临"三难"。第一，他母亲刚刚去世，在家服丧。按规定必须在家里守丧三年，原来的职位都要开缺，服丧期满，重新任官。如果皇帝发命令"夺情"，他出山也会为天下人所不齿。第二，曾国藩说自己平生结交之人没有富豪，多属寒士，办团练招募湘勇，要自己筹钱。因此他感到无法接应下来。第三，曾国藩说儒家的经典虽浸润已久，但兵法之类的书从来没有读过，而打仗是玩人命的事情，不懂兵法，怎么能去做！

这时，他的生平好友郭嵩焘，以吊唁曾国藩母亲的名义，于夜里赶到了曾家。恰在这时，湖北武昌被太平军攻占的消息传来，曾国藩大为震惊。两人彻夜长谈，郭力劝曾国藩出山。

郭嵩焘说："君素有澄清天下之志，今日不出，更待何时！且墨绖从戎，古制也。"郭讲了一通这是千载难逢的机会，不抓住机遇就没有你再展宏图的机会之类的话，并说戴孝从军也是古已有之。曾国藩被深深打动。郭嵩焘第二天又跟曾国藩的老父亲大谈"桑梓之痛，与有责焉"之类的话：武昌已经失守，省城长沙还能保得住吗？那个时候，曾国藩还能在家里安守墓庐吗？曾国藩的父亲终于发话，让曾国藩出山。

中国人讲孝道，孝道就体现在"父命子，子不得不从"。曾国藩有了名义、理由——老父亲让我出山，又有皇帝的圣旨、湖南大吏的邀请——不得不放弃做理学家的梦想，走向了文人领兵，开始打造湘军，迈出成为中兴名臣的第一步。

曾国藩躬身入局，发誓要挽回颓败的风气。他特别赞赏诸葛亮的话："屋漏在下，止之在上。"就是说，下边的流弊应该在上边杜绝，作为一个领导者就不能不端正自己的行为。

他倡导"知的十分，不如行的八分"，以躬行践履为做事的原则。林则徐在江苏做巡抚时，曾经对他的僚属说："我恨自己不是从牧令出身的，每件事还都得亲自去实践。"曾国藩在两江做总督时，也曾经说："做官应当从州县作起，才能够立得住脚。"

曾国藩生平处世，秉持躬身入局的理念，更体味到躬自入局的意义。他入了匡时救世、报效国家之大局，入了科举之局、为官之局、从军打仗之局，且都有所成就，成为近百年无数英豪所推崇的中国传统社会的最后一个精神偶像。

3　敢于任事，勇于承担责任

　　敢于任事，勇于承担责任，是曾国藩自己的人生信条，也是他用人的最重要趋向，他还向自己的弟弟传授这一成功秘诀。当清廷任命他的九弟曾国荃为山西巡抚时，他于同治四年（1865）十二月写信说：

　　　　天下纷纷，沅弟断不能久安，与其将来事变相迫，仓猝出山，不如此次仰体圣意，假满即出。余十五之信，四分劝行，六分劝藏，细思仍是未妥。不如兄弟尽力王事，各怀鞠躬尽瘁、死而后已之志，终不失为上策。沅信"于毁誉祸福置之度外"，此是根本第一层工夫，此处有定力，到处皆坦途矣。

　　鞠躬尽瘁，死而后已，这就是曾国藩作为人臣的最高理想。为此，他曾在戎马征战的沙场几次自杀。曾国藩几次自杀，表面上是他兵败后无颜见江东父老，实际上却是儒家文化的熏陶所致。他要以死报国，以身全志。《礼记》中说："国君死社稷，大夫死众，士死制。"大丈夫就是要为忠于职守而献身，所以，曾国藩表示："不带勇则已，带勇则死于金陵，犹不失为志士。"第一次靖港之战，曾国藩兵败自杀，身困祁门，每天将刀剑悬在船上，写家书也说万无生理。处理天津教案时，曾国藩身体极度不好，明知凶多吉少，但不避祸害。行前将遗嘱写好：

> 余自咸丰三年（1853）募勇以来，即自誓效命疆场，今老年病躯，危难之际，断不肯吝于一死，以自负其初心。……余若长逝，灵柩自以由运河搬回江南归湘为便。

正是有大英豪一样的气概，不为环境所动，敢于任事，勇于负责，才有他的成功。同治六年五月十七日（1867年6月18日），他的心腹幕僚赵烈文问他："老师学问阅历已达数十年之久，所经历的境遇，有如天渊之别，好像从严冬走向盛夏。老师历验己心，当处于极违逆以及极顺畅的时候，对自己是否都有十分的把握？"曾国藩对赵提出的这个问题，拈须许久，回答道："把握本人不敢说，但眼下想来，就是有不怕死的精神，因此无论考虑什么样的事情，都本着死的想法，这不知算不算足下所说的把握？"赵对曾国藩说："一切至高至大的境界，都不过生死，既然连生死都不怕，那么，成败毁誉也都从身上推开，还有什么放心不下呢！"曾国藩深以为然。

4 不以流俗的毁誉为转移

从政为官，当然不能固执己见，不能自是自矜，但也不能没有主见，尤其不可轻信别人，必须权衡利弊，作出抉择与裁断。

曾国藩在给丁日昌的信中说："你所说的'局外的议论，公正而不符合实际；局内的意见，亲切但多有私心在里面。善于揣摩猜测的人，不去顾及物力的盈亏；议论变法的人，不去考虑后果'，这几句话特别中肯。我上封信里要阁下审慎听取意见，谨慎抉择而不要轻易处置，正是这个意思。我向来办事不固执己见，也不轻信别人的话，必须是看准了利害关系后，才肯放弃自己的意见而听从别人的。阁下思想敏锐，常常有很多独到的见解。如果钻研得太过，就会处处视同荆棘，那也未免舍弃康庄大道不走而去钻牛角尖，厌弃牧畜而想螺蛤了。"

在给胡林翼的信中，他又说："我听闻取利多，老百姓会怨恨；参劾多，官员们会生诽谤。用这些话来劝告你，虽然不能不自省，但也不应该郁郁不乐，放在心上。我们慎之又慎的，只在'用人'二字上，此外就没有其他下手的地方了。

古人说：'我们如果从流俗毁誉上打听消息，那他是站不住脚的。'我平日的短处，也只是在毁誉上打听消息，近来只想在用人妥当与否上打听消息。"

分析一下内中的原因，大约有两条。一是办事的人，绝不可能只有赞誉而没有诽谤或评论，只有恩宠而没有怨恨；二是舆论往往随时变化，并没有一定的标准。所以，自己若不要求树立根基，而专从流俗毁誉上去打听消息，就一定会有站不住脚的那一天。

曾国藩在给恽世临（曾任湖南巡抚）的信中说："凡是干事的人，绝不可能只有赞扬而没有诽谤，只有恩宠而没有怨恨。自我修养的人，只求大闲不逾就够了，且不可因讥讽议论而气馁消沉；衡量评价别人的人，只求一个长处可取就行了，且不可因有小毛病而放弃了有用的人材。如果对佼佼者过于苛求，那么庸庸碌碌的人反而会走运。"

曾国藩强调办事和做人需权衡利害，把握轻重，要特别注意不以流俗的毁誉为转移。

他在给初任陕西按察使的陈湜的回信中说："京师的议论与军机处的消息随时变化。每逢遇到有官员上下交接，本来众望所归的人，转眼间就会被人唾弃；也有的群疑众谤、被议论纷纷的人，转眼间又风平浪静了。只有卓然自立的人，经过红与黑的变化，也不改变自己的作为。阁下这次进京，时间没有几天，但皇上的眷顾和舆论似乎都是很好的，望阁下不要沾沾自喜，将来如果有吹毛求疵的议论，恩眷有所减少，望阁下也不要因此而沮丧。每天孜孜以求自立之道，私事就是管好自己与读书，二者并进，公事就是吏治与防务，二者兼营。以勤为本，辅之以诚。勤，虽然柔弱也会变强，虽然愚钝，但也会变得聪明。诚心可以使金石为开，打动鬼神，鄙陋的讥讽，就是跳进黄河也是洗不清的，那还有什么可争辩的呢？"

这些话深刻明白，要旨不外是脚踏实地，努力做到自立自强，不以流俗的毁誉为转移。

曾国荃就任湖北巡抚时，曾国藩给他写信一封，信中说："督抚本来不容易做，近来又是多事之秋，必须招募勇员，筹措军饷。招兵则怕失败而受诽谤，筹措军饷则怕说成搜刮而招致怨恨，这两样都容易败坏声名。而那些由此引起纷纷议论，被人参劾的人，常在用人不当。沅弟的博爱形同软弱，在用人上向来失于繁冗。以后要慎重选用贤人，以补救草率的毛病，少用几人，以补救繁冗的毛病。地位很高但资历很浅，外貌上贵在温和恭敬，内心里贵在谦虚礼下。天下的事理人心，我们了解得不深，没有料到的多着呢，不可存一点自以为是的思想。用人不草率，存心不自满，这二条如果都做到了，一定可以免却咎戾，不失去好名声。这些话是最重要的嘱咐，千万不要以为是泛泛的议论而忽视它！"从这里完全可看出曾国藩的处世哲学，同他的经验阅历有密切关系。

曾国藩既不是顽固不化的人，也不是一个盲目屈从的人。他在给欧阳兆熊的信中说："对于集思广益的做法，本来不是容易做好的事，而在省城里尤其容易被人欺骗、蒙蔽。每天到我这里来的人，或者上书献策，或者当面陈说见解，大体上不出你写的三条之列。对那些表面骄横的人固然要抑制，然而，又不能因为这样就不广招人才以吐故纳新。重要的应当是自己确有主见，如六辔在手；对外广泛吸收人才，如万流赴壑，才是尽善。我想古人全都应该这样，而鄙人却是做不到的。"

5 办事的三大方法

　　曾国藩为政多年，积累了丰富的政务经验。他每天事情都很多，如果不及时处理，就会造成积压与搁置。

　　他正式任两江总督、钦差大臣后一个月，由于治军打仗之余，还要负责三四省的所有行政事务，吏治、民生、财经等，无一要政不经其手，为此，将所有事务概括为四个方面，并总结出办事的三大方法，非常值得人们借鉴：

　　　治事之四类，曰兵事也，饷事也，吏事也，交际之事也。其治之之道有三端，曰剖晰，曰简要，曰综核。剖晰者，如治骨角者之切，如治玉石者之琢。每一事来，先须剖成两片，由两片而剖成四片，由四片而剖成八片，愈剖愈悬绝，愈剖愈细密，如纪昌之视虱如轮，如庖丁之批隙导窾，总不使有一处之颟顸，一丝之含混。简要者，事虽千端万绪，而其要处不过一二语可了。如人身虽大，而脉络针穴不过数处；万卷虽多，而提要钩玄不过数句。凡御众之道，教下之法，易则易知，简则易从，稍繁难则人不信不从矣。综核者，如为学之道，既日知所亡，又须月无忘其所能。每日所治之事，至一月两月，又当综核一次。军事、吏事，则月有课，岁有考；饷事，则平日有流水之数，数月有总汇之账。总以后胜于前者为进境。此二者，日日究心，早作夜思，其于为督抚之道，思过半矣。

曾国藩善于体悟、总结、归纳。这段话，是一篇很好的工作纲领，也体现了学者型官员的办事风格。他告诉我们，领导要处理的事千头万绪，首先要归类。最值得注意的是，曾国藩将"交际之事"作为一大类，这说明他是一个讲实际的人，不回避，巧安排，因为官场交际有时就是工作的另一种方式，因此他安排专门时间来处理"交际之事"，然后是军事、行政（含人事）、财政三大方面的"实事"，也即"三大政"。

216

其次是他提出处理事务的三大方法。

曾国藩将"剖析"列为第一方法或工作步骤，实际是如何下手，如何抓住主要问题，找到解决问题的症结所在。他提出"庖丁解牛"这一日常生活中的成语典故，还有"纪昌之视虱如轮"等方法。概括说来，就是条分缕析，要把各种事务集中起来，分清主次，分清轻重，分清难易，分清缓急。世上事物总是有关联的，因此不能孤立地去做一件事情，而是应想到它的前后因果，左右羁绊，上下影响。一件事情办不好，其他事情也不会办好。曾国藩说："大凡办一件事情，其中常常有互相曲折交汇之处，如果一个地方不通，那么处处都会受到牵制。"

其次是简要。他所说的简要，就是化繁为简，抓住最要害、最简捷的办法。如办一件事情，首先应该抓住主要的、重要的、难度大的、紧急的，其他的问题也就迎刃而解，不仅信心十足，也会轻松自如。

最后是综核，就是总结。凡事都有"机关"，总结就是对成效的评估，检验方法，对教训要吸取。

曾国藩办事向来很谨慎，这主要表现在深思熟虑上。如果对所办的事情没有周详的思虑，不仅所办的事情办不成，还会导致功亏一篑。李续宾和曾国华在三河镇全军覆没，就是思虑不详所致。他怕文官不勇敢，怕武官太粗率，因此总是反复叮嘱。他自己办事也力图考察详备。比如怎样办好盐务，他总结两句话：太平之世，出处防偷漏，售处防侵占；乱离之世，暗贩抽散厘，明贩收总税。这就把不同时期、不同地点、不同方式、不同策略考察得清清楚楚，交待得明明白白。

6 "一生三变"的重要转折点

曾国藩经常用《易经》推测人事、时事、世事，对"先天而弗天违，后天而奉天时"体味尤深，并具体运用到人生的重要关头。

曾国藩是在他的母亲病逝，在家守丧期间奉旨而出，组建湘军的。这一阶段，他锋芒毕露，四处出击，不但皇帝经常挖苦他，训斥他，而且所到之处，与地方官矛盾重重，各种关系都很紧张。曾国藩仍不检讨，发愤要写一本《挺经》，言其刚也。

咸丰七年（1857），他的父亲曾麟书病逝，朝廷给了他三个月的假，令他假满后回江西带兵作战。假满前，曾国藩上奏请开兵部侍郎署缺，又历述多年办事艰难竭蹶情形主要有三，最后说：

> 三者其端甚微，关系甚巨。……臣处客寄虚悬之位，又无圆通济变之才，恐终不免于贻误大局。今楚军断无覆败之患，省城亦无意外之虞。臣赴江西，无所容其规避……如果贼势猖狂，江西危迫，臣当专折驰奏，

请赴军营，以明不敢避难之义。若犹是目下平安之状，则由将军、巡抚会办，事权较专，提挈较捷。臣仍吁恳天恩在籍终制，多守数月，尽数月之心；多守一年，尽一年之心。

曾国藩意在清廷能给予更多的信任和支持，他委曲心事，几乎近于伸手要权，而清廷明知他的用意，而予以拒绝，"着照所请，准其先开兵部侍郎之缺，暂行在籍守制。江西如有缓急，即行前赴军营，以资督率"。至此，曾国藩的官衔也没了，心中更加郁闷。

曾国藩还要承受来自湘军内部的压力，左宗棠就曾指责他，平日以不怕死来标榜，而事到临头，又退缩了。

好友吴敏树写信说的是曾国藩有不得已的苦衷：

> 曾公本以母丧在籍，被朝命与办湖南防堵，遂以募勇起事。曾公之事，暴于天下，人皆知其有为而为，非从其利者。今贼未平，军未少息，而迭遭家故，犹望终制，盖其心诚有不能安者。曾公诚不可无是心，其有是心而非诿言之者，人又知之。

曾国藩在家里守制，受到各方指责，又觉得自己无缘参加扫平太平军的最后一役，内心也大为不安，遂得了失眠症。幕僚欧阳兆熊深知其病根所在，为他开了一个治心病的药方，"岐黄可医身病，黄老可医心病"。

这段时间是曾国藩"一生三变"的重要转折点，他在家的一年多，用他自己的话说，叫大彻大悟。他对九弟说："现在回想起来，自出山开始，到率湘军东征以来，军事上有胜有败，但所到之处不受欢迎，且四处碰壁，究其原因，固然是手中没有封疆大吏的实权，所作所为常有越俎代庖所致，但更重要的是，自己锋芒毕露，固执己见，自命不凡。"

九弟曾国荃率先出山，他感到有些安慰，但也无日不在检讨中。此间他给九弟写了几十封书信，也多反省之词。如咸丰八年（1858）三月二十四日："长傲、多言二弊，历观前世卿大夫兴衰，及近日官场所以致祸福之由，未尝不视此二者为枢机，故愿与诸弟共相鉴诫。"咸丰八年五月初五日："余病体渐好，尚未痊愈，夜间总不能酣睡，心中纠缠，时忆往事，愧悔憧扰，不能摆脱。"

重新出山后，曾国藩完全像变了一个人，他说自己于军事没有像以前那样十分用心，反而有客即见，有信即回，"有菩萨就拜"，对苏东坡的"守骏莫如跛"五字一咏三叹，说凡事皆当如此。"若一味骏快奔放，必有颠踬之时，一向贪图美名，必有大受辱之时"。

他在咸丰九年（1859）八月十九日写给友人易良翰的信中总结了这种转变：

> 国藩昔年锐意讨贼，思虑颇专，而事机未顺，援助过少，拂乱之余，百务俱废，接人应事，恒多怠慢，公牍私书，或未酬答，坐是与时乖舛，动多龃龉。此次再赴军中，销除事求可、功求成之宿见，虚与委蛇，绝去町畦，无不复之缄咨，无不批之禀牍，小物克勤，酬应

少周，借以稍息浮言。

他180度大转变，果真大有成效，不但得到了人们的谅解，也受到了礼贤下士的赞美。他在写给弟弟的信中说：

> 兄自问近年得力，惟有一悔字诀。兄昔年自负本领甚大，可屈可伸，可行可藏，又每见得人家不是。自从丁巳、戊午大悔大悟之后，乃知自己全无本领，凡事都见得人家有几分是处。故自戊午至今九载，与四十岁以前迥不相同，大约以能立能达为体，以不怨不尤为用。立者，发奋自强，站得住也；达者，办事圆融，行得通也。

以前，曾国藩对官场的逢迎、谄媚及腐败十分厌恶，不愿为伍，所到之处常与人发生矛盾，故而受到排挤。经过多年的磨砺，曾国藩深刻认识到，必须努力去适应。"吾往年在官，与官场中落落不合，几至到处荆榛。此次改弦易辙，稍觉相安。"此一改变，说明曾国藩在宦海沉浮中，日趋成熟世故、圆融通达。

7 将眼界宏大与小处入手相提并处

古往今来，那些成就大事业的人，都是积累有素，厚积而薄发，一旦机会到来，便乘势而上。除非动乱之世，社会处于无序状态，人的发展往往打破既定程序，就一般性而言，都从日积月累中成就。

曾国藩历来将眼界宏大与小处入手相提并处，认为二者缺一不可。他还特别从历代有作为的帝王和宰相身上，印证他的结论。他写有一篇《克勤小物》的文章，文中多精彩之论，翻为白话文如下：

古代成大业者，多自克勤小物而来。百尺之楼，基于平地；千丈之帛，一尺一寸之所积；万石之钟，一铢一两之所累。周文王是中国难得的圣人，但自早晨至中午连吃饭的时间都没有。周公夜以继日，处理政务直到天亮。仲山甫夙夜匪懈，勤劳若此，则无小无大，何事敢怠慢！诸葛亮为相，自杖罪以上，皆亲自临决。南朝宋的杜慧度为政，纤密一如治家。东晋陶侃综理密微，虽竹头木屑皆保存起来作为有用之物。朱熹曾说为学须铢积寸累，为政者亦未有不由铢积寸累而能够有所作为的。秦始皇用衡石来计算文书的重量，不处理完毕不入睡，魏明帝自己代行尚书事，隋文帝批阅奏疏无暇吃饭，令卫士送餐，这些皆为后世所讥笑，以为天子不当亲理细事。我认为天子或可以不亲理细事，若为大臣者，则断不可不亲理。陈平那种问钱谷的事不知，问刑狱的事不知的情况，不可以为人臣效法。大凡建功立事，一定以亲眼所见者为有效。如有车必见其车具，如有衣必见其襟袖。若为广见博闻的君子，必见其著述满家，手稿累筐。若为躬行实践的君子，必见其面色之圆润，徒党对他的感慕。如果善于治民，必见其居官时民众高兴，离任时百姓眷恋思念。假如善于治军，必见其有战则胜，有攻则取。如果不以亲眼所共见者为根据，而但凭心所揣度者为高下，则将以空虚浅薄为哲理而轻视务实，以崇尚空泛为贤能而耻笑勤奋谦谨。何晏、邓飏这类人，流风相扇，心高气傲而没有才学，尊己而傲物，大事细事，皆堕坏于蒙昧之中，亲者贤者，皆被拒于千里之外，以此而希望大业有成，难道不是很荒谬吗？孔子推许弟子仲弓（冉雍）为栋梁之才，而冉雍以居敬为行简之本，一定是因为能够勤敬才不废事。

事事从小处做起，则大事可成矣。曾国藩说："泰山之高，以其不弃粪壤；沧海之大，以其不拒浊流。"就是这个意思。

曾国藩善于体察人情世故，他认为人常有两种积习：或者好高骛远，眼高手低，这种人大事做不成，小事不愿做。他形象地称这种人其实是瞽者，即看不到方向的人。还有一种人整日陷于琐事中，只见树木不见森林，缺乏远见卓识。在此基础上，他提出"成大事者，目光远大与综理细微二者缺一不可"的处世韬略。没有远大的目标，就会迷失方向，但必须按目标一步一步走下去，方有成功的可能。

　　曾国藩在家为父亲守制期间，九弟曾国荃率先出山，他将平定太平天国的希望寄托在弟弟身上，因此通信不断，千叮咛、万嘱咐，但基点还是放在成大事这一主题上。咸丰七年（1857）十月初四日，他写信告诫九弟说："古代成大事的人有二条，目光远大和综理细微二者缺一不可。弟在综理细微方面，精力比我强。军中器械，稍微精良的，应该另立一册，亲自登记，交给一个可靠的人管理。古人以铠甲武装的鲜明，作为威震敌人的要务，经常以此取胜。刘峙衡（腾鸿）对于火器经常维修保养，对刀矛就全不讲究。我曾经派褚景昌去河南采购白蜡杆子，又置办腰刀，分别赏给各将领和头目，他们很是喜爱和重视。弟一定留心这件事，这也是综理细微的一项内容。至于规模宜大，九弟也要讲求的。但讲究阔大的人，最容易混入散漫的一路，遇事颠顶，毫无条理，就是再大，那又有什么可宝贵的？等差不乱，可以长久，这是因为器局宏大，没有流弊的缘故啊。胡林翼刚刚给我写信，称赞九弟语中有'才大器大'四个字，我非常喜爱。而才根于器，这真是知人之言啊！"

　　就军事来说，军事战略、计划最好是规模远大，而整理军营内务最好是综理细微。不但要从"大处着眼"，还必须从"小处下手"。他说："治军必须脚踏实地，注意小事，才可以每日有功。"

咸丰九年（1859）十月，在给吴廷栋的信中，曾国藩也说：

> 近年军中阅历有年，益知天下事当于大处着眼、小处下手。陆氏（陆九渊）但称先立乎其大者，若不辅以朱子（朱熹）铢积寸累工夫，则下梢全无把握。故国藩治军，摒去一切高深神奇之说，专就粗浅纤悉处致力，虽坐是不克大有功效，然为钝拙计，则犹守约之方也。

综理细微，就是善于从细微处找出问题的解决方案，抓住症结所在，尤其体现在"用心"二字上。

有一天，曾国藩邀请赵烈文到他的内室，畅谈很久，话题涉及江南大营军事失败的原因，以及和春、张国梁、许乃钊、何桂清等诸位将领的缺失。曾国藩说："回想起周腾虎先生最初到我所在的江西军中时，当时即说：'自古成就大事的人，都是用心的人。我普遍观察了长江下游的统兵将领，没有一个人知道这个道理，一定会失败的。曾公您虽然兵微将寡，但能成就事情的肯定是您。'我当时很佩服他所说的用心这句话。他评论世间的事情，确实超出寻常者很多，不能不说是个怀有异才的人啊。"

曾国藩在军事调度方面，虽然讲究规模远大，但仍然以稳妥可行为主，不至于流入散漫的那一路。他对左宗棠说："我们凡是进行军事调度，都要考虑我们的力量够不够，同时也要考虑我们的智慧够不够。"在给李元度的信中又说："对于大的调度，在危急的情况下，特别要注意以保住全军的士气为主。孤军无援，粮食和物资都供应不上，奔波疲惫，都会造成散乱，这是必然导致失败的道理。"

正因为曾国藩"规模远大"，他率先设立水师，并坚守长江中游，与太平军打阵地战，寸土不让，寸土必争。也正因为如此，他敢于五拒圣旨，不派鲍超入援京师，因为鲍军一撤，对太平军的多年持久战将流于失败。这些都是大的方面。从综理密微而言，曾国藩做得更多，幕僚们赞叹他细微，任何小事都要躬亲。

成大事，须目标远大，又要综理细微，这一点对毛泽东影响颇大。

1913 年 12 月 13 日，毛泽东在《讲堂录·修身》中写道：

226

> 人立身有一难事，即精细是也。能事事俱不忽略，则由小及大，虽为圣贤不难。不然，小不谨，大事败矣。克勤小物而可法者，陶桓公（陶侃）是也。

下面又有这样的话：

> 夫善，积而成者也。是故万里之程，一步所积；千尺之帛，一丝所积。差一步，不能谓之万里；差一丝，不能谓之千尺。朱子学问，铢积寸累而得之，苟为不蓄，则终身不得矣。

这两段话，便出自曾国藩《杂著·笔记二十七则》中的《克勤小物》。

从《讲堂录》中，还可以看到曾国藩著作对青年毛泽东的强烈影响，特别是曾国藩的务实学风和思想修养方面，引起毛泽东的追慕和效法。在抄录"从前种种譬如昨日死，以后种种譬如今日生"这句话上面，毛泽东特意加上眉批，上写"曾语"二字。这句话，出自曾国藩于同治六年（1867）二月二十九日致曾国荃的家信，在引用袁了凡（明朝思想家）这句话后，嘱咐九弟：

> 重开世界，安知此两番之大败，非天之磨炼英雄，使弟大有长进乎？谚云吃一堑，长一智，吾生平长进全在受辱受挫之时，务须咬牙励志，蓄其气而长其智，切不可颓然自馁也。

227

《讲堂录》还有"涤生日记言士要转移世风，当重两义，曰厚曰实。厚者勿忌人；实者不说大话，不好虚名，不行架空之事，不谈过高之理"。接着又记有："真精神，实意做事，真心求学。"这后面的"真精神"，就是毛泽东对曾国藩"厚实"两义的概括，并且是足可效法的务实精神。这种务实精神也是伴随毛泽东一生的。

8 居高位者以知人晓事为要

一个人走向高位，便要担当大事，成就一番事业，但高处不胜寒，越往上前行，遇到的阻力越大，也随时有跌倒的可能。

曾国藩很欣赏王安石的"三不畏"精神，更是把王的《游褒禅山记》铭诵在心。曾国藩还认为，登上高位的人若想免于跌倒，知人、晓事最为重要。

曾国藩十分注意举荐人才，认为"国家之强，以得人为强"。并说，善于审视国运的人，"观贤者在位，则卜其将兴；见冗员浮杂，则知其将替"。观察军事也应如此。他将人才问题提到了关系国家兴衰的高度，把选拔、培养人才作为挽救清王朝统治危机的重要措施。

早在咸丰帝即位之初，他在上疏中提出：

> 用人行政，二者并重。今日所当讲求，唯在用人一端。人才有转移之道，有培养之方，有考察之法，三者不可废一。

道光三十年（1851）年十二月，洪秀全等在广西发动起义，领导太平军迅即向全国发展。曾国藩在京师认真探究这场席卷全国的社会危机的原因，认为在于吏治的败坏，而吏治的败坏又由于人才的缺乏。他在给进士同年、友人胡大任的信中说：

> 二千里中，几无一尺净土。推寻本原，何尝不以有司虐用其民，鱼肉日久，激而不复反顾。盖大吏之泄泄于上，而一切废置不问者，非一朝夕之故矣。

他以在籍身份办团练后，将治军与吏治并重，对胡林翼说："细观今日局势，若不从吏治人心上痛下工夫，涤肠荡胃，断无挽回之理。"因此，兵锋所向，每控制一个地区就以整顿吏治为首务。

咸丰十年（1860）五月，曾国藩署理两江总督，他于当年六月三十日向胡林翼要人才：

> 皖南州县极须换人，而敝处竟无一人，必求于鄂吏中，惠赐上驷一人，鹤九精力好，何如？中驷二人，迅派来皖。先换一县，树之风声，千乞勿吝。如公所最爱惜者，借才半年，仍可奉还，至恳至恳。

太平天国席卷东南后，曾国藩无比感慨地说："无兵不足深虑，无饷不足痛哭，独举目今世，求一攘利不先、赴义恐后、忠愤耿耿者，不可立得；有时即使得到，又屈居卑下，往往抑郁不伸，或遭遇挫折，或离职而去，或抑郁而死。而贪婪庸劣的人，却位高而权重，而富贵，而名誉，而老健不死，此其可为浩叹者也。"

面对严重的社会危机，曾国藩呼吁当政者重视人才问题。他一再对胡林翼说："默观天下大局，万难挽回，我们所能做的，引用一班正人，培养几个好官，以为种子。""吾辈所慎之又慎者，只在用人二字上，此外竟无可着力之处。"提醒九弟："寻求人才辅佐自己，时时不能忘记这个。人才实在难得。"

曾国藩还把举荐英才作为合格的政治家必备的两个条件之一来看待。他多次强调"居高位者，以知人晓事二者为职"，并谓"今日能知人能晓事，则为君子；明日不知人晓事即为小人"。并说"知人晓事"既适用于政治人物，也适用于军事人物。

知人之外，对于居高位者而言，晓事也十分重要。曾国藩对晓事讲了几层意思。一是洞悉自己所处的时代，是乱世、是兴世、是盛世、是衰世，还是转世。时代不同，人不能用一种处世哲学去应对，自己扮演的角色也不同，曾国藩称为"境遇之事"，用今天的话就是把握时代脉搏。二是洞悉自己应处之事。在此，他提出不欺敝的观点，认为别人见低，你要见高，别人见近，你能见远。再者，不能上下阻隔，他说那样自己会被蒙在鼓里，一旦事情出现就难以挽回。

9 读书做事需仰仗胸襟

俗话说"大人有大量""宰相肚里能撑船",说的是胸怀、气度。人的职位越高,气度应该越大,二者是正相关的关系。

曾国藩最爱读《资治通鉴》,十分钦佩唐代宰相,认为都有胸襟,所以国家气运旺盛。他总结了开国宰相与中兴宰相的不同,认为前者必须见识远略,有大胸襟、大气度;后者则侧重于具体事务,一步一个脚印,做事稳扎稳打。

曾国藩还特别注意到,古往今来的大失败者包括那些英雄们,也都败在不能"降龙伏虎"上,即不能自我控制,没有气度。

同治二年(1863)正月二十日,他在给其九弟的信中说:"肝气来时,不仅不能心平气和,而且丝毫无所恐惧,确有这种情况。不要说你处于盛年如此,就是我逐渐衰老,也常有肝火不可遏制的时候。但应强迫自己抑制,制住怒气,也就是佛家所讲的降龙伏虎。龙就是火,虎就是肝气。多少英雄豪杰不能过此两关,也不仅是我们兄弟如此。关键要抑制,不让它过盛。降龙养心,伏虎养肝。古圣贤所讲的去欲,就是降龙;所讲的戒怒,就是伏虎。儒家、佛家理论不同,然而在节制血气方面，没有什么不同，都是不让我们的欲望戕害我们的身体、性命罢了。至于倔强二字，却不能少。建功业写文章都离不开倔强，否则柔靡，一事无成。孟子所讲的至刚，孔子所讲的贞固，都要靠倔强养成。我们兄弟继承母亲的性格颇多，好处也正在倔强。如果能制住怒气以保养身体，保持倔强以砥砺志向，就会前途无量。"

当他的弟弟处于最危难的时候，曾国藩几乎天天写信，以去忿欲、存倔强相勉："弟近年来在我愤怒和激烈的时候，总是好言相劝；即使弟弟自己发生愤怒和激烈的时候，也常常马上收敛。以此推知弟的道德和器量是不可限量的，后福也不可限量。大致担任国家大事的人必须有气度，忧虑之气积于心中就变成了负担，所以说倔强到了极点，就不能不流露出愤怒和激烈。以后我们兄弟动气的时候，彼此之间应该互相劝诫，保留住倔强的品质，除去愤怒激烈的情绪，就可以了。"

曾国藩的倔强，在他兵困祁门时有充分的表现。当时安徽南北十室九空，从金陵到徽州800余里，遍地都是太平军，没有一天没有战斗。他不但拒绝离开这个"绝地"，而且当敌军四面围攻时，还亲笔写下遗嘱，营帐上悬挂佩刀，从容布置迎敌，没有改变平常的态度。死守20天后，鲍超终于将敌军驱赶走。他的幕僚总结说："十余年来共同诛杀未果的狂妄敌军，曾国藩领军四年，就依次予以荡平，都是因为祁门刚开始时的倔强和不胆怯，才能够使敌军胆寒而士气振作。"

当曾国藩的弟弟最需要倔强的时候，他写信现身说法："'难禁风浪'四字作譬喻，说得很好，大慰我心。古来豪杰皆以这四个字为大忌。我们家祖父教人，也以懦弱无刚四字作为最大的耻辱。因此男儿立身行事，必须有倔强的大丈夫气概。几万人被困于坚城之下，士气最容易消磨，弟能鼓舞起数万人的刚气而长久不使它销损，这正是你比别人高明之处，更应当在这方面下功夫。"

曾国藩还与他的弟弟解析强毅与刚愎的区别。他说："至于强毅之气，决不可无，但强毅与刚愎不同。古人说，自胜才叫强。说强制，说强恕，说强好，都是自胜之意。如不习惯早起，而强制天未亮即起；不习惯庄重尊敬，而强制参与祭祀仪式；不习惯劳苦，而强制与士兵同甘共苦，勤劳不倦，这就是强。不习惯有恒，而强制自己持之以恒，这就是毅。不这样做却以气势胜人，是刚愎。二者表面相似，其实有天壤之别，不可不察，不可不谨。"

曾国藩在处世中把大度与戒怒、宽容与倔强糅合得如此贴切，而又把强毅与刚愎区分得如此明晰，真可谓处世之楷模。

曾国藩还把度量的大小列为区分君子与小人的重要标尺。他说：

> 所谓小人者，识见小耳，度量小耳。井底之蛙，所窥几何，而自以为绝伦之学；辽东之豕，所异几何，而自以为盖世之勋。……君子则不然，广其识，则天下之大，弃若敝屣，尧舜之业，视若浮云；宏其度，则行有不得，反求诸己，己所不欲，勿施于人。

曾国藩说，同僚之间，自古最难相处。而不顾是非曲直，无端对他人掣肘，是官场中的常见病，它最易引起排斥异己，进而相互报复。曾国藩身当有为，而处无为之地，因此，感受到无处不在的掣肘、牵制，甚至陷害。但他习惯了，更习惯于反省，秉承宏其度、反求诸己的精神去处理。

同治元年（1862），他同江西巡抚沈葆桢因厘金分配问题发生争执，沈要扣下应解湘军的厘金自用。除了双方上奏清廷裁决外，曾国藩无数次解剖自己。当年九月十四日日记载："因思日内以金陵、宁国危险万状，忧灼过度，又以江西诸事掣肘，闷损不堪，皆由平日养气上欠功夫，故不能不动心。"十八日日记载："三更睡，五更醒，辗转不能成寐，盖寸心为金陵、宁国之贼忧悸者十分之八，而因僚属不和顺、恩怨愤懑者亦十之二三。实则处大乱之世，余所遇之僚属尚不十分傲慢无理，而鄙怀忿恚若此。甚矣，余之隘也！"二十四日日记载："细思古人办事，掣肘之处，拂逆之端，世世有之。人人不免恶其拂逆，而必欲诛锄异己者，权臣之行径也；听其拂逆而动心忍性，委曲求全，且以无敌国外患而亡为虑者，圣贤之用心也。吾正可借人之拂逆以磨砺我之德性，其庶几乎！"

当时，曾国藩以钦差大臣、两江总督的身份统辖包括江西在内的四省军务，江西巡抚也在其节制之列。此事虽最后由朝廷裁决，但其严于责己的精神无疑是可贵的。只有具备了这种精神，才能更易于与人精诚合作，共成天下大事。

曾国藩在与赵烈文私人谈话时，也将一个人的胸襟与成就大事联系起来，他说："人生无论读书、做事，仰仗的都是胸襟二字。"

10　横逆来临，不改常度

自胜之力，就是人的忍耐力，是人能够克服困难，承受挫折、屈辱、打击的基本素质。

曾国藩通过阅读古代典籍，认为能够承受压力、承受打击，即自胜之力甚强，是成大事者必备要义之一。

一般而言，人都有承受压力和困难的潜力，但能否承受大的压力和困难，就是识别一个人能否胜任做大事的标准之一。曾国藩晚年回忆说："平生受尽屈辱和谩骂，但矢志不移。"后人评价曾国藩"坚忍成功"，表达的是同样的意思。

梁启超说："凡古来能成大事的人，其自胜之力必定是很强的。欧美各国的人不必议论，古代的人不必议论，就说最近之人吧。曾国藩自少年始就有吸烟和晚起的毛病，后来决心改掉这个毛病。开始时毛病很顽固，很难改掉。曾国藩视之如大敌，决心彻底克服才肯罢休。曾国藩以后能率湘军攻克盘踞金陵十余年的太平军，与他能改掉十余年的陋习是同一种精神的作用。曾国藩在军队，每天必写日记，读书数页，下围棋一局，终身如此。一般人认为，这难道不是区区小节，无关大体么？可是他们不知道克制有节，行之有恒，实为人生品格第一大事。善于观察别人者，从这里就可看到一个人修道的功力。"

追随多年，几乎形影不离的心腹幕僚赵烈文，在与曾国藩密谈时，总结曾的成功也基于这种"日常"中的克制力。他说："这次对太平军的军事活动，出现的英杰之士，不必一一论说，在已经论定的人才中间，在下以为胡林翼、江忠源两位堪称第一。江的眼光独特，有先见之明，他处理问题敏捷，这方面似乎要胜胡公一筹，到了晚年，江的名望越来越高，因而不免有矜持之嫌，让人感觉到有沾皮带骨，办事不麻利的地方。论到胡公，他恢宏大器，很少有人能超过。除此之外，道德品格方面的修养，每天都有进步，最初还是大英雄的举动，做事没有什么忌讳，后来，逐渐落入道学家的境界，简直是不可限量。视国事为自己的事，视天下为一家，公而忘私，这方面，只有胡公一人而已。至于说到老师，您做事讲求规矩准绳，可谓尺寸不失，每天置身军旅倥偬之中，集盖世大功，擒万世寇首，而始终没有脱离儒学大家的气象，能使末世的风气不专注于强悍的武功，这方面的功劳，甚至可以说与您擒获寇首，扫平巢穴，不可同日而语，这当然是那些只图眼前平定近功的人所远远看不到的。在下曾私自窃议，我追随老师的时间很久了，仰见您军事谋略的部署措置，军费饷源的开源与节流，以及吏治的兴废，虽然也有人力所不及的地方，但都是您谋划思虑得到的。尤其是您每当横遭逆境的时候，凝然不为所动，以及饮食起居，皆有时节，数十年来从未改变，仅就这两方面而论，这是学生赵烈文这代人毕生不可仰望企及的啊！横遭逆境不为所动之难，世上的人还是知晓的，而饮食起居方面，有规律节制，人们都把这个看做细微的小节，岂不知细微之处最容易忽略，圣贤们主敬存诚的学问，都包括在这里了。寻常日用之间，而道学家所说的理外有事，那边悟了，向这边实践，也无非就是在行、住、坐、卧这四威仪中勤求符合礼节而已。像我赵烈文这样的人，饥饿了就想饮食，困倦了就想睡眠，心念一起来，就有刻不容缓之势，如果强行制约，似乎不可终日。这都是在下平时亲身经历而后才知道其难处的，并非是阿谀奉承老师的话呀！"

曾国藩谦虚地说："足下肯用心，因此体察入微。话虽然这样说，但我的一点小成就，不值得一提。"

正因为曾国藩从日常中修炼，故遇到横逆来临时，也毫不动摇，不改常度，养成了一种坚韧的品格和好汉打脱牙和血吞的精神。他在家信中，多次谈到他处理逆境时的态度：

> 困心横虑，正是磨炼英雄，玉汝于成。李申夫（李榕）尝谓余怄气从不说出，一味忍耐，徐图自强，因引谚曰："好汉打脱牙，和血吞。"此二语是余生平咬牙立志之诀，不料被申夫看破。余庚戌、辛亥间为京师权贵所唾骂，癸丑、甲寅为长沙所唾骂，乙卯、丙辰为江西所唾骂，以及岳州之败、靖江之败、湖口之败，盖打脱牙之时多矣，无一次不和血吞之。弟此次郭军之败、三县之失，亦颇有打脱门牙之象。来信每怪运气不好，便不似好汉声口。惟有一字不说，咬定牙根，徐图自强而已。

后来平定太平天国后，曾国藩与赵烈文谈到，他之所以成功，也是因有所逼、有所激而成。他说："最初领兵出山，也是被激被逼而成。最初得到皇上的圣旨，我作为团练大臣，暂时借住在巡抚衙门办公，想要惩治几个不听命令的士兵，岂料全军鼓噪起来，进入我办公的地方，我几乎被他们所害。因此发愤招募了一万人，逐渐成为一支军队，当时也是好胜而已，并没有想到有今天，真可令人为之一笑。"

238

11 成就大事须众人支撑

做大事必须有团队，单枪匹马是打不了天下的。

曾国藩在评价汉初三杰时说："非刘邦，三杰皆不杰也。"这话意味深长，道出了成就大事须众人支撑，尤其是几个大英雄联手才能完成的道理。

曾国藩再次出山后，胡林翼一直想为他谋个封疆大吏之职，但自己的力量实在有限，于是就说服清廷非常信任的湖广总督官文向皇帝奏请。当时石达开将入蜀，一时天府之国骤然紧张，咸丰九年（1859）五月胡林翼以"八有利"说服官文为曾国藩谋四川总督一职，但清廷只许入蜀，不给总督一职。

为详细面商自己的下一步出处，以及湘军的战略部署，应胡林翼之邀，曾国藩于咸丰九年八月初十日到达胡所在的湖北黄州大营，胡林翼驾轻舟亲自迎接。

曾国藩下榻在黄州府衙署，胡林翼下榻在衙署西的雪堂，相隔仅一箭之远。曾国藩在这里住了八天，除曾、胡两人畅谈八昼夜外，李鸿章、厉云官等参加个别密谈。

曾国藩离开黄州前往武昌拜访官文途中，胡林翼将他与曾商谈的情况以密信形式分别通报给湘军高层。八月十九日致李续宜信称：

> 涤丈之意，若到蜀做客，则不如仍在皖、豫章（江西）之为妙。前此奏住宜昌，恐近前而为主人所嗔，又无处索饷也。昨查其新旧各军，须月饷十二万，仅湖北每月三万，供应如前。江西钱漕，三倍于两湖，市镇厘金，亦倍于两湖，然止供萧军万七千两，涤帅各军万三千两耳，是涤帅每月尚少七万两。昨到黄州，密询支应各员，始知其详。涤丈体恤鄂力，而鄂中断不可不勉竭其愚，已另外加送三万矣。此老有武侯之勋名，而尚未得位；有丙吉之阴德，而尚未即报，是可慨也。

240　　曾国藩赴湖北省城的目的是"会商官制军，以定进止"。于八月二十三日到达武昌，次日即拜访官文。其间，胡林翼多次给官文写信，目的很明确，如果曾国藩到四川任总督则可，否则仍留在安徽。二十三日信说：

> 涤帅留办皖省，于目今鄂、皖大局有益，但每月十三万之饷无着。若开仗拔营，或再收养三五贤才，则月须十五万乃可指挥如意也。圣意似尚属意于蜀，而特不知其为蜀主乎？抑为蜀客乎？涤公辛苦过人，抑郁七年，若竟得蜀，亦原可施展，特朝命尚迟迟为可念耳。

曾国藩前往武昌途中，二十一日写给好友刘蓉一封信，主旨是不愿入蜀作客：

> 蜀中本大可有为之邦，惟国藩倦游已久，深惮作客之难，作客于无贼之区、周旋于素不相知之主人则尤难，以是徘徊中立，未敢望剑南而西笑也。自黄州至武昌仅百余里，而阻风已逾四日，俟与官帅商，恐仍当从胡、李、多、鲍诸公之后，共图皖中。

九月初三，曾国藩离开武昌，期间与官文多次见面、商谈。次日到黄州，胡林翼迎于江干，直到初十日，两人才握别。九月十八日，曾国藩写给左宗棠一信，决定不入川：

> 蜀中之行，思之甚熟。凡治事公则权势，私则情谊，二者必须居一于此。前见蜀帅复陈一疏，末有云："必不专俟曾某来此。致误事机"，而鄂中自润帅外，皆不以西行为然，直云："师至荆、宜以上，则商旅疑阻，盐厘减色。"蜀既不肯为百两八鸾之迎，鄂又不愿为路车乘黄之送，权势如此，情谊如彼，虽欲独办一事，难矣。弟老境侵寻，精力日绌，所部又无一统将之才，假令贼果入蜀，亦决非敝处见兵所能御。

这封信说得最清楚，还引用《庄子》中"相濡以沫"的典故。有两条鱼生活在大海里，某日被海水冲到一个浅浅的水沟，只能互相把自己嘴里的泡沫喂到对方嘴里才得以共同生存。这就是"相濡以沫"的由来。庄子又说，这样的生活只是暂时的，海水终于要漫上来，两条鱼也终于要回到属于它们自己的天地，最后它们要相忘于江湖。

咸丰十年（1860）四月，曾国藩历尽劫难，清廷在不得已的情况下，任他署理两江总督，随即正式任命。此时，左宗棠也刚度过"樊燮案"（樊燮为永州总兵，官声极坏，左宗棠暗使骆秉章参劾他，但是樊燮的后台官文又反参劾左宗棠）的危险期。曾国藩除继续任湘军的最高统帅外，还是湘人中官职最高的人，他最初想安排左宗棠到四川做帮办，而在他手下，只能做襄办。曾于咸丰十年五月二十二日复胡林翼信说：

> 左季公（左宗棠）事，若待渠信来再定，则复奏太迟，若径行先奏，则当请其入蜀。盖以事势言之，则入蜀大有益于鄂。鄂好即可波及于吴；吴好不能分润于蜀。季公之才，必须独步一方，始展垂天之翼。以奏对言之，谕旨所询，独当一面者，断无对曰否之理。

但左、胡都不赞成这样的安排。胡向曾写信，提出"办大事以集才、集气、集势为要，庄子所谓'而后乃今培风'也。丈必以此议为然"。告诫曾国藩大权在握，但要培植自己的力量，方能有所作为。《庄子·逍遥游》中说："风之积也不厚，则其负大翼也无力。故九万里则风斯在下矣，而后乃今培风；背负青天而莫之夭阏者，而后乃今将图南。"大意是说："风的积聚如果不大，那么它承负巨大的翅膀就没有力量。所以鹏飞上九万里的高空，风就在它的下面，然后才能乘风。背负青天，没有什么能阻碍它，然后才打算往南飞。"

胡林翼又给左写信，明确说："公入蜀，则恐气类孤而功不成。"又给郭嵩焘写密信："季公得林翼与涤丈辅翼，必成大功，独入川则非所宜也。"

商量好后，胡于六月三日致信曾国藩，认为左宗棠是个忠心之人，打消曾的顾虑：

> 　季高（左宗棠）谋人忠，用情挚而专一，其性情偏激处，如朝有争臣，室有烈妇。平时当小拂意，临危难乃知其可靠。且依丈则季公之功可成，分任皖南，分谋淮扬，不出仁人之疆域。临事决疑定策，必大忠于主人。

征得曾国藩同意后，胡又致信左宗棠，促成两人之间的信任和合作。

曾国藩与赵烈文谈话说："我自己就像一个靶子，成为无数支利箭射击的目标。重新出山后，丝毫不能做主。到了咸丰九年（1859），与湖北的军队合在一起，胡林翼事事都互相照顾，彼此之间亲如一家，从此以后我才能够开始按着自己的计划，逐渐施展出来，最终才有今天这样的成就。的确令人难忘啊！"

正是胡、曾、左、李等这些有大才能而又各具特长的人在一起谋划，才有后来重开乾坤的大局面。否则，即便大权在手，但没有独当一面之人合作，仍无济于事。这对今人也是非常大的启示！

243

12 破官场习气，言人所不敢言

在传统中国，士大夫一入官场仕途，就等于入了"局"，入了最大的"局"。但是，官场积习却常使英雄感到无用武之地。尤其是到了一个朝代的后期，要破官场积习是很难的，更多的人都是随波逐流，俯仰任之。只有极少数人，因无法忍受而离开，如袁枚"不愿为大官做奴"，愤然逃离，还有的用"难得糊涂"来麻醉自己。

在曾国藩的处世经中，人们都知道他以谨慎谦让著称，而忽略了他的"敢"字诀，特别是他为官早期。

清朝的政治风气，在嘉庆、道光以后日见泄沓萎靡，这与皇帝的好尚及执政者之逢迎谄谀有密切的关系。在这一世风下，曾国藩几次在家信中透出厌烦官场的情绪，甚至想辞官回乡。好在这段痛苦的时光并不长。道光去世，新皇帝即位，甚至还没有"改元"，曾国藩就一连上了几道直陈时政弊端的重要奏疏。

对于自己的"出位"之举，曾国藩在写给家人信中道出真实想法，他说："我踏入仕途已有多年，久已领略了京城的风气，那些身居高位的显官要员，故意显示宽厚以提高自己

的名望，对待部下姑息纵容，一团和气，对这种现象我知道得很清楚，但自己多年养成的禀性并未因此磨平，越发变得慷慨激烈，果敢亢直。心里打算稍稍改变一下社会上三四十年来形成的不分黑白、不着痛痒、难以破除的风气，不过，纠正偏差难免会超过原有的限度，有时不免出现意气用事的偏颇，因此经常招致怨恨，被人议论纷纷而自取其咎。然而，真正的有道君子对待他人，本来就不应当仅仅拿中庸之道来苛责，还应该同情体谅他之所以被刺激而起来纠正恶俗的苦衷。"

这是以"敢"字体现出来的诚，或者说是以诚而体现的"敢"，是匡时救世、力挽颓风所体现出来的敢。

有了这一敢字，练出了胆气、锐气，才有了后来百折而不回的义无反顾精神。而这种精神，正是成大事者必备的品格之一。即使经历1857—1858年那次"大彻大悟"后，变得有些世故和圆通，他也仍然认为，一个人如果骨子里柔靡、模棱、圆滑，仍将一事无成。

咸丰十年（1860）七月二十三日，他在复郭嵩焘、郭崑焘信中说：

> 往在京师，如祁（寯藻）、杜（受田）、贾（桢）、翁（心存）诸老，鄙意均不以为然，恶其不白不黑，不痛不痒，假颟顸为浑厚，冒乡愿为中庸，一遇真伪交争之际，辄先倡为游言，导为邪论，以阴排善类，而自居老成持平之列。（咸丰）三、四年间，尝以此风为云仙（郭嵩焘）亲家言之，今来示盛推翁公，殆以一荐之惠

难忘。去年来示，盛推僧邸，仆与舍九弟（曾国荃）曾私虑其不终。人固不易知，知人固不易也。

显然，曾国藩对道光末至咸丰初清廷的汉人决策者没有是非曲直的模棱哲学，耿耿于怀，大加挞伐。包括祁寯藻、杜受田、贾桢、翁心存等汉大学士或协办大学士在内，曾国藩认为他们带坏了官场风气。

曾国藩在为海宁钱泰吉所写的墓表中也说："古今才智之士，常思大有为于世，其立言常雄骏自喜。若文章不求雄骏，而但求平淡；德业不求施于世，而但求善于一身一家，此殆非智者愉快事也。"他还劝诫九弟说："弟向来倔强之气，却不可因位高而顿改。凡事非气不举，非刚不济，即修身齐家，亦须以明强为本。"

没有这样一些"果敢"和"勇毅"，恐怕就没有以后曾国藩的一往无前，也就没有历经多难后的功成名就。郭沫若曾说："因当惧而惧，不失为勇者，因当勇而勇，不失为智者。"

13　为人之道在四知：知命、知礼、知言、知仁

中国是一个崇礼信义的国家，儒家将"修身"作为治国平天下的第一步，认为一个人的为人、品性对其事业有举足轻重的影响，从某种角度说，起决定作用。因此，为人之道就是处世哲学中的核心了。在这方面，曾国藩通过自身省察，总结出一套办法，他称为"四知"。在许多场合，他都强调这"四知"。

咸丰九年（1859）五月，是他的事业经历最困苦而即将破茧而出的时刻。五月初八这一天，是他与九弟为父亲行三年守丧礼的最后一天。当天他一大早就出了城，到他的九弟营里用早饭。饭后又到朱唐两营、岳字两营、振字营检阅军旅，至午正而归。

当天夜里，他与沅弟谈论为人之道有四知、天道有三恶：

> 三恶之目曰：天道恶巧，天道恶盈，天道恶贰。贰者，多猜忌也，不忠诚也，无恒心也。四知之目，即《论语》末章之"知命、知礼、知言"，而吾更加以"知

仁"。仁者恕也，己欲立而立人，己欲达而达人，恕道也。立者足以自立也，达者四达不悖，远近信之，人心归之。《诗》云："自西自东，自南自北，无思不服。"《礼》云："推而放诸四海而准。"达之谓也。我欲足以自立，则不可使人无以自立；我欲四达不悖，则不可使人一步不行，此立人达人之义也。孔子所云"己所不欲，勿施于人"，孟子所云"取人为善，与人为善"，皆恕也、仁也。知此，则识大量大，不知此，则识小量小。故吾于三知之外，更加"知仁"，愿与沅弟共勉之。

曾国藩还将"三字诀"作为为人的一些具体要素加以实施。咸丰九年（1859）十一月初二日日记载：

夜思近日之失，由于心太弦紧，无舒和之意。以后作人，当得一"松"字诀。是夜，睡味甚适，亦略得"松"字意味。日来每思吾身，能于十"三字"者用功，尚不失晚年进境。十"三字"者，谓三经、三史、三子、三集、三实、三忌、三薄、三知、三乐、三寡也。三经、三史、三子、三集、三实，余在京师，尝以匾其室。在江南，曾刻印章矣。三忌者，即谓天道忌巧，天道忌盈，天道忌贰也。三薄者，幸灾乐祸，一薄德也；逆命亿数，二薄德也；臆断皂白，三薄德也。三知者，《论语》末章所谓"知命、知礼、知言"也。三乐者，即九月二十一日所记读书声出金石，一乐也；宏奖人才，诱人日进，二乐也；勤劳而后憩息，三乐也。

三寡者，寡言养气，寡视养神，寡欲养精。十"三字"者，时时省察，其犹失之东隅，收之桑榆者乎？

后来他又将"三字诀"中的一些内容进行提炼，作为信条来遵守：

思德成以谨言慎行为要，而敬、恕、诚、静、勤、润六者，缺一不可；学成以三经、三史、三子、三集烂熟为要，而三实亦须提其要而钩其元；艺成以多作多写为要，亦须自辟门径，不依傍古人格式；功成以开疆安民为要，而亦须能树人、能立法，能是二者，虽不拓疆、不泽民，不害其为功也。四者能成其一，则足以自怡。

第五章

汇聚群英

曾国藩说:"大厦非一木所能支撑,大业凭众人智慧而完成。"又称:"成大事者,以多得替手为第一要义。"随着台面逐渐做大,曾国藩通过寻找帮手来辅佐自己,成就功业。

1　克己为体，荐贤为用

　　一个人的成功与否，关键在于他能否把与之有密切关系的人的能力，转化为自己的能力。曾国藩堪称是这方面的典范。近百年来，尽管不同的阵营对曾国藩的评价不尽一致，甚至"誉之为圣相"，"毁之为元凶"，但对他用人成功这一点是几乎没有不同的看法。

　　薛福成总结曾国藩成功有两大方面：克己为体，荐贤为用。前者讲他修身成功，后者讲他用人成功。与他经常因战略而争得不可开交的左宗棠，很早就上疏清廷，请皇帝发谕旨，让全国的封疆大吏学习曾国藩"知人之明"。

　　曾国藩去世后，左送的挽联上联是"谋国之忠，知人之明，自愧不如元辅"，可以说是盖棺定论之语。方宗诚说曾国藩"爱贤出于天性"。蒋介石在为《曾胡治兵语录》写的序言中说："吾姑不问其当时应变之手段、思想之新旧、成败之过程如何，而其苦心毅力，自立立人，自达达人之道，盖已足为吾人之师资矣！"

　　曾国藩晚年说："我阅历世变，只是觉得除了得人之外，没有一事可恃。"又对他的弟弟说："求别人辅佐自己，时刻不能忘记。获得人才是最困难的。过去有些人做我的幕僚，我也只是平等对待，对他们不是很钦敬，今天来看，这些人是多么不可多得。你应该常常把求才作为重要任务，至于那些无能的人，即使是至亲密友，也不应久留，因为如此一来，有才能的人不愿与他们共事一方。"

可以说，曾国藩成大事的过程，就是他网罗人才，为自己找替手的过程。即使他的职位不显赫，无法安排更多人的时候，也以得才为第一要义。

他出山办团练之始，就发布《招某绅耆书》招人相助："我奉命帮办团练，接受任务以来，日夜忧心忡忡，担心自己见识不广，考虑不周。因此孜孜以求，希望家乡的贤人不嫌弃我，肯慷慨前来相助，借此广泛采取众议，周密听取意见，以补救我的疏漏。我经常或是寄信请人出山，或是热情欢迎来客，广招豪杰，咨询高见，这一片耿耿之心，想来能得到大家的体谅。我打算将点滴而微弱的力量聚集起来。大厦非一木所能支撑，大业凭众人智慧而完成。如果能使众多的贤士都汇集而来，肝胆相照，那么，即使是坚固的金石也能穿透，又有什么艰难不可以克服呢？"

曾国藩领兵出征，官至两江总督、钦差大臣，乃至把太平天国起义平复下去，进入内外无战事的"中兴"时期，他也一刻不放松网罗人才。

进驻祁门后，他把举荐人才放在两江总督的六项施政纲领的首位，"令绅民保举人才。以两江之才，足平两江之乱"。

他出任直隶总督后，写了一篇非常有名的长文《劝学篇示直隶士子》，文章最后说："我忝官斯土，自愧学无本源，不足作你们的表率。而这片土地有刚方质实之资，乡贤多艰苦卓绝之行，希望通才硕彦，告我昌言，上下交相劝勉，仰希古昔与人为善、取人为善之轨。"

对于那些才华出众的人，他不论何时，一旦得知便千方百计网罗过来，为己所用，如对郭昆焘就是这样。

郭昆焘是湘中名儒，郭嵩焘的胞弟，因颇具文才，咸丰年间，朝野诸大佬无不与他交往，都想将他罗至自己幕下。但郭氏夫妻感情极好，几乎形影不离，因此之故，总是推托不就。

曾国藩也非常赏识郭的才能，为了把他招至麾下，拿出他惯用的滑稽语，寄书戏谑郭，书中云："知公麋鹿之性，不堪束缚，请屈尊暂临，奉商一切。并偕仙眷同行，当饬人扫榻以俟。"

郭昆焘接信后立即见曾国藩，但并未偕妻子同行，曾国藩又放他速归，作书曰："燕雁有待飞之候，鸳鸯无独宿之时。"郭于是接受曾国藩的邀请，成为曾的得力助手，不少奏折函件都出自他之手。

咸丰十年（1860），曾国藩在长沙设湖南东征局。当时郭已在巡抚衙门作幕僚，但曾国藩认为郭适合东征局的工作，对湖南上层人脉尤熟，破例让他兼差，因此，郭白天在巡抚衙门办理公牍，晚上到东征局上班。

类似这种网罗人才的例子，在曾国藩那里，几乎成为惯常之举。后来成为曾国藩心腹幕僚的赵烈文，最初在曾国藩身边的人中刚有点名气，又因为赵的四妹夫周腾虎的一席话，曾国藩就派人带着白银 200 两前来探访，赵烈文说："这种举动不能说没有气魄啊。"曾国藩说："因为周腾虎夸奖你，并且我也听到人们有关你的议论，所以就派人前去拜访邀请了。"

2 把好做法转变为一种机制

　　曾国藩既注意对人才的猎取，更善于将好的做法转变为一种机制、体制，使之更具有广泛而稳定的长效性。他说："求人之道，一定要像战国时大商人白圭做生意，像凶猛的雄鹰捕捉猎物那样，不达目的决不罢休。又要像青蚨有母，雉鸟有媒（指猎人所驯养的雏雉，长大后用来招诱野雉），它们以类相求，以气相引，只要能得到其中之一，就可以引来其他的。"

　　他注重调查研究，是"五到"的身体力行者。在湘军制度的创建上，特别是在选将用人上，别具匠心。他提出，将帅要敢打敢拼，有智慧，反对选用为名利而来的人。他的四条选将标准中，第三条就是所选将领不汲汲名利，他说："为名利而来的人，提拔得稍迟一点就怨恨不已，遇到一点不如意的事就怨气冲天。他们与同僚争薪水，与士兵争毫厘。小肚鸡肠，干不得大事。所以对带兵的人来说，不热衷于名利，是要务之一。"

　　在用兵上，他经过调查，提出打仗是拼命的事，必须足以鼓舞群伦，才能源源不断，因此，薪水上要高于八旗、绿营兵，即厚饷养兵。既注重思想教育，又要以"利"来获得军心，以厚赏来得兵将之勇。因此他绞尽脑汁，多方斡旋，实行了厚饷养兵的统军方式，湘军也成为一支勇猛无比的军事力量，成为他走向成功的硬实力。

曾国藩认为，绿营兵腐败无能的一个主要原因在于兵饷太低。绿营步兵月饷银1两5钱，绿营的守兵月饷1两，绿营马兵月饷2两。这种情况在清朝初年，勉强可以维持生活，至道光以后，米价上涨，绿营兵饷已不够维持五口之家的食用。又因各种摊派，实际每月每兵仅得饷3钱有零，不敷一人食用，只能另想办法，借补衣食之用。因此，绿营兵挂号簿后，开小差的司空见惯，训练倒成了罕有之事，最后导致战斗力低下。绿营军官为了聚敛财富，常常克扣或冒领军饷，导致军心不稳。

曾国藩创建湘军，规定普通士兵在本省作战，每日得1钱4分；出省作战，每日得1钱5分。队长、哨长依次而加。湘军士卒的月饷几乎是绿营兵月饷的3倍。将官就更多了，统计各项收入，营官的薪水加上公助银，每月为200两，分统、统领带兵3000人以上者每月为390两，5000人以上者520两，万人以上者650两。

连曾国藩本人也不得不承认"章程本过于丰厚"。王闿运在《湘军志》中指出："故将五百人，则岁入三千，统万人，岁入六万金，犹廉将也。"太平天国战事结束后，水师大将彭玉麟经历年积累，个人可以领出的各种薪俸多达60万两。高级将官的收入于此可见一斑。

厚饷养兵的机制，提高了战斗力，也达到了"养廉"的目的。曾国藩在奏疏中说："臣初定湘营饷项，稍示优裕，原冀月有赢余，以养将领之廉，而作军士之气。"从实践看，很有效果。一时间，"陇亩愚氓，人人乐从军，募千人，万人应之，募万人，数万人应之。闻招募则急出效命，无复绿营征调别离之色"。于是，当兵—卖命—发财成了湖南贫苦农民的第二职业，湘军也成为一支骁勇善战的武装力量。

曾国藩治军确有其独特之处。他强调用礼治军，就是将体制、机制固化为思想、理念。

咸丰九年（1859）六月初四日，在江西建昌加入曾国藩幕府的何应祺，经过在秘书处的历练后，将赴营务处任职。这一天，曾国藩与何应祺交谈带勇之法。他说：

> 用恩莫如仁，用威莫如礼。仁者，即所谓欲立立人，欲达达人也，待弁勇如待子弟，常有望其成立，望其发达之心，则人知恩矣。礼者，即所谓无众寡，无小大，无欺慢，泰而不骄也。正其衣冠，尊其瞻视，俨然人望而畏之，威而不猛也；持之以敬，临之以庄，无形无声之际，常有凛然难犯之象，则人知威矣。孟子曰："君子以仁存心，以礼存心。"守是二者，虽蛮貊之邦可行，又何兵勇之不可治哉！

可以说，曾国藩从体制、机制到具体做法，乃至理念、思想，都有其独特的军事用人之道。

3 忠义血性为用人第一位

从曾国藩的选将用人标准看，大致包括五个方面：一是忠义血性；二是廉明为用；三是简默朴实；四是智略才识；五是坚忍耐劳。

曾国藩将"忠义血性"放在用人的第一位。所谓"忠义血性"，就是有激情，敢担当，不怕死。他说：

> 带勇之人，第一要才堪治民，第二要不怕死，第三要不急急名利，第四要耐受辛苦。治民之才，不外公、明、勤三字。不公不明，则诸勇必不悦服；不勤，则营务巨细，皆废弛不治。故第一要务在此。不怕死，则临阵当先，士卒乃可效命，故次之。为名利而出者，保举稍迟则怨，稍不如意则怨，与同辈争薪水，与士卒争毫厘，故又次之。为名利而出者，保举稍迟则怨，与同辈争薪水，与士卒争毫厘，故又次之。身体羸弱者，过劳则病；精神乏短者，久用则散，故又次之。四者似过于求备，而苟阙其一，则万不可以带勇。……大抵有忠义血性，则四者相从以俱至；无忠义血性，则貌似四者，终不可恃。

他还说，湘军有战斗力，就在于有血性，并说，官气增一分，则血性减一分。

有感于绿营兵因克扣军饷而丧失军心，他特别强调军官廉洁的重要性。他说：

> 弁勇之于本营将领，他事尚不深求，惟银钱之洁否，保举之当否，则众目眈眈，以此相伺，众口啧啧，以此相讥。惟自处于廉，公私出入款项，使阖营共见共闻，清洁之行，已早服弁勇之心，而小款小赏，又常常从宽，使在下者恒得沾润膏泽，则惠足使人矣。明之一字，第一在临阵之际，看明某弁系冲锋陷阵，某弁系随后助势，某弁回力合堵，某弁见危先避，一一看明，而又证之以平日办事之勤惰虚实，逐细考核。久之，虽一勇一夫之长短贤否，皆有以识其大略，则渐几于明矣。

他还提出要选拔"简默朴实"的人。这也是基于他对绿营兵官气深重、迎合钻营的风气的深刻认识，他说：

> 国家养绿营兵五十余万，二百年来所费何可胜计。今大难之起，无一兵足供一战之用，实以官气太重，心窍太多，漓朴散淳，真意荡然，即使岳王复生，或可换屑兵之筋骨；孔子复生，难遽变营伍之习气。

因此他规定，湘军不用入营已久的绿营兵和守备以上军官；同时强调用"纯朴"之人，即脚踏实地、不浮夸虚饰的人。

咸丰十年（1860）四月十五日，他写给好友吴廷栋一封信，请吴将其幕府中的安徽桐城诸生方宗诚引荐过来，其中也谈到将官任用。他说：

> 皖北古多质行之士，欲请方君归来，代弟物色，不必遽责以御侮之才。团练之事，但得一二朴诚之士，加意敬礼，树之风声，以矫浮伪之风，而惩猜忌之习，亦自有益于地方，有裨于散军。敬求阁下代送途费四十金，俾存之（方宗诚之字）兄得以束装南旋。五月间折差进京，即行带银奉赵，无任感荷。

据方宗诚的观察，曾国藩"平日取人，皆诚朴厚重一流，而不喜才华浮薄者。若德行文学之儒，则奉为上宾，出入谈论而不肯烦以吏事"。

"智略才识"是曾国藩选将的又一标准。曾国藩认为，"大抵拣选将材，必求智略深远之人"，决不能选用没有生气的人。他力求从书生中选拔人才，强调"秀才带兵"，希图借助于他们知书明理，练习韬略。

最后他提出用"坚忍耐劳"的人。"坚忍"就是能冲锋陷阵，身先士卒。曾国藩以儒生治军，最初没有多少军事经验，但他"立坚忍不拔之志，卒能练成劲旅。数年坎坷艰辛，当成败绝续之处，持孤注以争命；当危疑震撼之际，每百折不回"，故而提倡在艰难困苦中矢志不移的精神。

曾国藩任用将帅的一套标准，特别将"忠义血性"置于

第一位，其他条件多属于品格、品质方面，在他看来，忠义血性是能立得住的根本所在。咸丰十年（1860）二月廿九日日记称："楚军水陆师之好处，全在无官气而有血性。若官气增一分，血性必减一分。"为此，他不拘一格，不限出身，大量地提拔书生为将。在湘军将领中，书生出身的占到60%以上。

同年七月二日，他在复方翊元信中明确表达了选才思想：

> 承荐令弟瀛，及武举张君，请即束装来营，量才位置。以后阁下鉴衡所及，如有文可为牧令、武可为将领者，望无惜时时汲引，冀收拔茅连茹之效。若无实在出色之处，介乎有用无用之间，则可不必多荐，以不收则空劳往返，收之则渐成冗员也。大抵观人之道，以朴实廉介为质，以其质而更傅以他长，斯为可贵；无其质则长处亦不足恃。甘受和、白受采，古人所谓无本不立，义或在此。阁下以为何如？

信中表达了曾国藩对人才的渴求，但是没有才或者才能不出色的人，曾国藩则断然拒绝。

据统计，清末全国绅士人数约有145万，政府官职及头衔仅能容纳15万，闲居乡里的绅士至少有130余万。他们中不少人有才识有抱负，但长期沉寂下僚，苦无进身之阶。他们出身卑微，迫切希望改变自己的社会地位，而传统的资格限制让很多人进入死胡同。当社会统治秩序受到冲击时，他们以卫道士自居，曾国藩为他们投笔从戎，一显身手，搭建了广阔舞台。

实践证明，许许多多没有功名的下层知识分子源源不断地输送到湘军，加入到曾国藩成大事的阵营中，也成就了他们自己。

4　用人重操守，取平实

曾国藩用人，崇尚内在品质，更重视品德操守，他的用人四诀，即"有操守而无官气，多条理而少大言"，除"多条理"外，其余三条，均属于道德品质之列。

按照曾国藩的用人之道，掌管财权的属于"委员"，而"委员之道，以四者为最要：一曰习劳苦以尽职，一曰崇俭约以养廉，一曰勤学问以广才，一曰戒傲惰以正俗"。他还主张，理财之人，应委员与绅士参用。

咸丰十年（1860）七月一日，他给李桓、李瀚章（李鸿章之兄）写信，请求多荐人才，同时详细阐发他的用人四诀：

> 国藩于江西绅士熟识无多，闻见亦不甚广。即于湖南绅士，亦不似润帅（胡林翼）之博采广询，左右逢原。仍求阁下就近悉心搜罗，或函商意城（郭崑焘），于湖南厘卡最得力之员，借用一二人，将来即可保作江西之官。如尚未在厘局当差者，亦可仿湖北之例，楚材晋用，但当礼罗江西贤绅，兼进并收，不宜过示偏重，使豫章才俊有向隅之感。其自湘来者，先给薪水，优加

265

礼貌，不必遽授以事。收之欲其广，用之欲其慎。大约有操守而无官气，多条理而少大言，本此四者以衡人，则于抽厘之道，思过半矣。务求及时罗致，鄙人亦当帮同采访。

半个月后，曾国藩觉得意犹未尽，再给二李写一信，将他的用人四诀发挥到用人的各方面：

求人之道，须如白圭之治生，如鹰隼之击物，不得不休。又如蚨之有母，雉之有媒，以类相求，以气相引，庶几得一而可及其余。大抵人才约有两种：一种官气较多，一种乡气较多。官气多者好讲资格，好问样子，办事无惊世骇俗之象，语言无此妨彼碍之弊。其失也，奄奄无气，凡遇一事，但凭书办、家人之口说出，凭文书写出，不能身到、心到、口到、眼到，尤不能苦下身段去事上体察一番。乡气多者好逞才能，好出新样，行事则知己不知人，语言则顾前不顾后。其失也，一事未成，物议先腾。两者之失，厥咎维均。人非大贤，亦断难出此两失之外。吾欲以"劳苦忍辱"四字教人，故且戒官气而姑用乡气之人，必取遇事体察，身到、心到、口到、眼到者。赵广汉好用新进少年，刘晏好用士人理财，窃愿师之。请两君仿此格式，各荐两三人。

文中他愿师之的"赵广汉好用新进少年，刘晏好用士人理财"，前者取其没有圆滑习气，敢作敢为，没有条条框框，勇于探索，锐意进取；后者取士人的自尊心强，不至于做出格之事，尤其是廉洁，对每天与钱财打交道的人，更为重要。

他将所有人才划分为二类，即有官气者和有乡气者。他认为，官气重的人实属不可救药。因此他用人，只要是有官气之人，一个也不用。乡气虽然为人所笑，也即不成熟，不圆通，但有锐气，敢担当，因此曾国藩用人崇尚乡气之人，这种人不会整天想自己的乌纱帽，锐意用世，积极进取。

八月二十一日，曾国藩在写给李瀚章的信中，又将乡气之人归纳为两类：

> 大抵人才约有两种：高明者好顾体面，耻居人后。奖之以忠，则勉而为忠；许之以廉，则勉而为廉。若是者，当以吾前信之法行之，即薪水稍优，夸许稍过，冀有一二人才出乎其间，不妨略示假借。卑琐者，本无远志，但计锱铢。驭之以严则生惮，防之稍宽则日肆。若是者，当以来示之法行之，俾得循循于规矩之中。以官阶论，州县以上类多自爱，佐杂以下类多算细。以厘务论，大卡、总局必求自爱之士，宜用鄙信之说；小卡、分员不乏算细人员，宜用来信之说。

曾国藩认为不同的岗位对人才的要求也不尽相同。大卡、总局这种高层次官僚要用品格较好的人，而小卡、分员这些基层官僚则用"卑琐"之人，没有大的志向，容易管理和控制。

关于"多条理而少大言"，曾国藩观人口诀当中就有"若要看条理，全在语言中"。他曾以庖丁解牛打比喻说，在外行人看来，这样复杂的一头牛，庖丁很快就能解得很清楚、很利索，因为庖丁找到了诀窍。把很多复杂的事情变简单，就是曾国藩所说的"有条理"。

"有条理"，不但是工作方法，也是一种能力。咸丰九年（1859）十月二十八日，他对李榕说：

> 骄气、惰气等语，却不宜与人说及，此等默察之而默救之可耳。凡与诸将语，理不宜深，令不宜烦，愈易愈简愈妙也。不特与诸将语为然，即吾辈治心、治身，理亦不可太多，知亦不可太杂，切身日日用得着的不过一两句，所谓守约也。

这里的"守约"，就是有条理。也就是说讲道理、发命令不可以太深奥、繁琐，切中要点即可。

在曾国藩的用人四项原则中，还有一条就是"少大言"，即少讲大话、空话。他历来不喜欢夸夸其谈者，对自己也是如此约束，说"知的十分，不如行的八分"。他在《劝戒绅士四条》中阐述自己的观点：

> 以诸葛之智勇，不能克魏之一城；以范、韩之经纶，不能制夏之一隅。是知兵事之成败利钝皆天也，非人之所能为也。近年书生侈口谈兵，动辄曰克城若干，拓地若干，此大言也。孔子曰："攻其恶，无攻人之恶。"

近年书生，多好攻人之短，轻诋古贤，苛责时彦，此亦大言也。好谈兵事者，其阅历必浅；好攻人短者，其自修必疏。今与诸君子约为务实之学，请自禁大言始。欲禁大言，请自不轻论兵始，自不道人短始。

　　在曾国藩看来，喜好大言的人，往往认为天下事情容易，所以经常放言高论，攻人之短，苛责他人。这种人要么阅历浅，要么修为不够。这种人不能用。要禁大言，要务实。

　　曾国藩不喜欢夸夸其谈，也不喜欢表现欲极强的人。他从一般人的常理出发，指出："人只要稍微有些才能，就想要表现出来，以显示与别人的不同。争强好胜的人这样，追逐名誉的人更是这样。同当士兵，就想着要挺出于同列。同当小军校，就想着要在军校中出人头地。同是将军，就想着比别的将军高一头。同是主帅，也仍想着要比别的主帅高明。尽管才能有大小浅深的差别，但他们共同的一点是不知足、不安本分。能打破这种世俗的风气，就能和他谈论用兵之道了。"

5 三种人不宜提拔

追随曾国藩从军打仗的人很多，尤其是出谋划策的幕僚和下属，都希望得到这位"盟主"的举荐而飞黄腾达。曾国藩对下属和幕僚确也不吝举荐，绝大多数人都得到了施展。对那些担艰巨、履大难而又有大才能的人，他都提拔到封疆开府大吏这样的显赫位置，对那些踏实肯干、不讲条件、不怕难苦的人，也决不让他们吃亏，基本上都有好的交待。

但曾国藩通过多年总结，提出以下三种人，不宜提拔、举荐。

第一种是才高德薄、名声不佳的人。典型的如周腾虎、金安清、黄冕等人，往往一经举荐，即遭弹劾，本意虽是爱护，实际却是害了他。

周腾虎是江苏阳湖人，曾参与厘金制度的创议，咸丰五年（1855）加入曾国藩幕府。此人观察细微，受到曾国藩的赏识。但刚一举荐，就受到连章弹劾，因此抑郁而终，这使得曾国藩大为伤感。他在同治元年（1862）八月初三日的日记中写道："老年一膺荐牍，遽被参劾，抑郁潦倒以死。悠悠毁誉，竟足杀人，良可怜伤。"后来他与赵烈文密谈时，还多次谈到他，并觉得惋惜。

曾国藩从周腾虎的遭际，看到了舆论足以杀人的可怕，从此接受教训。当包括他的九弟在内的朋僚多次进言，希望他举荐金安清时，他考虑到金安清虽有才能，但屡遭弹劾、名声不佳，遂力排众议，坚持只用其策，不用其人。

金安清是浙江嘉兴人，字眉生，曾署理两淮盐运使，对如乱丝般的盐务很精通，堪称是专家一类人。但多次受到弹劾，特别是咸丰十一年（1861）因账目不清被袁甲三弹劾，事经曾国藩查核，被革职抄家。

同治二年（1863）八月初五日，他给沅弟写信说：

> 金眉生参者极多。二三年来胜帅（胜保）屡疏保之，升于九天；袁帅（袁甲三）屡疏劾之，沉于九渊。余咸丰十一年冬查参革职，胜帅又以一疏劾我，谓为党袁而不公。余偶与汪曜奎言之，汪以告胜帅，胜帅又寄函与我，自陈前疏之误。即如下游诸公，李、吴、乔皆痛恶眉生而不知其美，郭又酷好眉生而不知其恶。此等处弟须详询密查，不可凭立谈而遽信其人之生平耳。

他还反复向曾国荃解释，为何只能用金安清之策而不能用其人，以及用人的难处。他说：

> 惟用人极难，听言亦殊不易，全赖见多识广，熟思审处，方寸中有一定之权衡。如眉生之见憎于中外，断非无因而致。筠仙（郭嵩焘）甫欲调之赴粤，小宋即函

告广东京官，以致广人之在籍、在京者物议沸腾。今若多采其言，率用其人，则弹章、严旨立时交至，无益于我，反损于渠。

黄冕是长沙人，字南坡，吏员出身，历任江苏江都、上元、元和、上海等知县，及常州、镇江等知府，对很多封疆大吏视为畏途的盐、漕两大政极为熟悉，有超出常人的实践经验，曾受到林则徐等的赏识。但几经弹劾、罢官，屡起屡仆。自咸丰三年（1853）加入曾国藩幕府后，就成为重要谋士，出了不少对湘军发展至关重要的划策。他在任吉安知府时，力主曾国荃带兵，也可以说是曾国荃的领路人，故二人关系非同一般。咸丰七年（1857）被弹劾免职回籍。曾国藩任两江总督后，委任他同郭崑焘等主持湖南东征局事务。

曾国藩对这位为湘军出了大力的人，举荐过多次，但因其名声不佳，屡受弹劾。后来，曾国藩总结出对这种有才能而道德操守受人质疑的人，实行不没其长而稍远其人的用人法。他对曾国荃等说：

> 许惇诗有才而名声太坏，南坡专好用名望素劣之人，如前用湖南胡听泉、彭器之、李茂斋，皆为人所指目，即与裕时卿、金眉生交契，亦殊非正人行径。弟与南坡至好，不可不知其所短。余用周弢甫，亦系许、金之流，近日两奉谕旨查询，亦因名望太劣之故。毁誉悠悠之口，本难尽信，然君子爱惜声名，常存冰渊惴惴之心，盖古今因名望之劣而获罪者极多，不能不慎修以远

罪。吾兄弟于有才而无德者，亦当不没其长，而稍远其人。

后来，黄冕受到弹劾，有人劝曾国藩上疏保黄冕，他回答说：

> 余以昔年曾两次疏陈南翁之才而表其功，俱遭谴诘。其时余当物望尚隆之际，已不能有益于南翁，近则余望大减，恐拜疏反为南老之累，故慎重而不敢轻出。

第二种是才德平平而迁升太快的人。

1865 年 10 月，清廷打算令李宗羲署漕运总督、丁日昌署理江苏巡抚，征询曾国藩的意见，他认为升发太快，容易名实不符："李宗羲一岁三迁，已为非常之遭际。该员廉正有余，才略稍短，权领封圻，未免嫌其过骤。丁日昌虽称熟悉夷务，而资格太浅，物望未孚。洋人变诈多端，非勋名素著之大臣，不足以戢其诡谋而慑其骄气。该员实难胜此重任。"清廷随即撤销此议。

第三种是与本人意愿相悖的人。他在给曾国荃的信中说：

> 弟所保各员，均奉允准。惟金安清明谕不准调营，寄谕恐弟为人耸动。盖因金君经余两次纠参，朝廷恐余兄弟意见不合也。大抵清议所不容者，断非一口一疏所能挽回，只好徐徐以待其自定。又近世保人，亦有多少

为难之处。有保之而旁人不以为然，反累斯人者；有保之而本人不以为德，反成仇隙者。余阅世已深，即荐贤亦多顾忌，非昔厚而今薄也。

6 用人不率冗，存心不自满

在曾国藩的用人之道中，还有一个重要的原则，就是他多次申明的"用人不率冗，存心不自满"。不率冗包含两层意思，一是指不轻率、不草率，二是指不能出现冗员，即没有事情做，或因人设事。核心是人尽其才，人尽其用。

曾国藩出任两江总督后，感到人才匮乏，各处托人向他推荐人才，也向他的弟弟曾国荃、曾国葆要人才。两位老弟果真推荐了几位，但曾国藩仍嫌不够，又讨人才，同时提出他的用人标准："以后两弟如有所见，随时推荐，将其人长处、短处一一告诉阿兄，或告筱荃（李瀚章），尤以习劳苦为办事之本。引用一班能耐劳苦之正人，日久自有大效。"

曾国荃在太平天国战事结束后，被迫回家"养疾"一年多，后清廷诏命他出任山西巡抚，他坚辞不受。同治五年（1866）二月，清廷只好改任曾国荃为湖北巡抚，这也是老九第一次正式出任封疆大吏。当年四月，曾国荃自长沙启程，踏上开府一省之路。但曾国藩对他这位九弟太了解了，唯恐再出现难以收拾的场面，因此写了很多次信，谈的无非是怎样做官、做督抚，而核心仍是用人，并用亲身说法，勉励九

弟。三月二十六日，曾国荃刚到任，曾国藩就写信阐述他的
"用人不率冗，存心不自满"的原则：

> 督抚本不易做，近则多事之秋，必须筹兵筹饷。筹
> 兵，则恐以败挫而致谤；筹饷，则恐以搜刮而致怨。二
> 者皆易坏声名。而其物议沸腾，被人参劾者，每在于用
> 人之不当。沅弟爱博而面软，向来用人失之于率，失之
> 于冗。以后宜慎选贤员，以救率字之弊；少用数员，以
> 救冗字之弊。位高而资浅，貌贵温恭，心贵谦下。天下
> 之事理人才，为吾辈所不深知、不及料者多矣，切弗存
> 一自是之见。用人不率冗，存心不自满，二者本末俱
> 到，必可免于咎戾，不坠令名。至嘱至嘱，幸勿以为泛
> 常之语而忽视之。

276

这封信将"用人不率冗，存心不自满"解释得非常清
晰。他提出督抚被人弹劾而丢官的，主要是用人不当，而鉴
于曾国荃以往用人中被人诟病的率冗等问题，提出力戒率冗
的原则，就是反其道而行之。后来又写信说："用人太滥，用
财太侈，是余所切戒阿弟之大端。李、黄、金本属拟不于伦，
黄君心地宽厚，好处甚多。而此二者，弟亦当爱而知其恶
也。"

曾国藩所说的"存心不自满"，也即用人不要自以为是，
更不要自视甚高。曾国藩有知人之明，但从不自满。同治三
年（1864），他的幕僚方宗诚应召在安庆忠义局修志，曾向
曾国藩问起塔、罗、李、彭、杨、鲍，何以知其能成大功？

曾回答道："此皆幸而遇者。与诸人共事，不过识其忠勇勤朴，各任以事，稍能成就，人遂谓吾能知人，实则知人甚难，予未敢自信也。"

清朝的督抚体制，没有助手，也没有副手，因此，咨询、参谋、帮手之类人，都要自己找。最重要的是能写得一手好文字。为此，曾国藩认为："陈筱浦本盐务好手，于军事、吏事恐非其所长。我这里亦无折奏好手，仍邀钱子密（钱应溥）前来，他事理较为清晰，文笔亦精当。自奏折外，沅弟又当找一书启高手，说事明畅，能沟通各方面情况。"

后来，曾国藩为曾国荃物色了倪豹岑做他的幕僚。此人原来在刑部任职，但多年仕途不顺。严树森曾举荐倪为湖北道员，但未蒙批准，倪也曾在官文的营务处任职。同治四年（1865）夏倪进京供职，曾国藩以其祖母年近九十，劝其不要北上，许诺每年聘金400两，后因曾国藩仓促北上"剿捻"，仅送过一次百金。之后倪在金陵主持凤池书院。曾国藩向他的弟弟详细介绍倪的情况，认为"若请到弟署，令作奏折，必有可观。若写公事信函，则写作俱佳，几与意城（郭嵩焘）相近。其人和平敦厚，相处最好"。因他奉祖母在金陵侨居，不愿赴武汉，但曾国藩通过李雨亭（李宗羲）为之劝驾。李、倪与范云吉（范泰亨）都是良才。"弟每月宜送以百金，将来仍许以保留湖北，既帮助他目前之窘况，又兼顾将来出路，当可允许。"

没想到，此人并非好手，他在湖北的声名不佳，此次曾国藩将他荐给曾国荃，显然有失策之处，所以五月十一日，曾国藩连忙写信劝诫：

湖北州县多疑豹者，兄又甚悔，未得弟回信而遽函聘，太涉孟浪也。兹将余寄雨亭信抄付弟阅。事已难于食言，请弟将就用之，为我弥缝其失。若豹不肯应聘入鄂，甚妙甚妙。如其翩然应命，驾舟武昌，请弟迎入署中，礼貌相待。豹之短处，则在无定识定力，好以疏野不应酬自命，而讥人之有官气。……豹若抵鄂，弟延之署中，毫不与外交际，则断无风声矣。至弟不能添延重金之友，弟只出五十金包火食，兄亦代出五十金，另寄豹家。数月之后，如不相安，婉为辞退，或荐一书院，则兄无食言之迹矣。

通过这件事，可见曾国藩也觉得用人必须慎重，偶有疏忽，便会造成隐患。

7 巨细周知，表里洞彻

曾国藩有"存心不自满"的用人秘诀，这或许是他真正有知人之明的奥秘所在。他自己很谦虚，但与他接触多的人，特别是身边的人，对他知人之明又几乎众口一词，交口称赞。

据方宗诚的观察，曾国藩对人才有特殊的好感，"凡属士求见者，无不立见，退则记其人言语气象如何，皆笔之日记。凡生平所见人物、书籍，大致皆能记忆，而外貌浑然不露，真伟人也"。这是说曾国藩留心观察人才的特点。在曾国藩的日记里，收录最多的是他每天召见哪些人，与谁谈话，谈话内容是什么，他从不以人废言，更不论职位、威望、出身，凡有一言可采，皆记于日记中，这是他最用心的。

如同治元年（1862）四月初十日日记载：

> 本日见许仙屏与沅弟信中，多见到语，如云为治首务爱民，爱民必先察吏，察吏要在知人，知人必慎于听言。……观人当就行事上勘察，不在虚声与言论；当以精己识为先，访人言为后，皆阅历有得之语。

再如同治二年（1863）二月初一日日记载：

> 细思处人处事之所以不当者，以其知之不明也。若巨细周知，表里洞彻，则处之自有方术矣。

这仅是他善于向他人学习的万千例证中的一个，也即他所说的"取人为善"。这里他将知人之明，建立在"巨细周知，表里洞彻"这八个字上，处事也是一样道理。

咸丰九年（1859）十月二十六日，他向刚刚独领一面的李榕传授经验说：

> 前曾语阁下以"取人为善、与人为善"，阁下默记，近数日内取诸人者若干事，与人者若干事？大抵取诸人者当在小处、实处，与人者当在大处、空处，号手悠扬可听，亲兵驱使愈喜，或亦取诸人者乎？抑亦独得于心者乎？以后望将取诸人者何事，与人者何事，随时开一清单见示，每月汇总账销算一次，或即卜氏所云"日知，月无忘者"乎！

咸丰八年（1858）冬，曾国藩的进士同年吴子序（吴嘉宾）上禀帖请求办理江、闽交界团练，曾国藩对这位同年太了解了，知道他不是这方面的人才，遂在禀帖上予以否定，但拿出他一贯的滑稽手法，戏批道："该员著书是好手，办事是外行；著书多而且精，办事偏而且蠢。"见到这个"戏批"，合营鼓掌，吴子序也笑不可仰，该事遂寝。他对李元度说："军中能成大事者，气为之也，人为之也。"认为吴子序不适合带兵。

次年，吴子序主讲建昌书院，曾国藩每季送给他五十金，不久又附案以同知保举，"但不令其办公事"，他认为这就是"处宿学之士"的办法，也可以说是"人尽其才"。但人尽其才的前提还是知人之明。果然，后来吴子序因带团练，在南丰阵亡。

方宗诚在《柏堂师友言行录》里记载：

> 王子怀曾言曾公真有知人之识：咸丰初年，予上振兴人才疏，公见之，即再三称赏，但劝予不要保举徐仲绅制军、周敬修侍郎办兵事，说仲绅前办夷事甚得体，然实无才，留广东使夷人有所敬畏可以，若办兵事，底蕴尽露，岂不可惜！敬修之才，但能办土匪，不能办贼，其后果如其言。

281

这里的"徐仲绅"即徐广缙，任两广总督期间，办理与英国交涉，颇有外交才能。太平天国起事后，任湖广总督，因武昌失守，被交刑部治罪。周敬修即周天爵，也因未能阻止太平军被革总督衔，后死于军中。

知人之明就要有虚怀若谷的襟怀。方宗诚向曾国藩推荐郧阳计苇村（计棠）有才略，曾请方将其劝来。两人相见，立语片刻而曾未让座，计遂出而不悦。曾国藩听到后，即加敬礼。他经常说："求才之道，须先取人以身，气类相感，再诚心求之，虚心纳益，绝不可用权术笼络。"

8 随时随地教导人

对于那些有大才能、大志向的人，曾国藩着意培养，助之向上，引为自己成就大事的柱石和衣钵传人。他对待李鸿章就是如此。

曾国藩与李鸿章的父亲李文安是戊戌同年。道光二十五年（1845），李鸿章以年家子随曾国藩学习应试诗文，两人遂有师生之谊。咸丰九年（1859）初，李鸿章投奔曾国藩，而曾国藩却借口军务繁忙，没有接见。李鸿章找到他的同年陈鼐，请他去打探老师的意图。

陈鼐对曾国藩说："少荃与老师有门墙之谊，往昔相处，老师对他甚为器重。现在，他愿意在老师门下得到磨炼，何以拒之千里？"曾国藩回答说："少荃是翰林，了不起啊！志大才高。我这里呢，局面还没打开，恐怕他这样的艨艟巨舰，不是我这里的潺潺溪流所能容纳的。他何不回京师谋个好差事呢？！"

陈鼐知道在曾国藩眼里李鸿章一向高傲，于是试着打消曾国藩的疑虑，说："这些年，少荃经历了许多挫折和磨难，已不同于往年少年意气了。老师不妨收留他，让他试一试。"

随即，李鸿章进了曾国藩幕府。

曾国藩军营有"早"字诀，放醒炮幕僚就要吃早饭，而且每餐都必须等幕僚到齐方才开始。李鸿章有文人习气，又出身富豪之家，对此很不适应，每天的早餐成了他的负担。

一天，他假称头疼，没有起床。曾国藩派弁兵去请他吃早饭，他还是不肯起来。之后，曾国藩又接二连三地派人去催他。李鸿章便慌忙披上衣服，匆匆赶到大营。他一入座，曾国藩就下令开餐。吃饭时，大家一言不发。饭后，曾国藩把筷子一放，板起面孔对李鸿章一字一句地说："少荃，你既然到了我的幕下，我告诉你一句话：我这里所崇尚的就是一个'诚'字。"说完，拂袖而去。

曾国藩当众出李鸿章的"丑"，让李鸿章非常尴尬，从此也更加小心谨慎了。因李鸿章有文才，曾国藩就让他掌管文书事务，以后又让他帮着批阅下属公文，撰拟奏折、书牍。李鸿章将这些事务处理得井井有条。

几个月后，曾国藩当众夸奖他："少荃天资聪明，文才出众，办理公牍事务最适合，所有文稿都超过了别人，将来一定大有作为。'青出于蓝而胜于蓝'，也许要超过我的，好自为之吧。"这对李鸿章是极大的激励，他从此变得更加踏实肯干了。后来李鸿章回忆这段难得时光，对人说："过去，我跟过几位大帅，糊糊涂涂，不得要领；现在跟着曾帅，如同有了指南针。"

后来因为不同意曾国藩弹劾李元度，李鸿章暂时离开了曾国藩。胡林翼得知后极力劝导李鸿章，让他仍然回到曾国藩那里，并写信劝说曾国藩："李某终将发达，不若引之前进，犹足以张吾军。"胡还用他惯用的"相法"劝说曾国藩："从相法而言，李某乃大富大贵之相，此人不为吾用，于人于己均关系重大。"

咸丰十一年（1861）五月十八日，曾国藩写信给李鸿章，用诙谐语言但不失恳切地请他回营相助：

> 鄙人遍身热毒，内外交病，诸事废阁，不奏事者五十日矣。如无醴酒之嫌，则请台旆速来相助为理。

李鸿章遂于六月六日赶至东流，重新投身曾国藩幕府。

曾国藩私下评价说："李筱荃（瀚章）血性不如他的弟弟李鸿章，但做事深稳要超过李鸿章。少帅（李鸿章）性格急，军事成败是经常有的事，如果朝廷让他马上见效，或者言官对他抨击一通，他一定不能忍受。"

因此，曾国藩一再以"耐"字诀磨炼李鸿章，这对李一生的成就至关重要。曾国藩去世后，李鸿章作联挽之："师事近三十年，薪尽火传，筑室忝为门生长；威名震九万里，内安外攘，旷世难逢天下才。"上联道出了李鸿章师事曾国藩而尽得其真传的事实，也正是从加入曾国藩这里，李鸿章才开始扶摇直上的官场飞升记。到了晚年，李鸿章还对人说："我拜过的老师很多，没有一个像他这样善于教导人的，随时、随地、随事都能有所指示。"

9　不用轻薄与刻薄之人

人最忌轻薄浮浅，没有内涵，几番接触，就会使人感觉俗不可耐，或令人生厌。大凡有一定学识或修养的人，都能够沉着稳练，谦谨坦荡。

曾国藩对于轻薄有更深层次的理解，咸丰九年（1859）九月二十日日记说："大凡人刻薄寡恩的品德，大约有三端，最容易触犯：听到别人有恶德败行，听得不知疲倦，妒忌别人的功业和名声，庆幸别人有灾，高兴别人得祸，这是薄德的一端。人受命于天，臣受命于君，儿子受命于父，这都是有一定之数的，但有些人不能接受命运的安排，身居卑位而想尊贵，日夜自我谋划，将自己摆在高明的地方，就像受熔铸的金铁，却自命锻造镆铘、干将一类宝剑的良材，此是薄德的第二端。胸中包蕴着社会上的清清浊浊、是是非非，但不明确去表示赞成或者反对，这本来是圣人哲人的良苦用心，如果要勉强去分什么黑白，遇事就激动张扬，这是文士轻薄的习气、优伶讽喻切责的态度，我们这些人不体察就去效仿，动不动就区别善恶，品评高下，使优秀的人不一定能加以勉励，而低劣的人几乎没有立足之地，这是薄德的第三端。"

位不期驕祿不期
侈凡貴家之子弟
其矜驕流於不自
覺凡富家之子弟
其奢侈流於不自

覺勢為之也欲求
家運綿長子弟無
傲慢之容房室無
暴珍之物則庶幾
矣

右書詒沅第弟示家中子姪
咸豐十一年八月十八日=史國藩識於安慶舟次

曾国藩手迹

曾国藩用人时，最反对幸灾乐祸、骄傲自大、妄断是非、自以为是的那类人，而他自身要求严谨，对他人的不幸遭遇有同情心，能扶危济困。

咸丰年间，曾国藩驻守祁门，险象环生，储备极其困乏，是他一生行军中最困难的时候。一天，忽然想起安徽多有经学大师，值此战乱，颠沛流离，生死都不知道，于是派人四处寻问。若在世，给以书信，约他们来军中的幕府相见；若去世，对其家小给予抚恤，索取他们留下的文章加以保留。像桐城的方宗诚、戴钧衡，黟县的俞正燮、程鸿诏，都靠这种帮助而脱离了险境。

又据方宗诚《柏堂师友言行录》记载：曾国藩好贤出于天性。方宗诚见曾国藩，谈到桐城老儒许玉峰先生、朱鲁存文学，苏厚子、文钟甫两征君，戴存庄（戴钧衡）孝廉诸人丧命后，很久都未得安葬。曾国藩慨然出资二百金，命各买山安葬。方宗诚找到甘玉亭经理其事。葬事完毕，曾国藩又亲书碑文加以表彰。

至于苏州陈奂、江宁汪梅村、兴国万清轩，并无一字向曾国藩干求，曾国藩与之素不相识，但闻其贤，即移书各督抚，使得所厚养。

曾国藩待故旧极有恩谊。邵懿辰殉节于杭州，妻子逃亡，曾国藩将之招至安庆而抚养，并延请老师教导其子。沈槐卿（沈衍庆），殉节于鄱阳县任，曾国藩未曾与之谋面，却以其忠义，每年馈金周济其家人。绩溪周志甫（周成），受聘任忠义局修志，他嗣亡后，曾国藩厚加抚恤，并教育其诸子。其他忠义之士，即便不相识，曾国藩闻其贫困也予以资助，所费都是自身的廉俸，绝不用军需公款。

至于轻薄的第二端，曾国藩特别指出其危害："骄傲是最可恶的一种德行，凡是担任大官职的，都是在这个词上垮台的。指挥用兵的人，最应警惕骄傲和懒惰的习气。在做人的道理上，也是骄、惰这两个字误事最多、最大。"

至于妄断是非的第三端，他曾规劝有关人士："阁下昔年短处在尖语快论，机锋四出，以是招谤取尤。今位望日隆，务须尊贤容众，取长舍短，扬善于公庭，而规过于私室，庶几人服其明而感其宽。"也就是说，他主张精明必须与宽容结合，且要以尊重别人为前提。

为人、为官戒此三端，必当受益无穷。

10 不受人惠，严于律己

　　曾国藩在京城八年，从来不肯轻易接受他人的恩惠。他对弟弟写道："情愿人占我的便宜，断不肯我占人的便宜。"并嘱咐他们："凡事不可占人半点便宜，不可轻取人财。切记切记。"

　　道光二十九年（1849），曾国藩在京城的寓所只有两样东西，一是书籍，一是衣服。衣服是做官的人必不可少的，而书籍是曾国藩一生的嗜好。就是这两样东西，曾国藩也表示，将来罢官以后，除了适合夫人穿的衣服外，其他都与兄弟五人平分。所有的书籍，则一律收藏于"利见斋"中，无论兄弟还是后辈都不得私自拿走一本。除了这两样，曾国藩说他绝不保留任何东西。

　　曾国藩在京城做官，因为经济紧张，经常借贷过活，到了逢年过节，又不能不对家里有些接济，于是欠了一千多两银子的债，他早期的日记及家书多因这些经济琐事而发愁，以至于在京城为官十几年，因几百两的路费"甚难措办"而不敢回家探视亲人。

　　做官的人，做大官的人，做官做久了的人，一容易骄傲，二容易奢侈，有时不一定自己想这样，而往往是别人迫使自己这样。曾国藩就遇到过这样的事。

据曾国藩同治六年（1867）四月初三日日记载，曾国藩的属下李翥汉说，他依照李续宜的样式打了一把银壶，可以炖人参，可以煮燕窝，花费了8两多的白银。曾国藩听说后深深感到愧悔。他说："现在百姓都吃草根，官员也多属贫困，而我身居高位，骄奢如此，并且还盗取廉洁节俭的虚名，真是令人惭愧得无地自容啊！以后应当在这些方面痛下针砭的工夫！"

有一天，魁时若（名联）将军与曾国藩谈心，说他家四代都是一品大官，而他家的妇女并没有穿戴绸缎软料。这给他很大震动，他反省自己，平日常常以"俭"字教人，而近

290

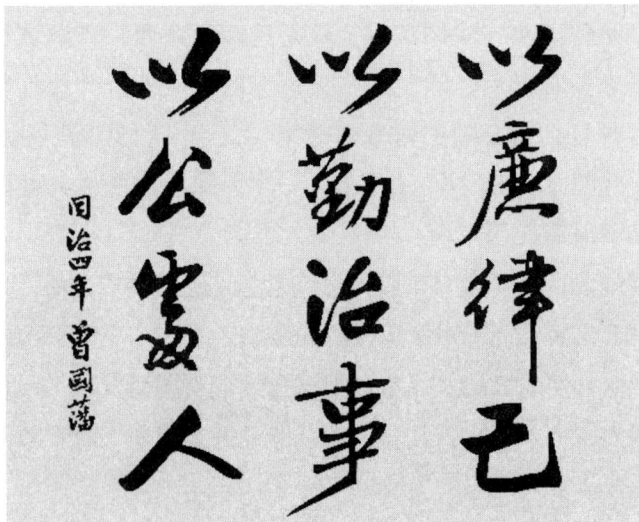

曾国藩手书"以廉律己，以勤治事，以公处人"

来在饮食起居却"殊太丰厚"，自家的妇女在穿戴上也过于讲究了。他"深恐享受太过，足以折福"。

曾国藩退还祁门三宝的故事更见他律己之严。

据咸丰十一年（1861）正月廿二日日记，当时作为两江总督、钦差大臣的曾国藩，驻扎在安徽祁门。早饭后清理文件，与程尚斋围棋一局，又给左宗棠、鲍超等人写了信。因公牍甚多，至下午一点多才清理完毕。当天，休宁县令瞿福田先后送来王羲之帖一本，"王梦楼跋断为淳化祖本，且定为唐刻"，清代画家赵穆的飞白竹画，画上有施闰章、沈荃之等名人的题跋。而在上一年，负责筹办湘军粮饷、军械的黎福畴送来了刘墉、翁方纲的闱墨手卷。在曾国藩看来，这些都是稀世之宝、世间尤物，虽然爱不释手，但"不敢妄取"，全部璧还。这件事反映他律己之严。

直到晚年，曾国藩即使功成名就，封侯晋爵，也不改其志。他对家人说："在几个弟弟中，我对待温弟（曾国华）似乎过于严厉，但扪心自问，觉得还没有对不起兄弟的地方。我不是信口开河，大凡做大官的人，往往对妻子儿女特别照顾，对兄弟则失之苛薄；往往私肥自家，对亲戚同族则失之刻薄。我从三十岁以来，就一直把升官发财当成一件可耻的事情，把官囊积金留给子孙享用看作可羞或可恨的事情。所以我暗中发誓，决不靠做官发财，决不把做官得来的钱财留给后人。苍天在上，神明鉴临，我决不食言。所以，我立定此志，决不凭做官发财，决不留钱给后人。如果俸禄较多，除了供奉父母衣食所需之外，全部都用来周济贫穷的亲戚，这是我一向的愿望。"

11 名利要让，礼义要严

在一个组织中，总有少数几个令人头痛的人，他们是组织中的典型人物，问题往往发生在他们身上。但这类人有个突出的特点，即有本事，不为礼法所束缚，修养很差。这样的人才怎样驾驭、使用呢？曾国藩给出的答案是收鹰犬之效，名利要让，礼义要严。

曾国藩解散湘军后，北上平捻，遇到了骁勇善战、桀骜不驯而清廷又十分倚重的将领陈国瑞。

陈国瑞是湖北应城人，少年时为总兵黄开榜收为义子，后随袁甲三作战，同治元年（1862）擢副将，又随漕运总督吴棠及僧格林沁剿捻。素恃功桀骜，自僧格林沁外，罕听节制。曾国藩奉命督师，由于要与陈国瑞打交道，遂带悍将刘铭传北上，也算以悍制悍。

一次，曾国藩饬陈国瑞赴援归德，陈至济宁，与刘铭传交恶，发兵争斗，双方死伤甚多，踞长沟相持不下。清廷虽下诏严厉申斥，但并未治罪。

曾国藩知道问题主要出在陈国瑞这里，但如果简单处理，将会激化矛盾，遂想了个万全之策。他对刘铭传严厉斥责，嘴上说得狠，但对其过失不予追究，使刘心生畏惧。而对陈国瑞，曾国藩感到只有让他真心钦服，才有可能为己所用。于是，在同治四年（1865）六月六日陈国瑞的禀帖上，曾国藩写了二千余言的长篇批复，先以凛然不可侵犯的正气挫其嚣张气焰，继而历数他的劣迹暴行，使他知道自己的过错和别人的评价，当陈灰心丧气、准备打退堂鼓时，曾国藩话锋一转，又表扬了他的勇敢、不好色、不贪财等优点，说他是个大有前途的将才，切不可以莽撞自毁前程，使陈国瑞又振奋起来。紧接着，曾国藩又给他定下了不扰民、不私斗、不梗令三条规矩。对不扰民，曾国藩说：

> 昔杨素百战百胜，官至宰相。朱温百战百胜，位至天子。然二人皆残杀军士，残害百姓，千古骂之，如猪如犬。关帝（关羽）、岳王（岳飞），争城夺地之功甚少，然二人皆忠主爱民，千古敬之，如天如神。愿该镇以此为法，以彼为戒。

对不私斗，曾国藩说：

> 至于私相斗争，乃匹夫之小忿，岂有大将而屑为之？……昔韩信受胯下之辱，厥后功成身贵，召辱己者而官之，是豪杰之举动也；郭汾阳（郭子仪）之祖坟被人发掘，引咎自责而不追究，是名臣之度量也。该镇受软禁之辱，远不如胯下及掘坟之甚，宜效韩公、郭公之所为，坦然处之。

曾国藩对陈国瑞的劝解，就像是劝解自己的家人子弟，可以说是苦口婆心，让陈国瑞口服心服，无言可辩。

但是，陈国瑞莽性难改。曾国藩见自己谆谆教诲并无成效，遂以陈国瑞对被围困于曹州（今山东菏泽）南高楼寨的僧格林沁援救不力，致使全军覆没为由，补参一折："曹州之役，国瑞与郭宝昌分统左右两翼，宝昌革职拿问，同罪异罚，不应过于悬殊，古称法立而后知恩"，请旨将陈国瑞撤去帮办军务，革去黄马褂，暂留处州镇戴罪立功。清廷一如曾国藩所请。

由于清廷对陈国瑞十分倚重，为免去清廷的猜忌，曾国藩在正式上奏外，又用密折的形式，向清廷做解释工作。特别说明"此次参奏，但将其不能救护僧格林沁一事薄予惩儆，治以应得之罪；而于其私罪多端、并无悔过之诚，尚不列款明参者，因河南实乏良将，稍留陈国瑞体面，冀收鹰犬之才，一策桑榆之效"。

陈国瑞这才立即表示听曾大人的话，率所部开往指定地点。平捻结束，陈国瑞官复原职。曾国藩保全了悍将。

再后来，陈国瑞因纵恣不法，被吴棠参劾革职，押送回籍，田产充公。同治六年（1867）春，捻军首领张总愚进逼畿南，陈国瑞应诏出征，数次败敌，但行军不听节制，所部尤无纪律，屡被弹劾。另一悍将李世忠与之有嫌，将其缚诸舟中，几毙之。曾国藩劾世忠革职，国瑞降都司，勒令回籍，复因总兵詹启纶殴毙胡士礼狱，牵连论罪，遣戍黑龙江。陈国瑞在戍所慨叹说："吾早从曾文正公之言，不及此矣！"光绪八年（1882）死于戍所，年仅46岁。

曾国藩驾驭悍将，用两种手段，软硬兼施，外严内宽，收鹰犬之效。对悍将李世忠也是如此。

曾国藩在写给其九弟的信中袒露心迹，说李世忠其人"最难处置，其部下诡计霸道，颇善战守。弟现与之逼处，常相交涉，宜十分以礼让自处。若不得已而动干戈，则当谋定后战，不可轻视"，并说"嫉妒倾轧，从古以来共事者，皆所不免，吾辈当躬自厚而薄责于人耳"。后来李世忠穷困之时，向曾国荃求救，曾国藩写信给他，提出宽严并济之策：

> 李世忠穷困如此，既呼吁于弟处，当有以应之。三千石米、五千斤火药，余即日设法分两次解弟处，由弟转交李世忠手。此辈暴戾险诈，最难驯驭。投诚六年，官至一品，而其党众尚不脱盗贼行径。吾辈待之之法，有应宽者二，有应严者二。应宽者：一则银钱慷慨大方，绝不计较。当充裕时，则数十百万掷如粪土；当穷窘时，则解囊分润，自甘困苦。一则不与争功，遇有胜仗，以全功归之；遇有保案，以优奖笼之。应严者：一则礼义疏淡，往来宜稀，书牍宜简，话不可多，情不可密；一则剖明是非，凡渠部弁勇有与官姓争讼，而适在吾辈辖境，及来诉告者，必当剖决曲直，毫不假借，请其严加惩治。应宽者，利也、名也；应严者，礼也、义也。四者兼全，而手下又有强兵，则无不可相处之悍将矣。

295

曾国藩不愧是用人高手，什么样的人用什么样的办法，难怪在他这里没有弃才，无论什么人都能人尽其用了。

12 推功于人，自愿受过

方宗诚在评价曾国藩时说："曾公平生喜推功于人，而自愿受过。当剿灭粤贼，则推功于文忠（胡林翼）、多忠勇（多隆阿）诸公，而自己屡次上书请求辞去权位。诸弟从戎者，也屡疏请求不要加恩臣家。然其所能胜任之事，皆挺然不辞，坚苦不挫。其所不能者，也毫不敢自以为能，如剿捻、驭夷二事，上书皆说自己毫无把握，不敢自信。同治十年（1871），办理天津教案，实为前通商大臣崇厚所误，又为总理衙门掣肘，而又不能不委曲以全大局，故每作家书及写友人手札，皆深自咎责，办事不能适刚柔之宜，内负神明，外渐清议。盖中外也莫不归咎于崇厚，而公并无一语自辩也。"

曾国藩的幕僚薛福成总结说："他平时对自己节制严格，不露于外，内心宽容坦然，对人从不求全责备。他的方针大而能包容，通达而不迂曲。他在军中、在官场，勤恳以作表率。既自我勉励，也勉励别人，每遇到一件事，尤其杜绝畏难取巧，即使祸患在前面，诽谤在后面，也毅然前往不回头。与人共事，有功劳则推让给别人，辛苦的事则自己承担，并认为这是自然之道。盛德的感动，从对部下的感化开始，到对同僚的体谅，乃至后来有人跟随并羡慕、效法，所以能够转化风气，所以能够挽救危难。他秉性谦和，从不居功自傲，从军以来，请假服丧期间，虽然立了一些功绩，但不管什么样的褒奖荣誉，一概不敢接受。等到服丧过后，战功更显著，恩宠的命令接连不断，他的弟弟曾国荃多次以战功晋升，他也一再上疏推辞。内心深处尤其想远离权势，防备外重内轻的弊端，所以对管辖四省、三省的命令，推辞更加有力。临事怕大功难成，事成则怕盛名难副，所以地位声望愈高，就愈存在能力不足的忧虑。数十年来，每天做事，都有日记，直到病逝的前一天，还殷殷以没尽到官职为疚。谨慎为官的意思，溢于言表。这是他克己的功夫，老而更深，即使古代圣贤自强不息的精神，也没有超过他的。"

他坚定支持刘铭传的"倒守运河"之策以平捻，是为下属承担责任的典型事例。

曾国藩接平捻的任务后，所制定的战略，用他自己的话来说，就是"以有定之兵，制无定之寇"。他在写给曾国荃的信中说：

> 此贼故智，有时疾驰狂奔，日行百余里，连数日不少停歇；有时盘于百余里之内，如蚁旋磨，忽左忽右。贼中相传秘诀曰："多打几个圈圈，官兵之追者自疲矣。"僧王曹县之败，系贼以打圈圈之法疲之也。

捻军依赖骑兵，行动迅速，每日常奔驰三百里以上。湘淮军如果紧跟追击，恐怕走僧格林沁的老路。故曾国藩制定了以堵截为主，以追击为辅的战略。

到了同治五年（1866）六七月间，捻军各股聚集到河南省沙河、贾鲁河以西以南，曾国藩根据刘铭传的建议，再一次调整战略，制定了防守沙河、贾鲁河的计划。

他于同治五年（1866）六月二十五日给刘铭传写信，认为："天下事，果能坚忍不懈，总可有志竟成。"虽然"防河之策"遇到了一些阻力，曾国藩明确表示："无论何等风波，何等浮议，本部堂当一力承担，不与建议者相干。即有咎豫兵不应株守一隅者，亦当一力承担，不与河南巡抚等相干。这就是本部堂之贵于坚忍啊！"

他觉得"防守之策"必须坚持，如果出现什么问题，他愿意承担一切责任，"坚忍"对于做成一件事，是极其重要的。他鼓励刘铭传：

298

> 若甫受磨折，或闻浮言，而意沮而思变计，则掘井不及泉而止者，改掘数井，亦不见泉矣。愿与贵军门共勉之。

另外曾国藩事先奏报清廷，说贾鲁河上游朱仙镇以北到省城开封 40 里，开封再往北到黄河岸 30 里，全部豫军只守这 70 里的地段，虽然地段很短，但这 70 里全是沙地，挖濠筑墙都很难。将来如果得胜，守这 70 里的豫军一同论功行赏；如果整个防河计划不成，他愿独自承担责任，而请朝廷不怪罪河南巡抚李鹤年。防河之策部署一个月后，很有效果，一时间，似乎已把捻军包围。

但捻军于八月十六日之夜，毁掉豫军濠墙，冲过贾鲁河，豫军三营没能堵住，等到驻朱仙镇的刘铭传发现时，捻军已冲过贾鲁河，直奔山东。防河之策受到诟病。御史朱镇、卢士杰、朱学笃、穆缉香阿、阿凌阿等人交章弹劾。

清廷虽然不愿给曾国藩更多时间实施刘铭传的防守沙河之策，捻军也不是在曾国藩手里剿灭的，但是李鸿章后来所用的战略，实际上还是曾国藩的重点防御，另以游击之师追剿的办法。防河的地点虽然不同，但做法与曾国藩的几乎一模一样。

第六章

正面突破

　　《易》之大道，无时不在言变，人的一生都要经历各种各样的境遇，成大事者要管控好负能量，方能直道前行。曾国藩的好友欧阳兆熊总结他"一生三变"，每一次大的方略调整都使他保存、壮大了自己。

1　苦练内功，徐图自强

　　一个人无论如何伟大，相对于奔腾不息的历史而言，总是渺小的。就一个人的一生而言，也往往是逆境多而顺境少。

　　孟子有言："天将降大任于斯人也，必先苦其心志，劳其筋骨，饿其体肤，空乏其身，行拂乱其所为，所以动心忍性，曾益其所不能。"也是说一个人要想有所作为，必须忍受住逆境的煎熬。

　　对待逆境，曾国藩首先是承认现实，保存自己，不做以卵击石般的无谓牺牲。他一再讲"天之所助者，顺也；人之所助者，信也"的道理。他说："我在《杂著》中专门引用《周易》的'否卦'，我对这一卦的卦辞有不同常人的理解：事业得不到发展，道路闭塞不通，是因为行为不正的奸佞之徒当道而造成的。奸佞当道，道德高尚、坚守正道的人是吃不开的。这种时刻，做什么事情总是失去的多，得到的少。奸佞当道，小人得势，不会政通人和，事业会遭受损失。正派而能干的人是不能展示才干、发挥作用的；如果直言或试图有所作为，不仅无济于事，反而会遭受陷害。大的方针政策不能变动，只好在具体工作的小地方做些补救。损失是不

303

可避免的。"

曾国藩所讲的是"识时务"。但是，如果一味顺从，人成为逆境的奴隶，也就不能改善自己的环境，更谈不上有所为了。因此，曾国藩从承认现实、识时务的角度出发，引申出逆境的第二种应对策略——苦练内功、徐图自强。

曾国藩自谓"打脱牙之时多矣，无一次不和血吞之"，可见其坚忍卓绝的意志，强毅不屈的气度。惟其时受挫折，经患难，故其德业也时有长进。对此，曾国藩说："谚云'吃一堑，长一智'，吾生平长进，全在受挫受辱之时。"

曾国藩曾历数自己人生的"四大堑"：第一次壬辰年（1832），发佾生（佾生指考秀才虽未入围但成绩尚好者，充任孔庙祭礼舞乐的人员。也称半个秀才。获佾生资格下次可免县试、府试），学台悬牌，责其文理之浅。即学政公开发布公告，指责曾国藩文辞浅陋。第二次庚戌年（1850），上日讲疏，内画一图，很简陋，九卿中无人不冷笑而薄讽他。第三次甲寅年（1854），岳州靖港败后，栖于高峰寺，为通省官绅所鄙夷。第四次乙卯年（1855）九江败后，赧颜走入江西，又参抚臬，丙辰年（1856）被困南昌，官绅人人目笑存之。吃此四堑，无地自容，不敢自诩为有本领，不敢自以为是。俯畏人言，仰畏天命，皆从磨炼后得来。

对身处逆境时应守的道理，曾国藩说："就像《西铭》所讲的，没有地方可以躲避，只有等着被烹死，这就是晋献公世子申生的恭顺。勇敢地承认现实，又顺从命令的，只有伯奇能做得到。"曾国藩所引的两个典故是强调人臣的职分，要逆来顺受，但逆境的同时也是寻求自强之道的最佳时机。

申生，是春秋时晋献公世子，晋献公宠爱骊姬，申生为其所僭，自刭而死。文中所说"待烹"，虽指待死，但并非确指。恭，是申生死后的谥号，《谥法》说"敬顺事上曰恭"。此事见《国语》及《左传》。据《礼记·檀弓上》记载，晋公子重耳劝申生在献公面前表白自己的心志，申生拒绝，甘受其死。

第二个典故，讲的是古代孝子伯奇顺从父母的旨意，本可继承太子之位，但因后母要立他的弟弟为太子，他毫无怨言，甘心被流放到外面去。据《孔子家语》记载："高宗以后妻杀孝己，尹吉甫以后妻放伯奇。"尹吉甫为周宣王大臣。《汉书》卷七十九颜师古注引《说苑》："前母子伯奇，后母子伯封，兄弟相重。后母欲令其子立为太子，乃谮伯奇，而王信之，乃放伯奇也。"

两个典故都含有逆来顺受之意，但曾国藩特别要强调的是人的身份、地位属性，处于卑下之位，无法也不能与尊上抗衡，即便尊上所做完全是倒行逆施，也无力改变，这时最关键的是要徐图自强，苦练内功，一旦逆境改变，就会有报效之机。

2 不信书，信运气

人的境遇是成功必不可少的机缘。对此，古往今来的圣哲们都经常用运命来解释。无独有偶，曾国藩也是一个信运气的人。有记载说：

> 曾文正公尝语吴敏树、郭嵩焘曰："我身后碑铭，必属两君。他任捃饰，铭辞结句，吾自有之。曰：不信书，信运气，公之言，告万世。"

曾国藩出身世代业农的家庭，他父亲曾麟书时，经过十几次考试，才成为县学中的一名生员，即俗称的秀才。曾国藩 6 岁开始从师入学，14 岁到长沙省城应童子试，先后考过七次，直到道光十三年（1833），即曾国藩 23 岁的那一年，才成为生员，次年湖南乡试考中第三十六名举人。道光十八年（1838），亦即曾国藩 28 岁那年，会试考中第三甲第四十二名进士。但中了进士，不一定能做大官；点了翰林，才真正具备了做大官的资格，而且升迁也快。

道光二十年（1840）庶吉士散馆，曾国藩考列二等第十九名，名次不高。在所有参加考试的46人中，排名第三十六名，按照惯常，只有第一等名次靠前的才有希望留在翰林院，但此次仅二人到部任职，三人外放知县，其余全部留在翰林院供职。曾国藩在日记中说"可谓千载一遇"，运气极好。

曾国藩私下与赵烈文谈话时，谦逊地说自己后来成功都是运气。赵烈文不同意，认为："成败表面上看好像是有定数，实际上运气与人事互相参证。在下以及我的兄长周腾虎平时广泛观察当时担当平定大乱的人，我们都认为这些人不会成功。直到见了老师，精神上为之倾倒，认为您一定能平定大乱。过去我们私下谈论的情况，老师您是都知道的，到了今天都一一验证了，这难道是操占卜之术所能推测出来的吗？即使是平民百姓的家庭，父母长辈勤苦持家，对家务精打细算，一定会获得小康那样的回报，天道是很诚实的，不可能一切都归结为顺其自然。许多人爱谈命运这两个字，其实，这只不过是那些怀才不遇的人的自我安慰罢了。圣君贤相都是创造命运的人，必须名副其实，用来鼓舞人才，只可把这件事装在心里，如果大张旗鼓地宣扬出去，那么，人们就会自以为是，还能有谁为您效力呢？"

曾国藩说："你说的道理非常对。然而，成就天下的大事业，往往运气占到六分，人事占到四分。至于说到富贵发达，往往运气所占的成分更多。"

赵说："是这样。老师所说的十分允当。《周易·系辞》上说：'先天而天弗违，后天而奉天时。'这就是说，天命和人事是相互作用的。二者缺一不可，缺少一个就会走向偏差。"

曾国藩还与赵烈文谈论他所说的"运气口袋"。赵烈文盛赞胡林翼有气魄，说："假如他生长在开国打江山的年代，即使唐朝的李靖，明初徐达、常遇春这类人物，恐怕也不一定能赶得上他。可惜呀可惜，他生不逢时啊。"曾国藩捻着胡须说："这就是我所谓的运气口袋的道理啊。足下讨论世间的人与事，恰恰验证了我的运气口袋的说法啊！"赵烈文在其《能静居日记》中说，老师（曾国藩）总是说人生成败都是由运气做主，七尺之身实际是盛载运气之物而已，因此老师才有这样雅致的戏谑之言。

3 进退隐显细思量

曾国藩凭着自己几十年的仕宦生涯,对官场的险恶看得最清楚,深知一入仕途则毫无自由,即使是一只猛虎,也只能变成犬鼠可欺的可怜虫了。但是,几千年学而优则仕的传统谁能改变得了?更何况,一个有抱负的人不借助权力,可以说是不能有所作为的。曾国藩对其九弟曾国荃的安排,可见他的韬晦。

曾家兄弟为大清朝把老命搭上了好几条,尤其是曾国荃攻下天京城,用曾国藩的话说是千古以来最艰难的一次攻坚战。攻占南京后,曾家成为大功臣,按曾国荃的设想,清廷应功高厚赏,自己该做个总督巡抚,享享清福了。可是,清政府对这位敢作敢为的曾九最不放心。

曾国藩无奈,只好以病情严重为由,陈请曾国荃开浙江巡抚缺,回乡调理,解除清廷的疑虑,随即获准。这本来是曾国藩的韬晦之计,暂时退避正是为了永久保住他们的既得利益。而曾国荃却大发怨言,41岁生日那天,曾国藩特写七绝十三首为他祝寿。当曾国荃读至"刮骨箭瘢天鉴否,可怜叔子独贤劳"一句时,竟放声大哭,以泄胸中抑郁之气。

九载艰难下百城，漫天箕口复纵横。今朝一酌黄花酒，始与阿连庆更生。

陆云入洛正华年，访道寻师志颇坚。惭愧庭阶春意薄，无风吹汝上青天。

几年橐笔逐辛酸，科第尼人寸寸难。一剑须臾龙变化，谁能终古老泥蟠？

庐陵城下总雄师，主将赤心万马知。佳节中秋平剧寇，书生初试大功时。

楚尾吴头暗战尘，江干无土著生民。多君戡定同安郡，上感三光下百神。

濡须已过历阳来，无数金汤一剪开。提挈湖湘良子弟，随风直薄雨花台。

邂逅三才发杀机，王寻百万合重围。昆阳一捷天人悦，谁识中军血染衣！

平吴捷奏入甘泉，正赋周宣六月篇。生缚名王归夜半，秦淮月畔有非烟。

河山策命冠时髦，鲁卫同封异数叨。刮骨箭瘢天鉴否，可怜叔子独贤劳。

左列钟铭右谤书，人间随处有乘除。低头一拜屠羊说，万事浮云过太虚。

已寿斯民复寿身，拂衣归钓五湖春。丹诚磨炼堪千劫，不藉良金更铸人。

黄河余润沾三族，白下饥民活万家。千里亲疏齐颂祷，使君眉寿总无涯。

童稚温温无险巇，酒人浩浩少猜疑。与君同讲长生诀，且学婴儿中酒时。

曾国荃回到家乡后，大病一场。曾国藩一再嘱咐曾国荃不要轻易出山，在家静养。一年后，湘军大部已经解散，清廷诏曾国荃出任山西巡抚，曾国藩给他写信说：

> 沅弟出处大计，余前屡次言及，谓腊月乃有准信。近来熟思审处，劝弟出山不过十分之三四，劝弟潜藏竟居十分之六七。

故此，曾国荃坚辞不受。

到 1866 年 2 月下旬，清政府又颁诏命，曾国荃改任湖北巡抚。此时，曾国藩认为时机已成熟，力促曾国荃出而任事："惟决计出山，则不可再请续假，恐人讥为自装身分太重。余此信已为定论，下次不再商矣。"于是，曾国荃决定再度出山。

4 人生三次大调整

曾国藩的处世之道，实际上是一种灵活的处世态度和方法。他称自己的成功之道是"以禹墨为体，庄老为用"。

他的人生立意，以儒家思想为核心，无间进取的本质从未改变，但在为人处世的外在应变上却是一生三变。

曾国藩的同乡好友、幕僚欧阳兆熊在所著《水窗春呓》中评价曾国藩："一生凡三变。书字初学柳诚悬，中年学黄山谷，晚年学李北海，而参以刘石庵，故挺健之中，愈饶妩媚。"他学习书法，最初学柳公权，中年学黄庭坚，晚年学唐代书法家李邕，而又参以清代的刘墉。"其学问初为翰林词赋，既与唐镜海太常游，究心儒先语录，后又为六书之学，博览乾嘉训诂诸书，而不以宋人注经为然。"这是说学问上的三变，从最初的儒学到义理之学，而后六书之学及乾嘉考据学，然后又转向申韩法学。

曾国藩一生，以儒家为本，杂以百家为用，而又随着形势、处境和地位的变化而变化。早年在京城时信奉儒家，"以程朱为依归"，出山办理团练、治理湘军时，采用法家，"变而为申（不害）、韩（非子）。尝自称欲著《挺经》，言其刚也"，晚年功成名就后则转向了老庄的道家。

这个说法大体上勾勒出曾国藩一生三个时期的重要思想和处世特点。

他在京城时，以理学为依归，而且与倭仁等切磋理学，也确曾下过功夫，每天写日课检讨自己，这为他后来出山，用理学治军，特别是意志磨炼，有很大益处。

后来办团练，他又转向申韩之学，杀人立威。咸丰二年（1852）二月，他在写给魁联的信中说："我在公寓内设立了审案局，十天之内已处斩了五个人。世风不纯，人们各自都怀有不安分的心思，平时造谣惑众，希望天下大乱而去作恶为害，稍微对他们宽大仁慈，就更加嚣张放肆，光天化日之下竟敢在都市抢劫，将官府、君长视同无物。不拿严厉的刑法处治他们，那么，坏人就会纷纷而起，将来酿成大祸就无法收拾了。因此才注重采取残酷手段，希望起到哪怕是点滴的作用来挽救这败坏已极的社会风气。读书人哪里喜欢大开杀戒，关键是被眼下的形势所逼迫，不这样就无法铲除强暴，从而安抚软弱的人民。这一点，我与您的施政方针，恐怕比较吻合吧！"

他在与胡林翼的通信中，也向胡请教如何严治"盗匪"。这一时期，用法家的杀人立威来撑持他所谓的秩序，处世上到处树敌，四处碰壁。

经过在家一年多的反思，"大彻大悟"，咸丰八年（1858）重新出山此后一以柔道处世，甚至胡林翼写信以此责备他。曾国藩的老庄思想，始终都有表露。他写信给弟弟说，自古以来，权高名重之人没有几人能够善终，要将权位推让几成，才能保持晚节。天京攻陷后，曾国藩立即遣散湘军，并作功成身退的打算，以免除清政府的疑忌。

关于曾国藩处世态度由严酷而变柔顺的过程，欧阳兆熊记载说：

> 先是文正（曾国藩）与胡文忠（胡林翼）书，言及恪靖（左宗棠）遇事掣肘，哆口谩骂，有欲效"王小二过年永不说话"之语。至八年夺情再起援浙，甫到省，集"敬胜怠，义胜欲，知其雄，守其雌"十二字，属恪靖为书篆联以见意，交欢如初，不念旧恶。此次出山后，一以柔道行之，以至成此巨功，毫无沾沾自喜之色。尝戏谓予曰："他日有为吾作墓志者，铭文吾已撰：不信书，信运气，公之言，告万世。"故予挽联中，有"将汗马勋名，问牛相业，都看作粃糠尘垢"数语，自谓道得出此老心事。盖文正尝言"吾学以禹墨为体，以庄老为用"，可知其所趋向也。

在中国传统文化中，儒、墨、道、法影响最大，而曾国藩在不同时期变换为用。可见曾国藩的处世，不仅是一生三变，甚至可以说是一生多变，但不改儒家底色。

5　用霹雳手段，显菩萨心肠

曾国藩自咸丰十年（1860）六月担任两江总督、钦差大臣后，到同治三年（1864）攻下天京止，在胡林翼的一再劝诫下，特别是胡提出的"放胆放手乃可有济，此时惟有破格请将，放胆添兵，倾湘中之农夫以为兵，办此等事，非强拉人不为功，莫过于慈和也"的主张，总体为曾国藩所接受，湘军出现急速扩张的势头。

有人将这一时期的湘军概括为"二多"。一是人数众多，两三年之间，湘军总兵力发展到 20 多万，以后仍有增加。二是督抚大帅多，此间先后有 23 人任总督、巡抚以及统帅。其中 1864 年同时任总督的有 6 人，即曾国藩、左宗棠、刘长佑、毛鸿宾、骆秉章、杨载福；为巡抚的有 8 人。辖区包括江苏、安徽、江西、浙江、福建、湖南、湖北、四川、广东、广西、陕西、山东、直隶等十几个省区，都被湘军所控制。

湘军的极盛，也将曾国藩推到了火山口。传说当时不断有将领想拥立曾国藩做皇帝。

据记载，当曾国藩攻破南京，太平天国覆亡，进入残破不堪的石头城后，全城余烬未息，颓垣败瓦，满目凄怆。有一天晚上，大约 11 点钟左右，曾国藩亲审李秀成后，进入卧室小憩。忽然，湘军的高级将领约 30 人齐集大厅，请见大帅。中军向曾国藩报告，曾国藩即问："九帅有没有来？"中军回答说未见九帅。曾国藩即传令召曾国荃。曾国荃是攻破南京的主将，这天刚好生病，可是主帅召唤，也只好抱病来见。

曾国藩听见曾国荃已到，才整装步入大厅，众将肃立，曾国藩态度很严肃，令大家就座，也不问众将来意。众将见主帅表情如此，也不敢出声。如此相对片刻，曾国藩乃命巡弁取来纸笔，巡弁进以簿书纸，曾国藩命换大红笺后，就案挥笔，写了一副对联，掷笔而起，一语不发，从容退入后室。

众将不知所措，屏息良久，曾国荃乃趋至书案前，见曾国藩写了 14 个大字，分为上下两联：

倚天照海花无数，流水高山心自知。

曾国荃读联语时，起初好像很激动，接着有点凛然，最后则是惶然。而围在他身后观读联语的众将，有点头的，有摇头的，有叹气的，有热泪盈眶的，表情各异。最后，曾国荃用黯然的声调宣布说："大家不要再讲什么了，这件事今后千万不可再提，有任何枝节，我曾九一人担当好了。"

这一段"故事"显示南京城破后的湘军确曾有过拥立曾国藩做皇帝的一幕，可是在专制王朝，这种非常之举是成则为王，败则诛灭九族的，所以在笔记上看不见"拥立"字样，而将领们也不敢说出口。曾国藩明知众将的来意，也不说破，只用 14 字联语作答，彼此之间，都不点破。

据传，早在安庆之战后，曾国藩的部将就有劝进之说，而胡林翼、左宗棠都属于劝进派。有传说曾国藩寿诞时，胡林翼送一联说：

用霹雳手段，显菩萨心肠。

曾国藩最初对胡联大为赞赏，但胡告别时，又遗一小条在桌几上，上面有"东南半壁无主，我公其有意乎？"12 个字。曾国藩发现后，将纸条悄悄撕碎。

左宗棠也有一联：

神所凭依，将在德矣；鼎之轻重，似可问焉。

左宗棠写好这一联后，便派专差送给胡林翼，并请代转曾国藩，胡林翼读到"似可问焉"四个字后，心中明白，乃一字不改，加封转给了曾国藩。

曾阅后，乃将下联的"似"字用笔改为"未"字，又原封退还胡。胡见到曾的修改，乃在笺末大批八个字：

一似一未，我何词费！

以上仅是传说、轶闻。但从胡林翼、左宗棠对清朝的认识上看，确有蛛丝马迹可循。如胡于咸丰十年（1860）六月二十六日写给阎敬铭等信中明确说："今日之廷臣，与凡一切官吏，皆亡国之人与彼处耳。"对清廷失去信心表露无遗。当左宗棠准备入川时，胡给郭嵩焘写密信说："季公得林翼与涤丈辅翼，必成大功，独入川则非所宜也。"左的曾孙左景伊在《左宗棠传》中更据此提出，当时湘军领袖特别是胡林翼，想拥戴左出头，由胡、曾等为辅翼，成就大事，即推翻清朝。可见传言并非完全是空穴来风。

又据曾国藩的小女儿崇德老人回忆，富厚堂上梁时，按当地习俗要诵上梁文，有人遂讲出"两江总督太细了，要到京城做皇帝"的话。"太细"即湖南话太小之意。

还有重要的证明是，据陈寅恪、罗尔纲等多位史学大家的考证，曾国藩没有等待清廷的圣旨，就将太平天国忠王李秀成在南京处死，并且删改、撕毁《李秀成自述》，目的是掩盖真相，也即李秀成劝他反清自立的"劝言"。这也说明当时湘军处于极盛，想拥戴曾国藩取清朝而代之的确不乏其人。

至于王闿运三次劝其称帝的事，更有王的弟子作证。王闿运是湖南湘潭人，对《春秋公羊传》尤有深入研究。据王闿运晚年的弟子杨度后来追述，当时王氏"击剑学纵横，游说诸侯成割据，东南带甲为连横。曾、胡却顾咸相谢"，说的是王闿运游说曾国藩、胡林翼与太平军"连衡"反清。

直到晚年，王闿运已经历了清亡、袁世凯复辟败亡等重大的历史事变，才对曾国藩当初不自立为帝的看法有了改变。据说民国后，珍藏着曾国藩"倚天照海花无数，流水高山心自知"一联的朱姓老者，曾专门去拜访这位当年行纵横计的王闿运，并拿出曾联求王写跋语。王闿运大为惊叹，说："难道真有这个联吗？涤丈襟怀，今日以前，我只知一半，今而后，乃全知。吾老矣，如果不是您相示，几不知文正之所以为文正，左老三（指左宗棠）之所以为左老三。"沉思片刻，即欣然命笔，另书一联曰："花鸟总知春浩荡，江山为助意纵横。"书毕，对朱君说："吾不敢着墨文正联上，以重污文正。另书此，纪文正之大，且以志吾过。"

6 弓不拉满，势不使尽

儒家讲中庸之道，曾国藩说自己平生最喜"花未全开月未圆"这句话，也可以说是曾国藩处世哲学中独特的缺欠美。

在五个兄弟之间，曾国藩与曾国荃最为相知，这不仅因为曾国荃在战场上与他一起出生入死，还因为老九身上有一种冲天的干劲。如果加以引导，这种性格和做事情的劲头会帮助其成大事，但如果听之任之，则很可能招来祸患。因此，他对这位九弟非常用心。咸丰十一年（1861）八月廿八日日记载：

> 九弟来久谈，与之言与人为善、取人为善之道，如大河水盛，足以浸灌小河，小河水盛，亦足以浸灌湘水，无论为上、为下、为师、为弟、为长、为幼，彼此以善相浸灌，则日见其益而不自知矣。九弟深以为然。

一次，曾国荃在一封信中谈到了很多不顺心的事情，但又没有具体谈是哪一件事情。曾国藩猜测，大概弟弟担心与哥哥不合。曾国藩告诉他，倘若如此，那就完全可以不必担心抑郁。他推心置腹地说了一番话，用白话文翻译于下：

兄弟你对咱家有大功劳，对国家也有大功劳，我哪里会产生不感激、不爱护的道理？我对待部属像杨岳斌、彭玉麟、鲍超等人都是仁义谦让，难道对自己的弟弟反而会刻薄吗？也许我们之间确有不合，但那也只是意趣不合罢了。弟弟你立志做事，颇近似于春夏发舒之气；我立志做事，颇近似于秋冬收敛之象。弟弟你以为扩散舒发才会生机旺盛，哥哥我认为收敛聚藏才会生机沉厚。我平时最喜欢古人所说的"花未全开月未圆"七个字，我认为珍惜福祉，保全安康的道理和方法没有比这更为精当的了。我曾多次用这七个字来教诫霆字营的统领鲍超，不知道他和兄弟你谈到这些没有？

我们的祖父星冈公过去待人接物，不论贵贱老少，全是一团和气，唯独对待子孙侄儿则异常严肃。遇到佳令时节，更是凛然不可侵犯。这大概就是一种收敛之气，目的在于使家中欢乐不至于恣肆放纵。这番苦心，不知兄弟你是否会领会？

我在你负责经营的银钱军械等事情上，经常提醒你要节制，也正是本着"花未全开月未圆"的道理。但是说到危机紧迫之际，如救水救火，就不能再有一丝一毫的吝啬了。你觉得不满意的地方，大概就在这样的紧急关头。我把我的内心想法向你和盘托出，就是想让你放弃疑虑，消除郁闷。过了这一关，那么我们兄弟之间就不会再有丝毫的芥蒂了。

曾国藩做事做官总留有余地，不把事做绝，不把话说满。他常说，弓不拉满，势不使尽，才有后来的美好佳景。因为盛极而衰是必然之理，为防止衰期到来，重要的一点是不能追求极盛。

同治元年（1862），曾氏家族处于鼎盛时期。曾国藩身居将相之位，曾国荃统领的人马达二万之众，曾国葆统领的人马也达五千之多；曾国荃在半年之内，七次拜受君恩。尽管这还不是曾氏家族最为辉煌的时期，但越是浩荡皇恩，曾国藩就越是担心、忧虑，他写信给九弟："日中则昃（太阳偏西），月满则亏。我们家现在到了满盈的时候了！……如霍光盈满，魏相来概平他，宣帝也来概平他；诸葛恪盈满，孙峻来概平他，吴主也来概平他。待到他人来概平而后才悔悟，就已经晚了。我们家正处于盈满的时候，不必等到天来平、人来平，我与诸位弟弟应当设法自己来平。"

自己概平的宗旨是自我限制、自我克制、自我钳制，收敛锋芒，韬光养晦，以劳代逸，以静制动。自己概平自己的方法有哪些呢？曾国藩提出了三个关键词：清廉、慎谦、勤劳。他对其作了具体解释：

清廉：曾国藩指出曾国荃过去在金钱的取与予方面不太斟酌，遭到朋辈的讥议和菲薄，其根源就在于此。他一再叮嘱家里，不要买地，不要造屋，就是怕引起猜疑、嫉妒和非议。他要曾国荃今后应不乱花一分钱，不寄钱回家，不多赠亲友，这就是"廉"字功夫。

慎谦：内在的谦虚是看不见的，而其外在的表现主要有四个方面，这就是脸色、言语、信函、仆从属员。曾国藩嘱咐自己的兄弟应该在这四个方面下大力气，痛加纠正，这就是"谦"字功夫。

勤劳：一是劳心，二是劳力。曾国藩要求曾国荃每天临睡之前，要默想一下今天劳心的事情有几件，劳力的事情有几件，就会觉得为国家做的事情还不多，今后应当更加竭诚为国效劳，这就是"劳"字功夫。

他后来又把应对之策概括为八个字：拼命报国，侧身修行。

7 盛时要作衰时想

曾国藩在京城的理想是成为一名出色的理学家，但时代把他造就成了中兴名将。

从奉旨兴办团练开始，到他死前的一两年，二十年里他一直在和军事打交道。他仿照明代抗倭名将戚继光创建了湘军，由于以"儒教治军"，湘军纪律严明，战斗力强，也为他立下了赫赫战功。然而，太平天国战事刚一结束，他就急急火火地解散了这支军队。

曾国藩秉持"特开生面，赤地新立"的原则建立了湘军，但这是对传统军事、政治体制的重大挑战，也就难怪他一直受到清廷的多方掣肘了，真可谓身陷炼狱，备尝艰辛，但他能够"咬牙立志"，坚持了下来。

同治六年（1867）六月二十三日，曾国藩在与赵烈文密谈时，讨论湘军创立的影响，认为北宋时有作为的人物，都推崇韩琦、范仲淹，其实，两人并没有什么特别超出别人的地方。

赵说："有宋一代，自宋太祖杯酒释兵权之后，天下都忌讳谈论才能，江山传到太祖的子孙时，已经形成积贫积弱的国家。寇准打的澶渊之战，实际上是城下之盟，而一时传为美谈。功绩之卑微，都不足以让汉唐人一笑。"曾国藩说："我不这样看。寇准实际是宋代第一等人物，不可以强为厚非。"赵说："第一等人的作为不过如此，第二、第三等人的作为就可以想见了。那个时代的风气就是这样，虽然存在有才能的人，但不能让他们施展表现。因此，像王德用、狄青这样的武将，稍微展露点头角，就废弃不用。旷观千古，凡是一个朝代里创立大事功的人物，其风气都是草创时期的君主开启的，范围规矩一旦框定下来，数百年的贤哲之士，无不俯首遵从受教。即使其间有命世之才这样的人物降生，不肯随波逐流，自己要别开生面，出人头地，但他的作为如果不是慢慢施展开来，往往会招致失败。宋代的王安石、明代的张居正就是如此。"

曾国藩说："你所说的非常恰当。南宋削去各位将领的兵权，奉行的是祖宗传下来的制度啊。因此数百年间，毫无生气，奄奄待毙，不能稍稍有所振兴。"曾国藩停顿了一下，接着又说："韩琦、岳飞等人的军事体制，自己编练成军、自己解决军费，这方面仿佛与今天的情况相同。大体说来，用兵而利权不操在手里，决不会有人响应。因此，我编练湘军以来，力求自强之道，故还算有所成就。"

赵笑着说："老师堪称事功有成，而您所开创的风气则是大辟蹊径。老师历年经受的辛苦曲折，与太平军进行作战不过十分之三四，而与世俗文法进行斗争则有十分之五六。现在老师一战而胜，天下靡然响应追随，这种局面，恐怕几百年都难以改变啊。大一统的局面已经维持很久了，分裂割据的气象已初露端倪，这虽然有人事的因素，实际上也是天意啊。"

咸丰七年（1857）曾国藩回家守制，深刻反省自己多年来到处碰壁的原因，总结教训。次年他重新出山时，变得十分注意自我克制，特别注意调整自己和清廷之间的关系，总结出功高震主没有好下场。他将周公视为自己的楷模，时常提醒自己以李德裕、霍光等人为戒，若专横跋扈则不得善终。他在日记中说：

> 古之得虚名而值时艰者，往往不克保其终。思此不胜大惧。将具奏折，辞谢大权，不敢节制四省，恐蹈覆竦负乘之咎也。

他在写给李鸿章的信中道：

> 长江三千里，几无一船不张鄙人之旗帜，外间疑敝处兵权过重，利权过大，盖谓四省厘金络绎输送，各处兵将一呼百诺。其相疑良非无因，而兵弱饷绌之实情，乃无一人得知。

攻克天京前，对于如何处理大功后他所面临的政治危机，曾国藩已有了充分的准备。当天京攻陷的消息传至安庆后，他更是绕室彷徨，彻夜思考，对于可能出现的种种情况进行预测并想出相应的处理办法。

曾国藩到达江宁后，奏请裁湘军，回归乡里。其实，早在打下安庆时，就做好这种安排。经过一年左右的时间，到曾国藩北上平捻时，几十万的湘军几乎裁撤殆尽，使清廷对他完全放心。但他辞官的请求没有为清廷采纳。赵烈文也反复规劝他要打消辞官的想法，否则，很可能出现他自己所不愿意看到的事情。

裁撤湘军，是曾国藩谋事在先，"盛时常作衰时想"的一个典型案例，也是他"天满人概""自概"思想的体现。他一贯主张：

> 盛时常作衰时想，上场当念下场时，富贵人家，不可不牢记此二语也。

8 淡看个人生死事

倾天下之力，攻破太平天国的都城天京后，清朝不但没有出现"中兴"之势，反而形势一天比一天糟，这不能不引起曾国藩的深思和警觉。他多次与心腹幕僚赵烈文谈到清王朝未来的命运。

以下据赵烈文《能静居日记》整理出比较集中的四次密谈，均翻译为白话文，文中的"我"指赵烈文。

第一次密谈时间是同治六年（1867）六月二十日。谈话主题是大清灭亡不出五十年，不会出现南北分治的情况：

> 初鼓后，老师曾国藩到我这里畅谈。曾国藩说："听京城里来的人说，天子脚下的京师，许多现象非常可恶，明火执仗的抢劫案经常发生，而大街小巷里乞丐成群，甚至妇女们裸露身体，不穿下衣，民穷财尽，恐怕要发生不同于往常的大灾祸，怎么办？"我回答说："天下长治久安，大一统的局面已经维持很久了，势必会逐渐形成分裂割据的局面，但是，皇帝的权威向来很重，现在风气未开，如果不是抽心一烂，那么，土崩瓦解的

局面就不会形成。按着在下的推测，将来发生的祸事，一定是先从根本上把他颠覆推倒，而后方州各省没有了主事的人，各自为政，这种局面的出现恐怕不会超过五十年吧！"

曾国藩紧蹙眉头，很久才说道："那么，是否会出现南迁都城，再立天下呢？"我说："恐怕最终会覆亡，未必能效仿东晋、南宋的情况。"曾国藩说："本朝君主之德很正，恐怕不会落到这步田地。"我说："老师说得不错，君德正是正，可是回报也不能说不厚。开国之初的时候，创业也太容易了，杀戮之气也太重了，所以得到天下也太取巧了。天道难以预知，善恶不能互相掩盖，后来君主的德政泽惠，恐怕就不足以倚靠了。"

曾国藩说："我日夜希望自己快点儿死去，深怕目睹江山覆没啊，你难道以为我所说的是戏言吗？"我安慰老师说："像老师这样身份的人，虽然您善于开玩笑，但怎么能拿生死之事做戏言。但是，生死有命，是不可以希求的，以死为快乐与侥幸活着的人，相差并不多。况且，老师也应当为幸存下来的黎民百姓着想，有老师在一天，百姓就会苟延一天，所关系的难道不是很大，而您能忍心撒手不管吗？"

曾国藩又说："江苏征收厘金的弊端，怨声载道，而收入却越来越少，民财日尽而中饱私囊者日增。我每天肩负这项重任，一个月必须用五十万两白银，既不能废除这个不做，而其中积习早已形成，况且，这些又都是李鸿章所安排布置的，投鼠忌器，我不得不表示宽大包容，足下有什么良策用来善后?"我对老师说:"商人的情况并不是怨恨征收的份额重，而是对征收厘金所设的关卡多而怨气很大，这种办法的弊病也不在于征收的多，而在于中饱私囊。大概现在的情况，应该减少照票的局卡，用来节省经费而降低烦扰，那样的话，商人就会得到实惠，官府也不会损害名声。此外，再寻找廉洁干练的人来处理这件事，如果措施得当，慢慢地就会收到效果，这样一来，对于少帅鸿章一方面，也不至于背道而驰。"

第二次相关议题的密谈时间是同治六年（1867）七月初九日。谈话主题是清朝是否会很快亡国，恭亲王、慈禧等人能否驾驭越来越乱的局势:

下午，老师曾国藩来谈。晚上，又约请我到后园圃纳凉，谈至二鼓。我对老师说:"在上海看见恭亲王奕䜣的相片，完全是一个年轻英俊的少年模样，并非那种尊彝重器，足以让文武百官慑服的样子。"老师说:"是这样。容貌并非厚重之人，但是聪明过人。"

我说:"聪明相信是有的，但也只是小智慧而已。他认识到扭转局面不得不仰仗外面的封疆大吏，因此就曲意弥缝。前几天，与倭仁相国争辩不休，几乎没有回转的地步，忽然间又重新解释，这都是他聪明的表现。然而，要说他有随事称量轻重、揣度形势的才能，的确是有的。至于自己是何等人物，所处的是什么样的位置，应当如何为朝廷立下志向，似乎他并没有理会到。凡是人有所成就，都是志气做主。恭亲王他身处周公那样的地位，但是没有卓然自立的志向，位置尊贵无比，权势至极，但思虑不出庭院，恐怕不能没有倾覆的忧虑啊，这可不是有一点儿浅智薄慧、涂饰耳目技巧就能够幸免了的。"

老师曾国藩表示了不同看法，他说："我大清朝国君的德政一向很厚重，就拿勤政这件事来说，不管事情大小多少，当日的事情一定当日处理完毕，仅此一项，就远远超过了以前所有的朝代。再比如，平定洪、杨这场大乱之后，朝廷商议减征赋税；常年战争，军饷枯竭的时候，还免去了以往的军费报销制度。以上我举出的这几件事，都看不出是亡国时期的举动，足下以为我的意见如何呀？"

我回答老师说："天道穷远，难以测知，在下不敢胡乱回答。夏、商、周三代以后，看一个王朝的兴衰，已经不论是实行的是仁政还是暴政，论的只是强与弱；不再看王朝是否有德政，论的只是所处的形势怎么样。就拿诸葛亮辅佐蜀国而论，朝政和帝王的后宫治理得都很好，但最终并未能恢复已经灭亡的刘姓天下；金哀帝在开封，求治的心情也很迫切，但最终未能抵挡住正在发展的强大的蒙古。人的见识都有局限性，不能看得很远，既不能用一句话来断定他的兴盛，也不能用一件事来评判他就不会灭亡。回过头来看现在，商议减征赋税，本来是由地方官发起的倡议，并非出自朝廷的旨意。免除军费报销，因为这次平定太平天国的军饷开支等，完全是由各省自己筹集的，朝廷不能按着以往的惯例认真核查，巴不得通过这件事来显示朝廷的宽大，这也是小技巧啊。再拿老师说的勤政而论，这的确是从前的王朝所罕见的，但小事往往以能迅速决断见长，而大事也往往因为草率做出决定而导致失误。用君主是否行德政来推测王朝江山寿命的长短，是可以的。而是否会出现中兴的气象，第一个关键，是要看进行决策的政府高层有没有卓越的人物。现在气息奄奄，毫无生气，只想用一二个偶然得当的措施，来默默地挽救已经颓败不堪的势头，依在下看来，未必会有什么成效。"

曾国藩老师听了我的这番议论，心中不免有些沉重，但他仍然反驳道："我大清朝乾纲独揽，大权从未落到臣下的手中，这一点也是以前所没有的。凡是大臣们上的奏折，不管事情大小，都直接送达到皇帝御前，上下之间从没有阻隔不通的弊端。比如鄙人的九弟曾国荃上疏弹劾大学士官文一事，折子送达御前后，慈禧皇太后传来胡家玉当面质问，但仅指着折子中的一个段落让胡家玉看，而不让他看到全文，直到后来，让谭、绵两位大人前往查办，而除了军机大臣、恭亲王以外，其他人还不知道事情的始末。一个女主子统治天下，就能做到如此威断，这也是十分罕见的。"

我又辩解说："老师说得对。只是威断在顷刻之间，而上下蒙蔽的日子却在日后啊。九帅弹劾的案子最终还不是以模糊结局了，真的不成体统啊。而官文答复的奏疏并未见分晓，皇太后的懿旨对此也没有挑斥一个字。世家大族的规矩历来是很严的，受到批评的人当面好像十分守法的样子，而一旦到地方任官，就恣意妄为，欺瞒上边，毫无忌惮。一部《红楼梦》就是这个样子。难道还有例外吗？真正的威断，不在于表面上的东西，而在于是不是有实际的行动。有一句欺骗的话，就立即分辨是非，这样的话，臣下们都会感到惴惴不安，至于面部表情，则不妨平易近人，因为所争持的不在于表面而在于实质。"

第三次密谈时间是同治六年（1867）九月二十三日，谈话主题是中央与地方同心协力，中兴就有希望；国运的长短不完全在于国势的强弱：

　　傍晚到老师那里谈话，他给我看刚收到的军机处发来的上谕。因为明年到了和外国交换《北京条约》的时候，现由总理衙门奏请朝廷，命各沿江沿海地方的将军、督抚等封疆大吏，就这一事情各抒己见，再将意见密奏朝廷。要求在十二月换约前的六个月以前将各自的意见奏到。上谕还要求各位上奏者务必开诚布公，对于咸丰十年（1860）仓猝签订的条约以及历年办理条约的情况发表意见，务必将没有实际意义的虚文和掩饰的套话统统去掉，对于以后如何防止洋人的要挟，以及条约哪些应该批准、哪些不应该批准，征询意见，态度十分和善，颇有中央与地方同为一家人的气象。

老师为此非常高兴，喜出望外地说："这份上谕以及里面的奏折，所讲的内容至关重要，国家的掌权者能够这样做，那么，中兴就有希望了！"

老师接着说："国运的长短不在于国家的强弱，只要掌权的人有立国之道，国家即使处于困境也不会灭亡。例如金朝时完颜亮南下侵掠，宋朝社稷岌岌可危，虞允文一战，金人的小小胜利算不了什么。宋孝宗人也忠厚，又颇为孝悌，他以德政处世，足可以保全自己和国家。上天随后就使金人内部变乱，结果海陵王完颜亮被杀，赵氏江山得以保全。金王朝还未立刻崩塌，上天又令金世宗出来，毁掉金朝的元气。就是这么神奇，这就是圣人经常所说的天命啊。"

我说："老师所说的治乱的道理，都是暗中与上天的意愿相吻合的。我们考察历来成败的劫数，没有越过这个的。我以前与我的妹夫周腾虎一起，常常说到天道，实际说的也是这个意思。"

第四次密谈是同治八年（1869）五月二十八日：

我到达保定的第二天，老师曾国藩来同我久谈。老师说："直隶的吏治和民风已经颓败到不得了的地步，做官的一点指望都没有，薪俸所得没有任何剩余，完全仰赖徭役。百姓则喜好打官司，已经成为风气，对国家的法律十分藐视。加上土地贫瘠，灾害多发，刚刚晴起来就已成旱情，而一下雨就成涝灾，真是一筹莫展啊。……我问道:"有关军务以及和外国人打交道的事情,还有朝廷对国家内部事务的处理,有没有一定之规呀?"老师紧蹙眉头说:"我到京城后,曾经参加朝廷的会议,讨论和外国签订和约的事,醇亲王主张和外国人打,并且上了个折子,朝廷交给内阁重新讨论。我的意见是,就目前的形势而言,不能不委曲求全,而又不能不暗中设防。我把这个意见上交了朝廷,作为对这件事的一个答复。但全国各地已经贫窘到这种地步,不用说直隶,就拿一向最富裕的江苏而论,又怎么能够自立得了。今年和约应该能够签订,局面还不至于决裂,至于将来,情况就难以预知了,怎能没有隐忧呢!"又说:"两宫太后才地也很平常,见面时没有一句要紧的话;皇上年纪又小,也没有办法揣测他的高深;时局完全掌握在军机大臣恭亲王、文祥、宝鋆几个人手中。恭亲王非常聪明,但地位不稳,晃荡不能立足;文祥为人正派,但做事的规模狭隘些,也不知道求人辅佐自己;至于宝鋆,人们本来就不佩服他。朝廷中有操守而又不拉帮结伙的只能是倭仁了,但才薄识短。其余的人更是碌碌无为之辈,非常令人忧虑啊。"

这里稍作解读。曾国藩在前三次谈话中,尽管也深刻而敏锐地认识到清朝的危机已经十分深重,可谓病入膏肓,但他仍抱有希望,并提出不至于覆亡的种种理由。但最后一次谈话则不然,他赴任直隶总督前后经过谨慎观察,得出了非常不乐观的看法。

　　自 1869 年 1 月 1 日至 2 月 9 日，曾国藩在北京住了一个多月，先住金鱼胡同贤良寺，后移居宣武门外法源寺。在此期间，曾国藩除访亲问友、会见各方要员外，还先后四次受到慈禧太后的召见，两次参加国宴，并在宴会上以武英殿大学士排汉大臣班次第一。这是曾国藩一生中最感荣耀的活动。在此之前，曾国藩还没有见过慈禧太后、同治帝以及奕䜣、文祥、宝鋆等军机大臣，通过观察、谈话和访亲问友，他对清政府中的核心人物有了进一步的了解。

　　2 月 16 日，曾国藩到达保定，接任直隶总督。通过一个时期的了解，他发现清朝像一艘千孔百疮的破船，没有浮起的希望。赵烈文到达保定的当天晚上，曾国藩与之谈话。这次谈话，可以说是他与赵烈文关于清朝能否中兴问题讨论的一个总结。赵烈文早就认为，清朝将太平天国镇压下去之后，虽然不少人大肆渲染所谓"同治中兴"，但从上到下竞相腐败，根本没有复兴的希望。

　　经过两年的讨论和观察思考，曾国藩基本上同意了赵的论断，得出大体与赵烈文类似的看法：清王朝从上到下都腐败无能，再没有复兴的希望，它的灭亡不过是个时间和具体方式问题。

9 习学之事，相伴终生

每个时代都有自己的"显学"，这个"显学"说明时代对它的需要，并不是自封的。如果曾国藩躲在书斋中究心程朱理学，他会成为一个理学大师。但风雨飘摇的大清王朝，并非理学能挽救的。曾国藩学如其人，一生几变，每一次"变"都适应了时代的要求。由理学到"经世学"，再到"洋务学"就是这样一个过程。

曾国藩生平处世的成功，可以说是读书的成功。道光十六年（1836）恩科落榜后，曾国藩于四月离开京城，回程来了一次江南之游。路过江苏睢宁时，拜访了湘乡籍的知县易作梅，并从他那里借得一百两银子。因久寓京师，生活窘迫，借得的钱曾国藩仍不敢花用。由清江、扬州过长江，到了金陵这个日后与他的政治、军事生涯有重大关系的城市。在金陵，他在书肆里见到《廿三史》等书，爱不释手，借来的钱总算派上了用场，但还是不够，他又卖掉了自己的衣服，终于拥有了一套自己的《廿三史》。

回到家里，他第一件事就是向家人展示他购得的《廿三史》，那个高兴劲儿，好像中了进士似的。父亲问清楚书是怎么来的，既高兴又勉励地说："你借钱买书，我一定会想办法为你还上，但希望你认真读这些书，方不负我的苦心。"曾国藩牢记乃父这句话，从此拂晓起床，一直读书到夜半，整整一年足不出户。曾国藩早年发生的这桩文人与书的故事，或许也预示着他的未来。

曾国藩发愤攻读一年，这部《廿三史》全部阅读完毕，此后他便形成了每天点读史书十页的习惯，一生从未间断。这样，自北京会试以来，曾国藩养成了对古文和历史的爱好，为以后广泛研究学术问题，总结历代统治者的经验教训，参与治理国家和社会，打下了非常好的基础。他后来回顾自己的读书治学过程时说："及乙未到京后，始有志学诗、古文并作字之法。"

他供职京师的时候，正是中国内乱外患交迫之时。曾国藩所关心的，在外患有英夷，在内有太平天国，在灾情则有黄河决口。这一时期，他读书更侧重经世致用之学，特别是舆地之学。闲暇时对于军政大计，以及各种庶务，通过大量并有选择性地阅读古代史籍，尽量把现实的问题考究详尽。

当时掌理全国庶政的六部，除了户部之外，曾国藩担任过礼、吏、兵、刑、工五部的侍郎。在为官期间，对照自己所任各部的工作特点，他专心潜读《通典》和《资治通鉴》，由此洞悉了清代的政情利弊、官场风习、山川形势、民生疾苦和武备良窳。

曾国藩由内阁学士升为礼部右侍郎署兵部左侍郎时，遍阅清代道光以前历朝文献，目睹时局危急而政风颓靡，遂因皇帝之下诏求言而先后参照史籍上了几道条陈时务的奏疏，

338

体现了他明道经世的抱负。

以后在战火纷飞、百务缠身的岁月里，曾国藩还特别喜爱研究王夫之的著作。在他认真研读、全力刊刻船山（王夫之）著作的影响下，湘军许多重要人物都积极认真研读船山著作，形成了自上而下倡导船山之学、研读船山之书的浓郁风气。后来王夫之的大名越传越广，影响越来越大，与曾国藩的倡导有极大关系。

一次，赵烈文向曾国藩请教说："王船山的议论，掷地有声，多属独创，打破了自古以来沿袭已久的谬谈，假如他能有很高的位置，时代又需要他，能够收到治国安民的效果吗?"曾国藩说："恐怕不能。船山的学说，我也确信是宏深精至，但有偏激苛刻之嫌，倘使让他处理国家的事务，天下岂能还有可用的人才？世人的聪明才力，相差都不悬殊，此暗则彼明，此长则彼短，完全在于用人者审量他应该用到什么地方而已。再好的山林也不能为大匠生长特殊的木材，上天也不能为贤明的君主制造出超常的特殊人才。"

曾国藩及湘军将领研读船山著作，是为其军政实践服务。正如郭嵩焘所说："湘人起文学任将帅，肩项相望。一时武健强力，多知折节读书。军行所至，闻弦歌之声。"光绪年间湖北学政孔祥麟说："船山所著史论，具上下古今之识，指陈历代之兴衰治乱，是以咸、同之际，中兴将帅，半湘省儒生，其得力夫之之遗书者皆多。盖夫之知明社之覆，前由武备之废弛，后由兵谋之未娴，故于历代兵事谋之甚详。湘人服膺其书，多明将略戎机，遂能削平大难。"

曾国藩特别讲究选择书籍来读，并作为治军理政的重要参考。他在《圣哲画像记》中说：

> 书籍之浩浩，著述者之众，若江海然，非一人之腹所能尽饮也，要在慎择焉而已。余既自度其不逮，乃择古今圣哲三十余人，命儿子纪泽图其遗像，都为一卷，藏之家塾。后嗣有志读书，取足于此，不必广心博骛，而斯文之传，莫大乎是矣。

文末说："文周孔孟，班马左庄，葛陆范马，周程朱张，韩柳欧曾，李杜苏黄，许郑杜马，顾秦姚王，三十二人。俎豆馨香，临之在上，质之在旁。"三十二人依次为：周文王、周公旦、孔子、孟子、班固、司马迁、左丘明、庄子、诸葛亮、陆贽、范仲淹、司马光、周敦颐、程颢、程颐、朱熹、张载、韩愈、柳宗元、欧阳修、曾巩、李白、杜甫、苏轼、黄庭坚、许慎、郑玄、杜佑、马端临、顾炎武、秦蕙田、姚鼐、王念孙。程包括程氏兄弟，实为三十三人。其中文才与圣德并列，也是他政治思想和学术思想的代表作，在《圣哲画像记》中，四人一组，于义理、词章、考据方面，德行、政事、经世方面，以及言语、文学等方面，都分别有所论述。

曾国藩讲究"择书"说，是以《圣哲画像记》为读书指导，取得既约且博之效。其中谈到的三十三人，对早年毛泽东很有影响。在《圣哲画像记》的提示下，毛泽东认真研读了这些人的事迹、功业和文章。

曾国藩讲究"大本大源"，"得大本大源，则心有定向而不致摇摇无着"。毛泽东在 1917 年 8 月 23 日致黎锦熙的信

八本家训

读古书以训诂为本
作诗文以声调为本
事亲以得欢心为本
养生以少恼怒为本

立身以不妄语为本
居家以不晏起为本
居官以不要钱为本
行军以不扰民为本

曾国藩

曾国藩手书家训

中，阐述了他对"大本大源"的认识，提出不知"大本大源"之人，"如墙上草，风来两边倒，其倒于恶，固偶然之事，倒于善，亦偶然之事"。在这封信中，毛泽东还得出这样一个看法：

> 愚意所谓本源者，倡学而已矣。惟学如基础，今人无学，故基础不厚，时惧倾圮。愚于近人，独服曾文正，观其收拾洪杨一役，完满无缺。

他说的是"独服"，不但超过信中提到的袁世凯、孙中山，而且超过曾经深受他尊重的康有为。

《讲堂录》还全文记录了曾国藩的"八本"说：

> 读古书以训诂为本，作诗文以声调为本，养生以少恼怒为本，事亲以得欢心为本，居家以不晏起为本，立身以不妄语为本，做官以不要钱为本，行军以不扰民为本。

"八本"是曾国藩一生的座右铭，也同样引起毛泽东的效法。

10　做有大人格的君子

曾国藩对人的评价表现了他独特的处世风格。他崇尚刚直，认为汉代的樊哙就是充满了刚直之气的大丈夫。他指出，汉初功臣，惟樊哙气质较粗，不能与诸贤并论，因而淮阴侯韩信羞与为伍。但他认为樊哙有他人不可及者二。刘邦初入咸阳，见秦朝宫室美女珠宝以千数，意欲留居之。樊哙谏曰："此乃奢丽之物，是秦之所以亡天下的所在。愿大王急还坝上，无留宫中。"这是第一件事。高祖病卧禁中，诏户者无得入群臣。樊哙独闯禁直谏，同时引赵高之事以为鉴，这是第二件事，不愧为大人格君子之所为。

曾国藩常常写信给他的弟弟、子女们，说曾家后代秉承了母亲江氏的刚猛气质，所以才有所成就。他进而认为，功业文章，皆须刚直二字贯注其中，皆从倔强二字做出。

其母江氏刚嫁到曾家时，曾家经济尚不宽裕，但江氏谨守曾家家训，操持家务更加克勤克俭，家业也渐渐兴旺起来了。特别是江氏贤惠，侍奉公婆十分殷勤。即使是阿公晚年卧床三年，她与丈夫日夜轮流守护在床边，也毫无怨言。所以曾国藩赞言，曾太夫人"来到曾门，事舅姑四十余年，造次必躬，在视必恪，宾祭之仪，百方检饬"。江氏自嫁入曾门后，共生有五男四女，"尺布寸缕，皆一手拮据"。

曾国藩的父亲常以人众家贫为虑，而江氏总以自强之言相劝，或作谐语以解劬苦。她常对丈夫说："吾家子女虽多，但某业读，某业耕，某业工贾。吾劳于内，诸子劳于外，岂忧贫哉？"

曾国藩在写给家人的信中说：由写字而想到用功不能有恒心的原因，都是因为日甚一日的软弱的意志力消磨损害了它。今天因为听到吴竹如（名延栋）的话，才清楚这事绝对不是意志软弱的人所能胜任的，一定要刚强、勇猛，拿出浴血奋战的功夫来，千万不能软弱下来，这两点是不能改变的道理。要牢记着《朱子语类》里的"鸡伏卵"和"猛火煮"这两条，时时刻刻也不能忘记。

第七章

百年家族

　　旧时王谢堂前燕，飞入寻常百姓家。在一个竞争激烈的时代里很少有人能常胜不败，更难寻找三世不衰的家庭。近代史上的曾家却是个例外，而这源于曾国藩正视、重视"周期率"，使家风得以代代延续，成为百年家族盛而不衰的典范。

1 "耕读之家"好家风

哲学家通常说，人无法选择他的家庭。而家庭在一个人的成长历程中，作用之大，有时甚至是无法用后天的努力能弥补的。而出身底层家庭的人走向成功，家风的作用尤为重要。曾国藩一生的成就，与其"耕读之家"的家风熏染密不可分。

曾家世代务农，自祖父曾玉屏向上推溯，至少有五六百年未曾出现过秀才。而曾玉屏对曾国藩的影响很大。他评价祖父："威仪言论，实有雄伟非常之概，而终老山林，曾无奇遇重事，一发其意。其型于家、式于乡邑者，又率依乎中道，无峻绝可惊之行。独其生平雅言，有足垂训来叶者。"直到曾国藩兄弟已经建立一番功业，加官晋爵，乃至位极人臣时，那些当年见过他祖父的老年人都说，你们兄弟威重智略，远不及乃祖，由此可见曾玉屏的风采。

曾国藩如此推崇自己的祖父，究竟有哪些方面对他有大的影响呢？概括而言有三，一是做事有恒，二是坚毅品格，三是初定家规。

曾玉屏虽然读书不多，但为人耿直，富于正义感，颇受乡人的尊崇。邻里间如若发生纠纷，他常居间进行排解、说和，充当仲裁人。他曾说："所谓正人君子，若是在民间做普通布衣百姓，则要排解一方之难；若是在朝廷当政为官，则要安定社会、平息动乱，这个道理是一样的。"可见，对儒家提出的"修身齐家治国平天下"的人生理念，曾玉屏已有切实的体会。

曾玉屏治家极严，一家大小，包括大他七岁的妻子王氏在内，见了他莫不屏神敛气。低辈分的曾家人更是毕恭毕敬，诚惶诚恐。对于曾国藩的父亲麟书、叔父骥云兄弟，管教尤为严厉。曾玉屏对长子曾麟书责教苛刻，"往往稠人广坐，壮声诃斥，或有所不快于他人，亦痛绳长子，竟日嗃嗃（指严酷的样子），诘数愆尤，间作激宕之辞"，而曾麟书对父亲总是"起敬起孝，屏气负墙，趑趄（指恭敬的样子，局促不安）徐进，愉色如初"。

曾玉屏还有一句座右铭式的话："晓得下河，须晓得上岸。"又云："怕临老打扫脚棍。"讲的是做人处事都要把握分寸，留条后路。这些，后来都成为曾国藩做人的格言。可以说，祖父的音容笑貌、一举一动，都对年轻的曾国藩起着潜移默化的作用。正如曾国藩自己所言："余常细观星冈公，仪表绝人，全在一重字。余行路容止亦颇重厚，盖取法于星冈公。"

曾玉屏还创立了一些家规，要求家人必须遵守，后来曾国藩将其概括为"八宝饭"：书、蔬、鱼、猪、早、扫、考、宝。

书即读书，即重视教育。督促子孙读书，同要求耕种一样，被称为教子的两条正路，也即耕读之家的要义。

蔬即种菜，要求精耕细作。田有谷米，园有蔬菜，勤俭持家，自给自足。

鱼即养鱼。湖南是鱼米之乡，池塘密布，无不产鱼。养鱼既可增加副食，又可增加生气，体现家业兴旺。

猪即养猪，也是湖南的主要副业。

早即早起。日出而作，日落而息，既是美德，又有朝气，而早则万事不误。

扫即洒扫。清洁卫生，减少疾病，以验勤惰，以验家风。

考即祭祀。"考"的原意指"老"，后指去世的父亲，这里泛指对长辈的孝敬，对祖先的祭祀，体现了中国的传统美德。

宝是指敦亲睦邻。

曾国藩将祖父的家规编为顺口溜：

349

> 书蔬鱼猪，早扫考宝，常说常行，八者都好。地命医理，僧巫祈祷，留客久住，六者惧恼。

良好的家风，在于适时教诲和勉励。当道光十八年（1838）秋，曾国藩在参加朝考被点了翰林后踌躇满志地回到家里时，其祖父曾玉屏就有一番谆谆教诲。

年底新翰林荣耀还乡，亲友都来道贺，自然煞是热闹。这时曾国藩的祖父已 65 岁，多年的愿望终究在长孙身上实现了，自觉欢喜异常，就告诉麟书说："我们曾家世代以农为

書蔬魚猪

早掃考寶

滌生曾國藩

曾国藩手书家规

业，即使富贵也不要失旧啊！宽一（曾国藩的乳名）虽然点了翰林，他的事业方长。我们家中的食用等日常琐事，不要跟他讲，以累其心。"《曾国藩年谱》的作者，也是曾国藩的幕僚、弟子黎庶昌说："自是以后，公官京师十余年，未尝知有家累也。"

曾国藩的一生事业和他的人生态度，以及对家族事业的传承，都深深打上了遵守祖训的印记。他黎明即起，克勤克俭，周济贫穷，疏医远巫，甚至把祖父的家规编成口诀，令自己和家人遵奉。直到后来官封一等侯爵，做了两江、直隶总督，对于勤俭家训，还不敢丝毫逾间。可以说，曾国藩一生的品德性格与祖先的家风密不可分。

2 父亲身教好榜样

如果说祖父对曾国藩的影响更多属于"微言大义"，那么，父母亲则是身教者，用实际行动潜移默化地影响着曾国藩。

关于父亲曾麟书，曾国藩写有《台洲墓表》以彰其德，现存的他们父子之间的通信也很多。在为父亲写的墓志中，曾国藩称"少长至冠，未离亲侧，读书识字，皆我君口授。自窃禄登朝，去乡十有四年。逮待罪戎行，违晨昏者又五年"。曾麟书去世时，曾国藩47岁，在大半生的时间里，28年光阴是在父亲的督教下度过的，可以说，父亲以自己的"勉强功夫"，为曾国藩树立了人生品格中最宝贵的财富——坚持。正是这份坚持，才成就了曾国藩。

曾麟书，号竹亭，乾隆五十五年（1790）生。他早年积苦向学，希望在他这一代改写曾家几百年"寒籍"的历史，但因天资一般，一连参加16次童子试都榜上无名。眼见功名无望，便把光宗耀祖的希望寄托在下一代。

嘉庆二十二年（1817），年近不惑的曾麟书仍未考中秀才，于是在家乡开了私塾，取《周易·乾卦》"利见大人"之义，名其馆为"利见斋"，冀望跟随他读书的学生将来都有出息，招收十几个儿童。当时年仅 7 岁的曾国藩也开始随父课读。自此，八年间未曾离开父亲的身边。

曾国藩 5 岁开始读书，以陈雁门老先生作为问字之师，所学即是《三字经》《百家姓》之类，相当于学前教育。入塾读书，父亲郑重其事，反复推敲，并经祖父核准，为小宽一取名子城，字伯涵。"城"者，国也。用的是《诗经·瞻卬》"哲夫成城"的典故，又有"公侯干城"的语义，《左传》有"天下有道，则公侯能为干城"之语，希望宽一有朝一日能成为捍卫国家的栋梁。"涵"，是浸润、包含、包容、广大之义。要做国家栋梁，胸襟必须开阔，学养必须浸润、深广，苏轼有"天覆群生，海涵万族"之名句。"涵"是对"城"的呼应。因宽一是曾家下辈人之长，故在"涵"字前加"伯"，字伯涵。可见曾家对小宽一的期许之高。

353

父亲的角色本来就是多重的，曾麟书可以说是曾国藩的第一位也是最重要的一位老师。曾麟书自知天分有限，没有什么秘诀可以传授给儿子，但他有一股韧劲儿，那便是不厌其烦，耐心指导，每天从早到晚，不停地督促。父子俩睡在床上，走在路上，曾麟书有感而发，都要考一考儿子的功课。

曾麟书是久经科场的人，多次科场不售的阅历使他认识到，一曝十寒对读书人是最大的危害，因此他把培养曾国藩的自觉阅读兴趣作为一项十分重要的教育内容。每天都为小宽一安排固定时间读书，并且一定要曾国藩把书背得滚瓜烂熟，他才满意。

少年的曾国藩虽不属聪明一类，但有父亲的督教，加之个人的勤奋，从父习学二年，就读完了儒家经典入门书——《五经》。从 10 岁起，开始试作八股文，即为考取功名做准备。

由于曾麟书认真督教，在取得同族人的信任后，他随即设馆同族家塾——锡麒斋。他希望曾氏家族能多出几个像麒麟一样，满身披桂的人物。当然，更多而更现实的希望还是寄托在曾国藩身上。曾国藩在此受教《周礼》《仪礼》及《史记》《昭明文选》等。

赶考恐怕是旧时代每个知识分子永生难忘的经历。道光四年（1824），14 岁的曾国藩平生第一次随父亲来到省城长沙，应童子试。童试三年两考，是考取功名的第一阶梯。这一次，父子俩同赴考场，但双双落第。失望、失意、失败，年轻的曾国藩看到更多、感受更强的是父亲一次次名落孙山，但一次次不甘心，一次次奋起。多少年后，他的父亲已经作古，他还写道："府君既累困于学政之试，厥后挈国藩以就试，父子徒步橐笔以干有司，又久不遇。"

科场上屡试不售的曾麟书不想让儿子遭受和自己一样的挫折，因此，与父亲商量后，决定让曾国藩出外就学。就在曾国藩外出求学的第三年，曾麟书终于在第十七次应童子试中取中，成为一名生员，俗称秀才，从而改写了曾氏家族入湘五六百年间没有功名的历史。若干年后，曾国藩还为此大发感慨，说"至是乃若创获，何其难也"。

曾麟书积苦力学，用了近二十年的时间，在已过不惑之年才拿到士大夫的入场券，但他对后人的影响是鼓励，是引领。此时的他，最大的希望是长子曾国藩能用最短的时间走完他的秀才路，所谓"深喜公（指曾国藩）之继起而早获售（考中）也"。

曾麟书一生处于"农"与"士"之间，他虽"僻居穷乡，而志存军国"，令诸子墨经从戎，就是这种思想的体现。他在晚年曾自撰一联抒发其志：

> 粗茶淡饭布衣衫，这点福老夫享了；
> 齐家治国平天下，那些事儿曹当之。

他对曾国藩的一生都有重大影响。举一个例证。曾国藩领兵第一次参战，在靖港兵败自杀，父亲得此讯息后，立即写信诫饬道："儿此出以杀贼报国，非直为桑梓也。兵事时有利钝，出湖南境而战死是皆死所；若死于湖南，吾不尔哭。"曾国藩去世后多年，左宗棠追述这段遗闻，回忆当时的情景时还大发感慨，说"闻者肃然起敬"。

曾国藩的外公家，是多少有些功名的家庭，外公江沛霖的父亲是国学生员。曾国藩 10 岁时还到外祖父门下读书。道光十四年（1834），曾国藩考中举人，曾麟书又携妻儿拜望已 85 岁的岳丈。曾麟书让儿子将他中举的试文拿给外公看，江沛霖细细阅读，大加赞扬，对女婿说："吾向者固知汝后力学有大成，足以重为吾道之光，此特其发轫耳。"曾家早年生活拮据，外公家常有周济。

母亲江氏给曾国藩最大的影响是倔强、坚强、敢担当的品格。曾家子女多，又有常年卧病在床的公公，可见生活的压力。曾国藩称赞他的母亲来到曾门，事舅姑四十余年，造次必躬，在视必恪，宾祭之仪，百方检饬。咸丰四年（1854），曾麟书为岳丈写墓碑时，他的妻子江氏也已病逝，在历述江沛霖"功德"之后，他满怀深情地赞扬自己的妻子：

> 麟书娶公之季女。顺而贤，孝而有礼，与麟书共事高堂四十有四年。攸助于艰难事苦之中，育诸子以成立，筋力亦云瘁矣。夙夜不忘公与夫人之厚爱，因相与谋，伐石立墓，以垂不朽，致无已之情。咸丰二年，工未竣，遽别余而逝。余为此铭，不禁伉俪离别，有亡琴之感焉。

曾国藩一生继承了他母亲刚强的性格，敢于与困难周旋，有股冲天的倔强之气。直到晚年，他仍说："倔强二字，却不可少，功业文章，皆须有此二字贯注其中，皆从倔强二字做出。"又说我们"兄弟皆禀母德居多"，好处是天性倔强。还对他的九弟曾国荃说：

> 凡事非气不举，非刚不济，即修身养家，亦须以明强为本。（同治二年四月二十七日）
>
> 难禁风浪四字璧还，甚好甚慰。古来豪杰皆以此四字为大忌。吾家祖父教人，亦以懦弱无刚四字为大耻。故男儿自立，必须有倔强之气。（同治三年六月十六日）

356

3 愿为耕读孝友之家

人的志趣各异，才能亦有高下之别，处在纷繁的社会中，又受到种种客观环境和条件的制约，因此不应盲目，自己走什么样的路，要视切身情况而定。

曾国藩中进士、点翰林，又从军做高官，封侯荫子，达到了士人的最高峰。但他积一生为官的经历，却告诉他的弟弟不必走科举之途，告诉儿子不可从军、不必做官，而最大的希望是代代有读书种子。他在写给家中弟弟们的信中说：

> 吾细思凡天下官宦之家，多只一代享用便尽，其子孙始而骄佚，继而流荡，终而沟壑，能庆延一二代者鲜矣；商贾之家，勤俭者能延三四代；耕读之家，谨朴者能延五六代；孝友之家，则可以绵延十代八代。我今赖祖宗之积累，少年早达，深恐其以一身享用殆尽，故教诸弟及儿辈，但愿其为耕读孝友之家，不愿其为仕宦之家。

由于几个弟弟都上了战场，家政完全由曾国潢来主理，曾国藩对这位二弟寄予厚望，希望他能够承担教育子弟的责任，他写信嘱咐说：

> 余与沅弟同时封爵开府，门庭可谓极盛，然非可常恃之道。记得己亥正月，星冈公训竹亭公曰："宽一虽点翰林，我家仍靠作田为业，不可靠他吃饭。"此语最有道理，今亦当守此二语为命脉。望吾弟专在作田上用些工夫，而辅之以书、蔬、鱼、猪、早、扫、考、宝八字，任凭家中如何贵盛，切莫全改道光初年之规模。凡家道所以可久者，不恃一时之官爵，而恃长远之家规；不恃一二人之骤发，而恃大众之维持。

咸丰十一年（1861），他被困安徽，一线生路被太平军阻断，生死莫测时写下遗训，告诫儿子纪泽、纪鸿，不可从军，不可做官。他说："我自从投笔从戎以来，就怀着临危受命之志。丁、戊两年抱病在家，经常担心溘然死去，从而违背了我的初衷，失信于天下。再次出山后，意志更加坚定。这次若遭遇不测，也毫无牵挂。……至于行军打仗，本非我所长，兵贵奇而我太平，兵贵诈而我太直，岂能办此滔天之敌？此前虽屡次得胜，但也有侥幸，是我意想不到的。你们长大以后，千万不要涉足军事，军事难于见功，易于造孽，尤其容易留下被千秋万代所攻击的口实。我久处其间，天天如坐针毡。唯一无愧于心、不忘所学的，就是片刻不忘爱护百姓之意。近年阅历愈多，深谙统兵之苦。你们惟当一意读书，不可从军，亦不必做官。"

曾国藩经历复杂，位高权重，对世态炎凉的体会要比外人更深，也与局中人的看法不同。他深知，为官为将，有非常大的偶然性，不完全由自己做主，甚至很大程度自己也做不了主，但读书、耕读，做个有道君子，是他人所不能干涉的，也是自己完全能够做主的。因而他说：

> 吾人只有进德、修业两事靠得住。进德，则孝悌仁义是也；修业，则诗文作字是也。此二者由我作主，得尺则我之尺也，得寸则我之寸也。今日进一分德，便算积了一升谷；明日修一分业，又算余了一文钱。德业并增，则家私日起。至于功名富贵，悉由命定，丝毫不能自主。

4 勤读家训

　　曾国藩是曾门长子长孙，身份地位最高，这种自然身份和家庭身份的交汇，使得他在曾家中肩负发扬光大门庭的使命。在继承、总结曾家祖训的基础上，曾国藩又有很大发挥、发展。早年他甚至想作《曾氏家训》，以便子孙们遵守。道光二十二年（1842）十二月二十日他在家信中说："前立志作《曾氏家训》一部，曾与九弟详细道及。但随着官位做得越来越大，军事缠身，百务丛杂，无暇静下心来写家训，而以家书、日记等代替。首要之务是找出历代家族兴衰中足以为法的，作为榜样。"

　　为此，他特别让家人仔细阅读颜之推的《颜氏家训》和清代康熙时期名臣张英的《聪训斋语》，以及康熙皇帝教育子女的《庭训格言》。同治四年（1865）闰五月十九日谕纪泽："《颜氏家训》作于乱离之世，《聪训斋语》作于承平之世，所以教家者极精。尔兄弟各觅一册，常常阅习，则日进矣。"不久，又对纪泽说："张文端公《聪训斋语》兹付去二本，尔兄弟细心省览，不特于德业有益，实于养生有益。"

　　在更长时间里，曾国潢主持曾家家政，负有教育子弟之

责。曾国藩不厌其烦地指导他阅读清代乾隆时名臣陈宏谋的
《五种遗规》，并把曾家的兴旺发达寄予一身，告诉他说："家
中《五种遗规》，四弟须日日看之，句句学之。我所望于四
弟者，惟此而已。家中蒙祖父厚德余荫，我得恭列卿贰，若
使兄弟姊妯不和睦，后辈子女无法则，则骄奢淫佚，立见消
败。……我有三事奉劝四弟：一曰勤，二曰早起，三曰看
《五种遗规》。四弟能信此三语，便是爱兄敬兄；若不信此三
语，便是弁髦视兄。我家将来气象之兴衰，全系乎四弟一人
之身。"

当曾国藩得悉季弟不想为科举考试荒废时光，就写信鼓
励和鞭策，而《五种遗规》仍是必读之书：

> 季弟有志于道义身心之学，余阅其书，不胜欣喜。
> 凡人无不可为圣贤，绝不系乎读书之多寡。吾弟诚有志
> 于此，须熟读《小学》及《五种遗规》二书。

在曾国藩的晚年，他个人的事业已经走过人生的高峰，
所谓"有盛必有衰"，他经常这样教育人，自己又何曾不知？
他除中夜教子课读外，自己也经常阅读家训之书。同治四年
（1865）六月初七日日记载："阅圣祖《庭训格言》，嗣后拟将
此书及张文端公之《聪训斋语》每日细阅数则，以养此心和
平笃实之雅。"

5 望代代出读书种子

曾国藩对曾家祖训有继承，有发展，他提出的"八本三致祥"就是在新的时期提出的家训。

"八本说"最早提出应在咸丰十年（1860）。他在致澄、沅、季三弟信中进行了具体阐释：

> 所欲常常告诫诸弟与子侄者，惟星冈公之"八字三不信"及余之"八本三致祥"而已。八字曰"考、宝、早、扫、书、蔬、鱼、猪"也，三不信曰"药医也，地仙也，僧巫也"，八本曰"读书以训诂为本，诗文以声调为本，事亲以欢心为本，养生以少恼怒为本，立身以不妄言为本，居家以不晏起为本，做官以不爱钱为本，行军以不扰民为本"，三致祥曰"孝致祥，勤致祥，恕致祥"。

曾国藩认识到，世间即便那些"生而知之"的人，也必须经过后天的教育而成才，没有不经教育而自然成才者。咸丰九年（1859）九月二十四日日记载："教者高则习之而高矣，教者低则习之而低矣。"他给曾国潢信中提出："贤才六分本于天生，四分由于家教。"

当他与子侄辈谈话时得知，家中有坐四人抬的呢轿招摇过市，颇感意外，立即约法三章，要曾国潢严加督改：

> 弟亦只可偶一坐之，常坐则不可。蔑结轿而远行，四抬则不可；呢轿而四抬则不可入县城、衡（阳）城，省城（长沙）则尤不可。

对于子女嫁娶，曾国藩更是要求以简为重。他曾写信说：

> 八侄女发嫁，兹寄去奁仪百两、套料裙料各一件。科三盖新屋移居，闻费钱颇多。兹寄去银百两，略为资助。吾恐家中奢靡太惯，享受太过，故不肯多寄钱物回家，弟必久谅之矣。

曾国藩从日常琐碎之事看出曾家人特别是后辈子侄，没有经历他们兄弟那样的艰苦时光，因此不断提出警诫，希望这些"官二代""爵少爷"们能够保持本分，更希望担负家政的曾国潢做出表率。

正是基于"四分出于家教"的认识，更基于"多出贤才"、不奢望一人的思想，他对曾国荃的长子曾纪瑞同样寄予厚望。同治二年（1863）十二月十四日，他给纪瑞写了封长信，说：

今家中境地虽渐宽裕，侄与诸昆弟切不可忘却先世之艰难，有福不可享尽，有势不可使尽。勤字工夫，第一贵早起，第二贵有恒；俭字工夫，第一莫着华丽衣服，第二莫多用仆婢雇工。凡将相无种，圣贤豪杰亦无种，只要人肯立志，都可以做得到的。侄等处最顺之境，当最富之年，明年又从最贤之师，但须立定志向，何事不可成？何人不可做？愿吾侄早勉之也。

曾纪瑞果然不负曾家重望，同治四年（1865）在县考高中。获悉侄儿考试取得了好成绩，曾国藩十分高兴，立即写信给曾国荃和曾国潢道：

纪瑞侄取得县案首，喜慰无已。吾不望代代得富贵，但愿代代有秀才。秀才者，读书之种子也，世家之招牌也，礼义之旗帜也。谆嘱瑞侄从此奋勉加功，为人与为学并进。

6 当官是偶然之事

在曾国藩的日程安排里，特别是太平天国战事结束后，任两江总督和直隶总督期间，中夜课子读书是必不可少的一课。

最初，他一直不愿让妻儿随军，怕沾染衙门习气，一改寒素品格。同治六年（1867）九月初十日，心腹幕僚赵烈文即将离开他，曾国藩当天和他谈话直到清夜。日记写道：

365

> 夜，惠甫来久谈，力劝余接全眷来署，一则万无新开缺仅驻防一处之理，一则湖南必非安静之土。反复详言，颇多中肯之处。余深恐妻子从官既久，将来即不还故里，轻去其乡，而于渠所言亦深以为然，展转不能自决。

赵烈文的日记详细记载两人谈话的内容，现将相关内容译录如下：

> 曾国藩师设宴为我饯行，肴馔非常丰富，谈话尤其

畅快。老师说道:"我平生并没有受到贫寒之士那样的困苦,早年只求当个教书先生,但很快就中了举人,后来中了进士,又进入了翰林院。但我的家里本来贫穷,全靠祖父、父亲操持。仅有薄田一顷多,不能维持全家的生计。我常常回想起辛丑年(道光二十一年,1841)请假探亲时,听祖父对我的父亲说:老大虽然当了官,但我们家中应该照往常一样过日子,不要向他要钱帮助家里。我听到祖父对父亲的这番训导,很受感动,发誓一生坚守清廉,一直到今天,二十六年过去了,所遵守的还是这句话。而家中也能谨慎操持,没有闪失,兄弟妻儿老小,都没有一件事来干扰牵涉我,这真是人生难得的福分啊。我的亲戚族人,贫穷窘迫的十分多,虽然始终没有寄钱给妻子周济他们,但反躬自问,毕竟我身享高官厚禄,心中不免歉疚。而我的九弟手头宽裕,将我分内应该做的事全都做完,他得了贪名,而我的夙愿却得以完成,这都是意想不到的事呀。家中虽然没有其他优越之处,但一年常没有病人,衣食充足,兄弟儿女们都知道读书上进,也就大体可以自慰了。"我感慨地对老师说:"聆听老师这番肺腑之言,知道了您达到今天这样的天地,是积累深厚的结果啊。至于家庭成员之间,相互体谅,子孙吉祥进取,这都是老师清廉德操感化的结果。上天报施人的途径,往往委屈了那个,申扬了这个,这也是自然的道理啊。"

宴后,我又出去与牛星鉴等人交谈,回到总督衙门时已是初鼓时分,听说老师已来过两次,都没有见到,因此，又到老师那里久谈。（曾国藩不愿做官，想回乡又不能，赵烈文劝解后）老师说："足下今天晚上的话，使我心意开豁了许多，我明天就应当把家眷接过来。但他们长期居住在总督衙署里，必然沾染官场习气，我又厌恶那些抛弃家乡祖宗坟墓而远靠别人的人。"我回答说："老师的衙门里，没有官场习气可染，如果老师仍然认为有后患，那么，让家人粗茶淡饭，穿平民的衣服就可以了。轻易离开家乡，固然是轻薄之俗，而事情各有不同，不能一概而论。恋恋不舍于一丘之土，而置妻子儿女的安危于不顾，也不能称为厚道的举动。"

后来曾国藩将家眷接到了总督署，严格约束，同时利用中夜课子读书。在他的志向及理想中，当官是偶然之事，而只有耕读之家才更久远。为此，他教育二子，希望他们成为研究者、专门家。咸丰八年（1858）十二月三十日，他写给纪泽的信中说：

> 余于本朝大儒，自顾亭林（顾炎武）之外，最好高邮王氏之学。王安国以鼎甲官至尚书，谥文肃，正色立朝。生怀祖先生念孙，经学精卓。生王引之，复以鼎甲官尚书，谥文简。三代皆好学深思，有汉韦氏、唐颜氏之风。余自憾学问无成，有愧王文肃公远甚，而望尔辈为怀祖先生，为伯申氏，则梦寐之际，未尝须臾忘也。怀祖先生所著《广雅疏证》《读书杂志》，家中无之。伯申氏所著《经义述闻》《经传释词》，《皇清经解》内有

367

之，尔可试取一阅，其不知者，写信来问。本朝穷经者，皆精小学，大约不出段、王两家之范围耳。

信中称赞的汉韦氏是指汉代韦贤、韦玄成、韦赏三代，都是经学名家。唐颜氏是指颜师古，精于训诂，其祖父颜之推，尤善《周礼》《左传》之学，皆为名家。至于曾国藩平生最钦慕的高邮王氏，是指江苏高邮王安国、王念孙、王引之祖孙三代，同为进士，同为大学问家，历时百余年，传为佳话。其中以王念孙、王引之父子最为有名。

王念孙，字怀祖，因其祖父 70 岁去世时望孙心切，嘱儿日后得子须起名"念孙"，故有此名。是著名音韵训诂学家，少年时被称为神童，13 岁时拜戴震为师，曾官永定河道，上书弹劾和珅，受到嘉庆帝的赏识。他的名著《广雅疏证》三十二卷，搜罗汉魏以前古训，详加考证，从形、音、义互相推求，又撰有《读书杂志》，校正文字，阐明古义，每有创见。王引之，字伯申，王念孙之子，训诂学家，嘉庆年间进士，官至工部尚书。继承其父音韵训诂之学，著有《经传释词》《经义述闻》，与其父的前二书并称"王氏四种"。

咸丰八年（1858）八月二十日，曾国藩写信给纪泽，称自己生平有三耻，希望作为曾门长子的纪泽能雪父亲之耻：

学问各途，皆略涉其涯涘，独天文、算学，毫无所知，虽恒星、五纬亦不识认，一耻也；每作一事，治一业，辄有始无终，二耻也；少时作字，不能临摹一家之体，遂致屡变而无所成，迟钝而不适于用，近岁在军，因作字太钝，废阁殊多，三耻也。尔若为克家之子，当思雪此三耻。

曾纪泽不负父亲的殷殷至嘱，随即开始"雪父耻"行动。按照父亲的嘱咐，他阅览《十七史》中各《天文志》，以及《五礼通考》中所辑的《观象授时》。同时每天晚上识辨恒星两三座，两个月后，就能辨识恒星数十座。曾国藩得知后甚慰，随即又进一步指导应看哪些书，并以"国朝大儒于天文历数之学，讲求精熟，度越前古"激励纪泽。

曾国藩封侯爵后，成为"湖南第一家"。同治五年（1866），《湘乡县志》修纂在即，由于曾家的名望，主持者希望曾纪泽参加修撰。因顾虑父亲"不干预公事"的训诫，纪泽没有应允。曾国藩得知后对纪泽说：

> 尔学未成就，文甚迟钝，自不宜承认。然亦不可全辞，一则通县公事，吾家为物望所归，不得不竭力赞助；二则尔惮于作文，正可借此逼出几篇。天下事无所为而成者极少，有所贪有所利而成者居其半，有所激有所逼而成者居其半。

在父亲精心而又有针对性的培养教育下，曾纪泽成为近代出色的外交家，曾纪鸿成为著名的数学家。曾家也逐渐走出了仅以官宦传家的狭小天地。

可以说，曾国藩兄弟的后代都秉承了曾国藩的教诲，做到耕读传家，掌握真才实学，做读书明理的君子，涌现出各类人才，尤以教育、卫生、科技界居多。据统计，曾国藩兄弟后人 240 多人中，仅教授就有 90 多人，其中不乏出类拔萃的人物，如著名诗人曾广钧，画家曾厚熙，著名教育家曾宝荪、曾约农，著名化学家曾广琦、曾昭抡，著名考古学家曾昭燏，还有曾氏后裔中第一位中共党员、曾任全国妇联副主席的曾宪植，等等。

7 孝友为家庭之祥瑞

曾国藩晚年写了一副对联：

世事已抛高枕外，春风常在短筇前。

曾国藩所处的时代，"中兴"已经没有多少希望，他的心里更多的是落寞、失望，但他相信美好的东西一定会流传下去，如春风常在。曾国藩手订的家规，良好的家风，不论社会和环境如何变化，曾氏子孙都能谨守、传承。

他晚年无数次反思家族、家庭兴衰的缘由。同治三年（1864）正月十五日的日记载：

思士大夫之家不旋踵而败，往往不如乡里耕读人家之耐久。所以致败之由不出数端。家败之道有四：礼仪全废，兄弟欺诈，妇女淫乱，子弟傲慢。身败之道有四：骄盈凌物，昏惰任下，贪刻兼至，反复无信。

曾国藩提出"孝友为家庭之祥瑞"，不孝则"立获殃祸"。这里的"孝友"包含两层含义，其一是指对长辈要孝顺，而孝道以"得欢心为本"；其二是兄弟要和睦，如同朋友一样以善相规，共同进步。他说：

> 家和则福自生。若一家之中，兄有言弟无不从，弟有请兄无不应，和气蒸蒸而家不兴，未之有也，反是而不败者，亦未之有也。

曾国藩对弟弟和子侄如何尽孝道，常有具体的指教。在写给欧阳夫人的信中也叮嘱说："澄叔（曾国潢）待兄与嫂极诚极敬，我夫妇宜以诚敬待之，大小事丝毫不可瞒他，自然愈久愈亲。"咸丰十一年（1861）十一月的日记写道：

> 是日与虎臣谈修己治人之道，止勤于邦、俭于家、言忠信、行笃敬四语，终身用之，有不能尽，不在多，亦不在深。

同治九年（1870）六月初四日，曾国藩赴天津办理教案前，给二子留下遗嘱，以孝友致嘱：

> 孝友为家庭之祥瑞。凡所称因果报应，他事或不尽验，独孝友则立获吉庆，反是则立获殃祸，无不验者。吾早岁久宦京师，于孝养之道多疏，后来辗转兵间，多获诸弟之助，而吾毫无裨益于诸弟。余弟兄姊妹各家，均有田宅之安，大抵皆九弟扶助之力。我身殁之

后，尔等事两叔如父，事叔母如母，视堂兄弟如手足。凡事皆从省啬，独待诸叔之家则处处从厚，待堂兄弟以德业相劝、过失相规，期于彼此有成，为第一要义。其次则亲之欲其贵，爱之欲其富，常常以吉祥善事代诸昆季默为祷祝，自当神人共钦。温甫、季洪两弟之死，余内省觉有惭德。澄侯、沅浦两弟渐老，余此生不审能否相见，尔辈若能从孝友二字切实讲求，亦足为我弥缝缺憾耳。

这份被曾国藩命为"遗令"的家书，尽管有诸多自谦之辞，但检讨、省思之语盈溢其间，特别是以平实的语言娓娓道来，毫无夸饰，如慈父在前，锥心不忘。

8 以不干预公事为第一义

传统社会，一荣俱荣，一损俱损，是其典型特征。随着曾国藩地位的爬升，特别是成为大学士、封为侯爵，权绾四省大权后，将自己及曾氏家族带到极盛之时，约束在家的子弟甚至长辈循规蹈矩，不做出格之事，就成为曾国藩的又一必要"功课"。

对待兄弟子侄辈好办，但对于长辈不好说劝，尤其是长辈做的事在理之时，就更难办了。父亲曾麟书就经常帮人打官司，又以乡绅的身份劝民纳粮当差，虽说做这样的事情与"在乡解一方之难"的有道君子之行不相违背，但曾国藩仍认为有干预公事之嫌。道光二十五年（1845），他给叔父写信，请委婉劝阻：

> 又闻四弟、六弟言，父亲大人近来常到省城、县城，曾为蒋市街曾家说坟山事、长寿庵和尚说命案事。此虽积德之举，然亦是干预公事。侄现在京四品，外放即是臬司。凡乡绅管公事，地方官无不衔恨。无论有理无理，苟非己事，皆不宜与闻。地方官外面应酬，心实

鄙薄，设或敢于侮慢，则侄觍然为官而不能免亲之受辱，其负疚当何如耶？以后无论何事，望劝父亲总不到县，总不管事，虽纳税正供，使人至县。伏求堂上大人鉴此苦心，侄时时挂念独此耳。

后来，他又给父亲写信直言利害，父亲表示"闭门谢客"，曾国藩回信说"此男所深为庆幸者"，但还是不忘记提醒父亲，"此门一开，则求者踵至，必将日不暇给，不如一切谢绝"。

父亲干预公事之时，曾国藩的地位有限，但到了咸丰时特别是同治年间，曾家可以说是炙手可热，而在家主持家政的曾国潢又经常涉足官场，县城、省城，一次次地跑，什么事都干预。为此，曾国藩多次严厉批评。他还提出一句名言："凡大员之家，无半字涉公庭，乃为得体。"

咸丰五年（1855），曾国藩正在外省作战，家乡湘乡县发生周万胜一案，曾国潢又跑到省城周旋，尽管受县令之托，但曾国藩仍然于三月二十六日去信制止：

> 周万胜一案，唐父台既经拿获认供，即录供通禀，请在本县正法可也，立毙杖下可也，何必遣澄弟先至省城一次？（澄弟）既非湘乡署内之幕友，又非署内之书办，而仆仆一行，何不惮烦？谓为出色之乡绅耶，则刘、赵诸君皆不肯去，而弟独肯出头，且县署办案，必一一请乡绅去省一次，则绅士络绎于道矣。……澄弟接此回信，务望即刻回家。凡县城、省城、衡城之事，一

概不可干预。丹阁叔受辱之事，可为前车之鉴。

信中训诫寓于讥讽，但说理清晰，曾国潢表示悔过。四月初八日，事情已过，曾国藩写信提出严厉要求，说：

> 当此乱世，黑白颠倒，办事万难，贤弟宜藏深山，不宜轻出门一步。澄弟去年三月在省河告归之时，毅然决绝，吾意戢影家园，足迹不履城市。此次一出，实不可解。以后务须隐遁，无论外间何事，一概不可与闻。即家中偶遇横逆之来，亦当再三隐忍，勿与计较。

他要求诸位弟弟，"大营事件甚多，凡关涉本邑者，诸弟总以不管为妥"。

376

由于曾国藩提出严格要求，故此后很长一段时间，不见家人干预公事的事发生。曾国潢在家息影近十年之久，但金陵攻下前夕，其又犯老毛病。曾国藩当即制止，同治三年（1864）四月二十四日写信说：

> 弟又赴衡州经营米捐之事，可谓劳苦已极。然捐务公事，余意弟总以绝不答一言为妙。凡官运极盛之时，子弟经手公事格外顺手，一倡百和，然闲言即由此起，怨谤即由此兴。……弟此后若到长沙、衡州、湘乡等处，总以不干预公事为第一义。此阿兄阅历极深之言，望弟记之。

正是曾国藩随时随事严厉要求，不假辞色，不容商量，使得"天下指目第一家"才没有犯一般官宦家庭视干预公事为惯常、为当然的错误和过失，这也是耕读传家的又一保障。

9 珍视每一个个体的存在和追求

一代人总有一代人的主题。进入咸同之交，曾家的后辈人都已陆续进入少年、成年，有的走向科举考场，步入官场，有的走向学问之途，他们要展现属于这一代的多彩人生。

而这时的曾家，不但是两兄弟封侯封伯、封妻荫子，而且权势极盛。那么，后辈人是否要借助长辈的威势来谋取私利呢，或者长辈要为后人大开方便之门？曾国藩给出了否定的回答。他尊重个性，珍视每一个个体的存在和追求，是曾家后代在各领域大放异彩的重要条件。

"断不可送条子"的"父命"就发生在曾纪鸿参加考试前。

曾国藩的家教确实与众不同，他敏锐地认识到，从社会变革的视角看，一个新的时代即将开启，尽管他很朦胧，不知以后的社会是什么样，但传统科举制度误人子弟，致使几乎所有人才都销蚀在"一生磨墨"的尴尬世界里，尽管他自己是这种制度的受益者，但他仍深恶痛绝。

道光二十九年（1849），父亲曾麟书嘱咐他，要刚满10岁的长孙曾纪泽早习举业："朝廷立法数百年不易者，惟制艺

（八股）耳，尔等亦必须世守勿替"，"此后教纪泽读书，定
要作八股。"命曾国藩严格按照科举模式教读他的这位爱孙。
他的九弟也劝曾国藩要纪泽参加科举考试。

曾国藩却认为，14岁开始也不晚，打好经学的基础最重
要，将来二十几岁应试也来得及，这样，即便将来考不中，
学问的基础也足以建立。但14岁以后，曾国藩也没有让纪
泽立即转入学作八股，而是告诉他"八股文、试帖诗皆非今
日之急务，尽可不看不作。至要至要"。父亲对科举的态度，
对纪泽影响甚大。

一晃到了20岁，祖父已经去世，纪泽于咸丰八年
（1858）八月，平生唯——次进了湖南乡试的考场，但没有
中举。

曾国藩看纪泽考试的诗文，感觉气势畅达，只是偶有生
字、生句，认为从此下功夫，可望有成。而家馆的邓汪琼先
生也认为纪泽可造。咸丰九年（1859）四月十三日，曾国藩
给邓汪琼写信：

> 泽儿今年耽搁太多，虽看书不辍，而制艺久未能
> 作，必更生疏，此后求督之按课作文。从今至辛酉八
> 月，不过二年零五个月，光阴似箭，中有两次科场，须
> 在此二年内将八股工夫操熟，能中更好，不能中亦须进
> 京。……此后仍求每日讲书，或讲《周易折中》，或讲
> 《通鉴》，听候鸿裁。《折中》之书，该括万理，《程传》
> 尤极明显。《通鉴》虽太多，难于看完，然讲一卷算一
> 卷，讲一函算一函，若得数年工夫，讲完亦未可知，不

完亦无碍也。

可见，即便是最有希望科举成功的一段时光，曾国藩仍寄望纪泽多读经史等有用之书。

此后，纪泽也对科举淡漠，同治元年（1862）向父亲明确表示，他不愿走科举为官之路。在一般家庭看来，这都需要承受很大风险，对于官宦家庭出身的曾家，等于放弃自己的前程。但曾国藩却非常"开明"，他支持纪泽与科举决裂，回信说："尔既无志于科名禄位，但能多读古书，时时吟诗作字，以陶写性情，则一生受用不尽。"但他提醒纪泽，你可以学习王羲之，做书法家，或者像陶渊明那样，终老田园，但不可学"放荡名教"之人。

因此，曾纪泽一生只进一次考场，不会作考试之文，这在官僚士大夫之家，恐怕是非常罕见的。而就是这一次考场，曾国藩还告诉他：

> 今年初次下场，或中或不中，无甚关系。榜后即当看《诗经注疏》，以后穷经读史，二者迭进。国朝大儒，如顾、阎、江、戴、段、王数先生之书，亦不可不熟读而深思之。光阴难得，一刻千金！

到了纪鸿参加科举考试，曾国藩虽乐观其成，但也不是很赞成。纪鸿8岁时，他就嘱咐说："纪鸿儿亦不必读八股文，徒费时日，实无益也。"纪鸿10岁时，曾国藩希望他能向科学发展，这使得曾纪鸿后来成为著名的数学家。

同治三年（1864），15岁的纪鸿准备参加科举考试，曾国藩当时刚攻破金陵，封侯爵，是最辉煌之时，但他嘱咐纪鸿"断不可送条子"。七月初九日信说：

> 尔在外以谦谨二字为主。世家子弟，门第过盛，万目所瞩。临行时，教以三戒之首末二条及力去傲惰二弊，当已牢记之矣。场前不可与州县来往，不可送条子。进身之始，务知自重。

七月二十四日又写信说：

> 余与沅叔蒙恩晋封侯伯，门户太盛，深为祗惧。尔在省以谦敬二字为主，事事请问意臣、芝生两姻叔，断不可送条子，致腾物议。十六日出闱，十七八拜客，十九日即可回家。

曾国藩不强求甚至不赞成儿子们走科举之路，但对他们为人、学问的要求却很严格。他对纪鸿说：

> 凡世家子弟，衣食起居无一不与寒士相同，庶可以成大器；若沾染富贵气习，则难望有成。吾忝为将相，而所有衣服不值三百金。愿尔等常守此俭朴之风，亦惜福之道也。

对纪泽说：

李申夫之母尝有二语云："有钱有酒款远亲，火烧盗抢喊四邻"，戒富贵之家不可敬远亲而慢近邻也。我家初移富圫，不可轻慢近邻，酒饭宜松，礼貌宜恭。建四爷如不在我家，或另请一人款待宾客亦可。除不管闲事，不帮官司外，有可行方便之处，亦无咎也。

反复告诫二子：

劳、谦二字受用无穷，劳所以戒惰也，谦所以戒傲也。有此二者，何恶不去？何善不臻？

曾国藩不赞成子弟习举业，从弟弟们开始，直到他的儿子，时间早在京师时，也即 1850 年前后，中国还没有进入大乱时代，而此时的他能有这份眼光并付诸行动，确实需要很大的勇气和魄力。这种尊重子弟个性，引导其成长的开明做法和教育理念，对曾家后代产生了深远影响。

曾国藩的长孙曾广钧，是纪鸿和郭筠所生。广钧 15 岁时，父亲去世，母亲精心培养，八年苦读，于光绪十五年（1889）中进士，并点了翰林，当时年仅 23 岁。但他无意在官场打拼，对学问尤感兴趣，擅长诗文及西方科学，他对子女的教育也持开放态度。女儿曾宝荪回忆说："父亲是一个极其维新的人，他对我的一生有三次大帮助：第一件事是不许缠足，第二件事是不为子女订幼时婚姻，第三件事是允许女儿加入基督教并出国留学。"

10 以廉率属，以俭治家

中国有句成语"居安思危"，实际是讲泰极否来，盛衰可以循环往复的道理。把握顺境，不安于顺境，在安稳中忧虑危险会随时到来，使人保持警惧状态，阻止或推迟"否"的到来，就显得十分重要。

人的一生也不可能总是顺境，同时也不可能总是逆境，长时间的逆境会让人看不到希望，而放弃努力，会消磨人的意志，使人成为环境的附庸；如果久处顺境，也会滋长好逸恶劳、安于现状的习气。在此，曾国藩提出"顺境太久，必生波灾"的观点。

事情的起因是曾国藩的夫人欧阳氏得了眼疾。欧阳夫人是衡阳人欧阳凝祉之女，其父是曾国藩的业师，与曾家早有交往。欧阳氏年幼时，在家受父训，读过《幼学》《论语》等书。1830 年左右，曾国藩在其父门下读书时，欧阳氏也在伴读。她常听父亲对曾国藩的称誉，早就萌发对曾国藩的敬仰。三年后，其父将她许配给曾国藩，正合其凤愿。出阁后，因是曾家长媳，全靠她料理家务，虽不能专心读书，但常忙里偷闲看书习字，能作一般的诗文。

欧阳夫人早年跟从曾国藩,颇多劳苦。加之子女较多(三子六女),而曾国藩持家一向以严著称,其压力可想而知。据幼女曾纪芬(崇德老人)回忆,她幼时因母乳不足,雇北方奶妈以哺乳。曾国藩赴江西任考官路上得悉自己的母亲江氏谢世,而此时欧阳夫人及家眷仍在京城,遂由女弟欧阳牧云自湘到京接家眷回湘。"沿途风鹤多警,幼弱牵随,太夫人(即欧阳夫人)劳瘁甚至。"

曾家老宅称为黄金堂,相传此宅不吉。咸丰七年(1857)二月初四日,曾麟书病逝于此。曾国藩兄弟在家守丧期间,曾纪泽的夫人贺氏因难产死于此,不久,贺氏的母亲也在此病逝。当时曾国荃的夫人有孕在身,对连续三人在黄金堂病逝甚感恐慌,延请巫师在宅里驱邪。曾国藩原本心情忧郁,又经其扰,认为坏了曾家"不信巫师"的祖训,为此严厉呵斥。

曾国荃一家随即迁出黄金堂,到对面的曾家坳头的庄屋居住。曾氏兄弟重新出山后,特别是曾国华在三河战死,曾国藩反省自己在家所为,痛自检悔,而曾国潢等也相继离开黄金堂老宅,到咸丰九年(1859),老宅的主人只有曾国藩这一支,而曾纪泽成为这里的主人了。

曾国藩坚持"以廉率属,以俭治家,誓不以军中一钱寄家用"。欧阳夫人在乡辛勤操持家务,下厨烧灶,纺纱织布,样样带头亲躬,以为家中女眷们的表率。其时的拮据情形说来简直让人难以置信。她的小女儿曾纪芬晚年有这样的忆述:

先公在军时,先母居乡,手中竟无零钱可用,拮据情形，为他人所不谅，以为督抚大帅之家，不应窘乏若此。其时乡间有言修善堂杀一猪之油，止能供三日之食；黄金堂杀一鸡之油，亦须作三日之用。修善堂者，先叔澄侯公所居，因办理乡团公事客多，常饭数桌。黄金堂则先母所居之宅也，即此可知先母节俭之情形矣。

曾国藩做两江总督时，欧阳夫人带着子女仍住在黄金堂，三个女儿出嫁，也在湘乡成亲。欧阳夫人以"虽贵而家非甚丰，雇用婢妪无多"，故而所着鞋褋须由曾纪芬等自作。同治二年（1863）九月底，欧阳夫人率儿女自原籍到安庆两江总督署，沿途由号称"长江第一船"，彭玉麟亲自为曾国藩制备的座船接来。督署原是陈玉成的英王府，当时两房儿媳没有婢女服侍，房中杂役亦取办于欧阳夫人所带的唯一村妪。后来在安庆用十余钱买一个小婢，曾国藩知道后，大加申斥，欧阳夫人不得已转给曾纪鸿的妻子郭筠的母家。由于曾国藩治家严肃节俭，两房儿媳妇及女儿的梳妆等事从不敢借手于仆婢。

进入南京以后，曾家上上下下有几十口人，欧阳夫人以婢妪不足用，乃自难民局唤得一侯姓媪妪，每月给钱八百。侯妪曾于陶澍任江督时，入署乳其公子，后来在湖南逃难，她的丈夫和儿子都在乱离中散失，她本人被太平军掳至金陵，因被围日久，城中老弱渐次散出，曾国荃因设难民局来收容这些人，其中就有侯姓媪妪。后来曾国藩北上剿捻，欧阳夫人等回湘居住，侯媪不愿随往，于是推荐给李鸿章的母亲，再后来，李鸿章署两江总督，此人仍健在，且略有蓄积，自置墓地。计其一生，三入两江督署，亦是奇遇。

同治七年（1868）十二月，曾国藩调任直隶总督。在此之前，欧阳夫人眼疾加重，右眼旋即失明。到保定直隶总督署后，左眼也患病，有郝姓医生针治左眼，因医术不精，遂两目皆不见物。当欧阳夫人右眼患病时，曾纪泽给父亲写信，称可用外国人的化疗法治病，同治七年十二月十七日，曾国藩回信给纪泽："知道你母亲眼疾一天比一天严重，不知是否还有希望治好，你母亲性情急躁而又好体面，假如她的眼失明，就很难长久活下去。我常说享名太盛，必多缺憾，我实在与此相近；聪明太过，常少福泽，你与此相近；顺境太久，必生波灾，你母亲与此相近。我常常为这三种情况而焦虑，为今之计，只有力行孝友之道，多吃辛劳，少享清福，也许可以挽回万一。家中妇女近年好享清福而完全不能吃苦耐劳，我深深为这事感到不安。外国人用电气治病的做法我根本不相信，目光不能和其他器物相比。不如用药物，治疗病根，至于眼疾，只有听其自然。穆彰阿一生患有眼疾，他曾对我说，治眼应该补阳，不可滋阴，尤其不能用凉性药。按他的说法，熟地对于眼病大有妨碍。供你参考。"

曾国藩去世二年后，双目失明的欧阳夫人病故。

11　率先垂范，身体力行

　　曾国藩在治家上，也讲求率先垂范，身体力行，要求别人做到的，自己首先做到。这也是曾氏家训最有说服力的所在。

　　一是在生活上示范。曾国藩每餐只蔬菜一品，决不多设，时人称之为"一品宰相"。同治六年（1867）八月二十三日，曾国藩与赵烈文密谈时，因曾国藩要购买一个砚台，因此就谈到了他的起居及日常事物："老师指着墙壁笑着说：'我这次来江南任两江总督已经半年了，墙壁上没有一幅有落款的字画，办公用的几案上也荡然无物，人们是不是要嘲笑我太简陋了？'我对老师说：'自从有总督衙门以来，从没有像现在这样空荡寂寞的衙门。人们想赞颂您的大德还来不及，怎会有人笑话您？'老师说：'足下将来给我写墓志铭时，这也算一件趣事啊。'"

　　同治六年（1867）八月二十八日，两人在一起谈话，一个小兵拿着一张纸让曾国藩看，曾国藩看着点点头。随即对赵烈文说："这是什么东西？足下猜猜看！"赵说猜不到。曾国藩说："这是我的食单呀。每餐两个菜，一个大碗，一个小碗，三簌，凡五品，不需要丰盛，但一定是隔宿的。"赵烈文感佩不已，因而说："在老师的总督衙门待了这么久，还没有在通常的饮食中看见有鸡鸭，您也吃火腿吗？"曾国藩回答说："没有。过去别人送，我都拒绝了。现在已经形成风气，好久不见有人送了。即使是绍兴酒，也是每斤零着喝。"赵烈文于是说："大清朝二百年，不可无此总督衙门。"曾国藩说："君将来给我撰写墓志铭，这都是佐料啊。"一同大笑，结束了这次谈话。

一次，曾国藩与赵烈文谈话间隙，曾国藩脱下他的马褂放到床榻上，又稍坐一会儿就离去了。赵烈文拿起床榻上曾国藩留下的衣褂一看，见是佛青洋呢面，布里琵琶襟，极短而又小，说这样的衣服连贫寒之士都不屑于穿的，为此叹息不已。

388

据崇德老人（曾国藩之女曾纪芬）回忆，在江南两江总督署时，李鸿章请曾夫人和小姐吃饭，姊妹二人，仅一绸裤，相争至于哭泣。曾国藩安慰道："明年若继续任总督，必为尔添制绸裤一条。"时崇德老人年幼，一闻此言，便破涕而笑。

二是在工作上示范。

曾国藩每日自晨至晚，不断工作，不稍歇息。主要公文，均自批自拟，很少假手他人。晚年右目失明，仍然阅公文，写作诗文、日记，中夜课子读书，安排井井有条。所写日记，直至临死之前一日才停止。

他自己工作，夫人、儿媳妇住在总督署内，也要绩麻纺纱，做针线工作，直至起更后始能休息。《水窗春呓》记载曾家这样一个笑话，可说是曾国藩家庭工作的剪影：衡阳、湘乡一带风俗俭朴，居官不改常度。欧阳夫人率子女及儿媳到安庆两江总督署后，母亲规定每晚要与儿媳纺棉纱四两，两鼓后即歇。儿子纪泽原配夫人贺氏因难产去世一年多，曾国藩亲自托彭玉麟、唐训方两位湖南老乡做媒，将好友刘蓉的女儿继配给纪泽为妻。在曾国潢的主持下，两人在家乡湘乡成婚，不久随母来到江督署。一天晚上，不觉已到三更，四两线的功课仍未完成。欧阳夫人见媳妇有了睡意，就说："今天为你讲一个笑话，来醒醒睡魔怎样？"媳妇一听婆婆要讲笑话，连声说好。欧阳夫人说道："说是有一个大家庭，婆婆率她的儿媳纺线纺到深夜，新婚未久的儿子躺在床上，辗转反侧，心甚焦急，乃大呼曰：'妈，你那不懂事的媳妇，吱吱呀呀，纺车不停，闹得我睡不着，请将她那部纺车打碎好了。'没想到，公公在隔屋听到儿子这番话，也应声说道：'儿子，如果要打，最好也将你母亲那部纺车一并打碎为妙，我也睡不着呢！'"次日早餐后，曾国藩给幕僚讲这一笑话。笑话一出，大家笑得眼泪都掉下来了。

曾国藩任直隶总督时，一意清理狱讼，重大案件均亲自鞠讯，半年之间结案4万余件，多年尘牍，为之一清。可知其工作之勤。

三是在清廉上示范。

读书做官，做官发财，几乎变成了一个体系，不可分割。可是曾国藩做了几十年的京官和封疆大吏，从来不取一文来历不明之钱。早年立誓不靠做官发财，以"室无私钱"为"清廉"下手之处，终生坚守不渝。曾纪芬回忆说：

文正公手谕嫁女奁资，不得逾二百金。欧阳夫人遣嫁四姊时，犹谨遵遗法。忠襄公（曾国荃）闻而异之曰："焉有此事！"发箱奁而验之，果信。再三嗟叹，以为实难够用，因再赠四百金。

如此清廉的总督，真是罕见。

曾国藩率先垂范，赢得了家人及其身边人的敬服，使得这个大家庭在互敬互爱中充满生机和希望。

12 不与骄奢人家结亲

曾国藩常年在外，很少亲理家事，但家政过问较多，尤其是涉及儿女婚事，他都要亲自过问。旧时的婚事讲究门当户对，曾氏家族为湘乡乃至湖南第一显宦后，按理说，所结亲家不是豪门显族，也是达官贵戚。事实却不是如此。他考虑儿女的婚事时，着重从家风和生活习惯上去考察。

湖南有一常姓显贵家庭，几次都想与曾国藩结为儿女亲家，而曾国藩通过明察暗访，得知常家品行不好，故明确给以拒绝："常家想与我结姻，我所以不愿意，是因为听说常世兄这个人最喜欢仗父亲的权势欺侮别人，衣服也太华丽，仆从前呼后拥，作威作福，显赫一时，恐怕他家的女子有官家小姐的骄气奢气，这样会破坏我家的家规，引诱我家子弟也喜欢奢侈骄气。现在他再三要结姻，送给甲五（侄）的八字去，恐怕他家是要与我为亲家，不是想与弟弟为亲家。这话我不能不明白告诉你们。"

他在给父母的信中也提到了此事：

> 常南陔之世兄，闻其宦家习气太重，孙男孙女尚

幼，不必急于联婚。且男之意，儿女联姻，但求勤俭孝友之家，不愿与宦家结契联婚，不使子弟长奢惰之习，不知大人意见何如？望即日将常家女庚退去，托阳九婉言以谢。

咸丰六年（1856），曾纪琛13岁，乡间有人做媒，配罗泽南次子兆升。罗兆升因父有功，钦赐举人，为内阁中书，赏戴花翎，特授陕西孝义厅抚民府，诰授奉政大夫。曾国藩与罗泽南为患难之友，生平志向相投，他对罗泽南之死充满惋惜之情，按说两家结姻是好上加好，但曾国藩认为罗兆升有"官宦气"，故表示不中意，给家人写信说："罗家结亲的事，先暂时缓一下。近来人家一当了官，便滋长骄奢的习气。我深深以此为戒。三女儿找夫婿，我的意思是选择一个节俭朴实的耕读人家，不必一定是富家名门的。"

儿子曾纪泽的婚事比较晚，曾国藩在给父亲的信中也明确表示不要找富家子女，他说："纪泽儿的婚事，多次不成，儿子当年也是15岁才定婚，纪泽再晚一两年，也没有什么不可以。或者请大人在乡里选择一耕读人家的女儿，或者儿子在京城自定，都须以没有富家子弟习气的人为主。"

尤为可贵的是，曾国藩在儿女婚事上，能跳出时人非常看重的嫡出与庶出之别。纪泽娶贺长龄之女为妻，但中间颇有周折，因为曾国藩的妻子听人说贺女乃是庶出。为此，曾国藩在给诸弟的信中说："纪泽与贺家婚姻的事，观闰八月父亲及澄弟信，已定于十月订盟，观九月十四澄弟一信，则又改于正月订盟。而此间却有一点挂碍，不得不详告家中者：

字諭紀鴻兒

家中人來營者多稱舉止大方余為少慰
凡人多望子孫為大官余不願為大官但願
為讀書明理之君子勤儉自持習勞習苦可
以處樂　可以處約此君子也余服官二十年
不敢稍染官宦氣習飲食起居尚守寒素家
風極儉也可　略豐也可太豐則吾不敢也凡
仕官之家由儉入奢易由奢返儉難年尚幼
切不可貪愛奢華　不可慣習懶惰無論大家

小家士農工商　勤苦儉約未有不興　驕奢倦
怠未有不敗讀書寫字不可間斷早晨要早
起莫墜高曾祖考以來相傳之家風吾父吾
叔皆黎明即起之所知也凡富貴功名　皆有
命定半由人力半由天事　惟學作聖賢全由
自己作主不與天命相干涉　吾有志學為聖
賢　少時欠居敬工夫　至今猶不免偶有戲言
戲動宜舉止端莊　言不妄發　則入德之基也
手諭　時在江西撫州門外
咸豐六年九月二十九夜

咸丰六年（1856）曾国藩写给曾纪鸿的家书

京师女流之辈，凡儿女定亲，最讲究嫡出庶出之分，你的嫂子听说了贺家姻事，即托人打听是否庶出，余以其无从细询，亦遂置之。昨初十日接家中正月订盟之音，十一日内人亲至徐家打听，知贺女实系庶出，内人即甚不愿。余比晓以大义，以为嫡出、庶出何必区别？且父亲大人业已喜而应允，岂可复有他议！"

咸丰三年（1853），贺家与曾家成亲后，贺长龄已不在世，其家运也一直不好。咸丰七年（1857）六月，年仅 18 岁的贺夫人在曾家因难产死去。次年冬，贺长龄的胞弟贺桂龄与年未 30 岁的儿子少庚又相继病逝。曾国藩对亲家十分同情，接贺家哀信，分别寄银后，并手谕纪泽：

> 少庚早逝，贺家气象日以凋耗，尔当常常寄信与尔岳母，以慰其意。每年至长沙走一二次，以解其忧。耦耕先生学问文章，卓绝辈流，居官亦恺恻慈祥，而家运若此，是不可解。

曾纪泽遵其父训，在贺氏妻去世后，为对岳母尽孝敬之意，把她接到黄金堂来住。不到一年，贺母病逝于曾家。

13 绝不靠做官发财以遗后人

怎样保持家道的兴盛呢？曾国藩认为，不要让子女后代过于寒酸，低眉求人，但更重要的一条，就是不给子孙留下大笔遗产。

咸丰四年（1854）二月上旬，曾国藩的父亲命他将自己拟好的一联书写后悬之厅中：

> 有子孙有田园家风半读半耕，但以箕裘承祖泽；
> 无官守无言责世事不闻不问，且将艰巨付儿曹。

曾国藩对此十分推崇。他说："身居京官，总以钱少产薄为妙。"

早在京城做官时，曾国藩就给家中的几位弟弟表示，绝不靠做官发财以遗后人。道光二十九年（1849）三月二十一日，这位二品大员写信说：

> 大凡做官的人，往往厚于妻子而薄于兄弟，私肥于一家而刻薄于亲戚族党。予自三十岁以来，即以做官

有子孫有田園家風半讀半耕　但以箕裘承祖澤　咸豐四年正月上旬

且將艱鉅付兒曹　竹亭老人自謚命男國藩寫

無官守無言責世事不聞不問

曾国藩手书联语

发财为可耻，以宦囊积金遗子孙为可羞可恨，故私心立誓，总不靠做官发财以遗后人。

正是基于这种认识，咸丰五年（1855）十二月，他请主持家政的曾国潢，将未经他知晓给他买的五马冲田产设法出手：

> 闻长夫屡次言及我家去年在衡阳五马冲买田一所，系国藩私分等语，并云系澄侯弟玉成其事。国藩出仕二十年，官至二品，封妻荫子，且督师于外，薄有时名。今父亲与叔父尚未分析，两世兄弟怡怡一堂，国藩无自置私田之理。……兹特备陈大略，求澄侯弟将五马冲田产为我设法出脱。或捐作元吉公祭田，或议作星冈公祭田，或转售他人，以钱项备家中日用之需。但使不为我私分之田，并不为父亲私分之田，则我之神魂为之少安，心志为之少畅。温、植、季三弟亦必力赞成吾意，至幸至慰。诸弟禀明父亲、叔父后，如何定计，望详明告我。

在家主政的曾国潢，为人十分厚道，颇得乃兄赞许，但花钱也不免大方。同治二年（1863）十一月十四日，曾国藩写信给他说：

> 以后望弟于俭字加一番工夫，用一番苦心，不特家常用度宜俭，即修造公费，周济人情，亦须有一俭字

的意思。总之，爱惜物力，不失寒士之家风而已。莫怕寒村二字，莫怕悭吝二字，莫贪大方二字，莫贪豪爽二字，弟以为然否？

他还提醒曾国潢不要忘昔日苦况：

余作书架样子，兹亦送回，家中可照样多做数十个。取其花钱不多，又结实又精致。寒士之家，亦可勉做一二个。吾家现虽鼎盛，不可忘寒士家风味，子弟力戒傲惰。戒傲以不大声骂仆从为首，戒惰以不晏起为首。吾则不忘蒋市街卖菜篮情景，弟则不忘竹山坳拖碑车风景。昔日苦况，安知异日不再尝之？自知谨慎矣。

他对儿子纪泽、纪鸿也同样要求，说：

银钱田产，最易长骄气惰气。我家中断不可积钱，断不可买田，尔兄弟努力读书，决不怕没饭吃，至嘱。

鉴于纪泽、纪鸿等要随母回乡居住，同治五年（1866）六月二十六日，曾国藩给二子写信，反复嘱咐说：

吾家门第鼎盛，而居家规模礼节，总未认真讲求。历观古来世家久长者，男子须讲求耕读二事，妇女须讲求纺绩、酒食二事。……此后还乡居家，妇女纵不能精于烹调，必须常至厨房，必须讲求作酒、作醯醢、换茶之类。尔等亦须留心于莳蔬养鱼，此一家兴旺气象，断不可忽。纺绩虽不能多，亦不可间断。大房唱之，四房皆和之，家风自厚矣。至嘱至嘱。

但曾国藩没有学究气，对人情世故体会尤深，他不走极端，既不留给子孙余财，但也不愿子孙过于寒酸，被人看不起，或者像乞讨一样，无法做人。

同治七年（1868）七月下旬，年近六旬的曾国藩奉调直隶总督。他知道，自己的人生可能已近尾声，为此，各种后事也必须安排妥当。

赴任前进京，需要不少钱打点，这个规矩他不能破，也不敢破。但多年任职封疆大吏，特别是被人羡慕的两江之任，因为清廉自矢，并没有什么钱，如果把进京的打点扣除，更所余无几。更何况，家眷还要到保定，沿途费用又是一笔不小开销。同治八年正月二十二日夜，他给儿子纪泽写了封密信，谈到日后安排：

> 余送别敬一万四千余金（三江两湖五省全送，但不厚耳），合之捐款及杂费凡万六千上下，加以用度千余金，再带二千余金赴官，共用二万两。已写信寄应敏斋，由作梅于余所存缉私经费项下提出归款。闻该项存后路粮台者已有三万余金，余家于此二万外，不可再取丝毫。尔密商之作梅先生、雨亭方伯，设法用去。凡散财最忌有名，总不可使一人知（一有名便有许多窒碍，或捏作善后局之零用，或留作报销局之部费，不可捐为

善举费）至嘱至嘱。余生平以享大名为忧，若清廉之名尤恐折福也。杜小舫所寄汇票二张，已令高列三涂销寄回。尔等进京，可至雨亭处取养廉数千金作为途费，余者仍寄雨亭处另款存库，余罢官后或取作终老之资，已极丰裕矣。

据曾纪芬回忆，当年三月二十日，欧阳夫人携眷属到直隶督署。一家人乘舟至清江换车北上，炎热尘坌，至保定多有病者。欧阳夫人偶乘肩舆，或乘后档车，其他人则骡车颠簸，不堪其苦。纪泽到保定后患痢，为医所误，致成胃疾。侄男女亦多患病。欧阳夫人每言道光二十年（1840）随竹亭公（曾麟书）入都，正值隆冬，严寒昼短，携幼婢一人坐骡车。往往深暮到店，未黎明即起，呵气着被边头，遂成冰冻，小儿啼号不绝，有时母子均哭，其苦况犹在心目，此行则舒适多了。

关于曾国藩所留遗产，曾纪芬说："曾国藩在京师任职时俸入无多，每年节啬以奉重堂甘旨，为数甚微。治军之日亦仅年寄十金、二十金至家。及功成位显而竹亭公去世后，故尤不肯付家中以巨资。至直督任时，始积俸银二万金。比及薨逝，曾纪泽秉承遗志，谢却赙赠，仅收门生故吏所醵集之刻《曾国藩全集》的费用。略有余裕，合以俸余，粗得略置田宅。"

14 为官最忌求田问舍

据曾纪芬说,她九叔曾国荃"每克一名城,奏一凯战,必请假还家一次,颇以求田问舍自晦",因此招致长兄曾国藩的批评。咸丰十年(1860)十一月初二日,曾国藩一如往常,早饭后清理文件。过一会儿,接到胡林翼的几封信,其中有写给陈作梅的密信,因陈作梅已赴江西,曾国藩怕耽搁事情,就拆开阅看,发现其中有言"沅甫乡里之评,如此大非乱世所宜,公可密告涤丈箴规之"之类的话。

因陈作梅在曾的幕府数月,并未提及一字,曾国藩也不知信中所指何事,因此又问当时在幕府的李鸿章:

> 曾闻作梅说及我家事否?少荃言曾闻作梅说及沅甫乡评不好。余细叩何事,渠言洪家猫面脑葬地,未经说明,洪家甚为不服。洪秋浦有信寄余,其中言语憨直,因隐藏未经寄营。本县绅士亦多见此信稿者,并劝余设法改坟,消患无形等语。又言沅甫起新屋,规模壮丽,有似会馆。所伐人家坟山大木,多有未经说明者。又言家中子弟荡佚,习于吹弹歌唱之风云云。余闻之甚为忧

惧。细思余德薄能鲜，忝窃高位，又窃虚名，已干造物之忌，而家中老少习于骄、奢、佚三字，实深悚惧。

经曾国藩了解核实，胡林翼的密信主要牵涉曾国荃的两件事。其中一件与曾家全家都有关系，即为父母改葬之事，另一件是曾国荃盖造大夫第的事。

咸丰七年（1857）曾国藩的父亲去世后，次年曾国华死于三河战场。因此地仙称曾家安葬之地不吉。曾国藩遂同意为父母改葬，经勘查，洪家猫面脑处为吉壤。按照曾国藩的安排，安庆之战结束，再由曾国荃出面办理，如洪家执意不肯，就略为迁改，移到夏家契地内，"但求大致稳妥，不必泥于阴地一线之说，反贻求福太过之讥"，曾国藩为此多次写信给弟弟们。他还给九弟写信特别说：

> 洪家之事，可一言而决。先茔葬在夏家卖契地内，则我直而洪曲。若系我直，则国藩长子也，断不要弟与澄、季独当其事，当由我挺身出来任之，有祸我当，有谤我受，决不出一分一厘与洪。若系洪直，则当从容谋一妥善之法。谚云"一家饱暖千家怨"，况吾家显宦，岂能免于讥议？

曾国荃自咸丰七年从黄金堂老宅搬出后，暂时住到其对面。次年，曾国荃重新走上战场，营造大夫第也于咸丰九年（1859）大张旗鼓地开始了，但家乡对此议论颇多，在曾国藩的一再要求下，不得不改小。曾纪芬回忆说：

所构新居，颇壮丽，前有辕门，后仿公署之制，为门数重，乡人颇有浮议。文正闻而驰书令毁之。余犹忆戏场之屋脊，为江西所烧之蓝花回文格也。

15 养生有法，福泽绵长

从遗传的视角看，曾氏家族的身体素质并不强壮，曾国藩也意识到这一点，因此经常告诫子弟们注意养生，他自己也总结出一套养生六法，要家人像他一样用到实处。

他给曾国潢等写信说：

> 余老境日逼，勉强支持一年半载，实不能久当大任矣。因思吾兄弟体气皆不甚健，后辈子侄尤多虚弱，宜于平日讲求养生之法，不可于临时乱投药剂。养生之法约有五事：一曰眠食有恒，二曰惩忿，三曰节欲，四曰每夜临睡洗脚，五曰每日两饭后各行三千步。惩忿，即余篇中所谓养生以少恼怒为本也。眠食有恒及洗脚二事，星冈公行之四十年，余亦学行七年矣。饭后三千步近日试行，自矢永不间断。弟从前劳苦太久，年近五十，愿将此五事立志行之，并劝沅弟与诸子侄行之。

曾国藩的养生法有所发明，也与众不同，他将养生与工作联系在一起，主张自然养生法，经常说"精神愈用而愈出"。他还将养生概括为"君逸臣劳"。君是大脑，发号施令的中枢机关，如何逸？他说要省思虑，除烦恼。臣是执行机关，他提出四肢要发达，即锻炼，筋骨常动，四体要勤。

他最强调的还是常用六法。他对纪泽等家人说：

> 养生无甚可恃之法，其确有益者，曰每夜洗脚，曰饭后千步，曰黎明吃白饭一碗，不沾点菜，曰射有常时，曰静坐有常时。纪泽脾不消化，此五事中能做得三四事，即胜于吃药。纪鸿及杏生等亦可酌做一二事。余仅办洗脚一事，已觉大有裨益。此皆闻诸老人，累试毫无流弊者，今亦望家中诸侄试行之。尔等身体皆弱，前所示养生五诀，已行之否？泽儿当添"不轻服药"一层，共六诀矣。既知保养，却宜勤劳。家之兴衰，人之穷通，皆于勤惰卜之。泽儿习勤有恒，则诸弟七八人皆学样矣。

曾国藩的养生五诀，并未教人贪图安逸，所以信中强调，"既知保养，却宜勤劳"，并且郑重指出："家之兴衰，人之穷通，皆于勤惰卜之。"历观人事，莫不如此。曾国藩尤其推重"饭后千步"之法，他对纪泽儿说："每日饭后走数千步，是养生家第一秘诀。尔每餐食毕，可至唐家铺一行，或至澄叔家一行，归来大约可三千余步。三个月后，必有大效。"

他在给四弟曾国潢的信中也嘱咐道："今年以来，贤弟实在劳苦，较之我在军营，殆过十倍，万望加意保养。"另信还强调早起："我平生很讲求惜福二字的意义。送来补药不断，蔬菜也比较好，自己感到太享受了，觉得惭愧。然而体质中气也确是太弱，不得不吃得稍好一点。胡林翼、李续宾经常吃辽东的人参，享受更有超过我的地方。家里后辈子弟，身体弱的学射击，是保养身体的好办法，早起尤其是健身的千金妙方、长寿的金丹啊！"

他还将养生与力学结合起来。晚年写信给澄、沅两弟说：

> 吾见家中后辈体皆虚弱，读书不甚长进，曾以养生六事勖儿辈：一曰饭后千步，一曰将睡洗脚，一曰胸无恼怒，一曰静坐有常时，一曰习射有常时（射足以习威仪强筋力，子弟宜多习），一曰黎明吃白饭一碗，不沾点菜。此皆闻诸老人，累试毫无流弊者，今亦望家中诸侄试行之。又曾以为学四字勖儿辈：一曰看生书宜求速，不多阅则太陋；一曰温旧书宜求熟，不背诵则易忘；一曰习字宜有恒，不善写则如身之无衣，山之无木；一曰作文宜苦思，不善作则如人之哑不能言，马之跛不能行。四者缺一不可。盖阅历一生，而深知之深悔之者，今亦望家中诸侄力行之。养生与力学，二者兼营并进，则志强而身亦不弱，或是家中振兴之象。两弟如以为然，望常以此教诫子侄为要。

他特别重视"眠食"二字在养生中的"自然"效验。对二子说：

老年来始知圣人教孟武伯问孝一节之真切。尔虽体弱多病，然只宜清静调养，不宜妄施攻治。庄生云："闻在宥天下，不闻治天下也。"东坡取此二语，以为养生之法。尔熟于小学，试取在宥二字之训诂体味一番，则知庄、苏皆有顺其自然之意。养生亦然，治天下亦然。若服药而日更数方，无故而终年峻补，疾轻而妄施攻伐，强求发汗，则如商君治秦、荆公治宋，全失自然之妙。柳子厚所谓"名为爱之，其实害之"，陆务观所谓"天下本无事，庸人自扰之"，皆此义也。东坡《游罗浮》诗云："小儿少年有奇志，中宵起坐存黄庭。"下一存字，正合庄子在宥二字之意。盖苏氏兄弟父子皆讲养生，窃取黄老微旨，故称其子为有奇志。以尔之聪明，岂不能窥透此旨？余教尔从眼食二端用功，看似粗浅，却得自然之妙。尔以后不轻服药，自然日就壮健矣。

407

他一再嘱咐二子要认真阅读张英的《聪训斋语》，说：

张文端公所著《聪训斋语》，皆教子之言。其中言养身、择友、观玩山水花竹，纯是一片太和生机，尔宜常常省览。鸿儿体亦单弱，亦宜常看此书。吾教尔兄弟不在多书，但以圣祖之《庭训格言》（家中尚有数本）、张公之《聪训斋语》（莫宅有之，申夫又刻于安庆）二种为教，句句皆吾肺腑所欲言。以后在家则莳养花竹，出门则饱看山水，环金陵百里内外，可以遍游也。算学书切不可再看，读他书亦以半日为率。未刻以后，即宜歇息游观。古人以惩忿窒欲为养生要诀。惩忿即吾前信所谓少恼怒也，窒欲即吾此信所谓知节啬也。因好名好胜而用心太过，亦欲之类也。药虽有利，害亦随之，不可轻服。切嘱。

通过往来家信看，家人对曾国藩的养生之道是颇加重视并能够照办的，如纪泽在给父亲的回信中说：

> 六诀男当谨识，尤不敢轻易服药。今岁自徐州一病后，数月来不复有病，身体较往年觉稍壮实。昨骤寒，微有感冒，加衣一汗而愈，不假药力矣。母亲近亦康健，不常服药。家中长幼皆清吉，足慰慈怀。

曾纪泽还能为父亲提供养生之法，他说父亲目光昏蒙，可能因为用眼过度，此后可将公私诸事均于白天做完，夜间则熄灯默坐片时以休息之。为了给父亲参考，他还总结出西方人的五色与养生之间的关系："西洋人论五色最伤目者莫过于白，其次为红，最养目者莫过于绿，其次为黑。故洋人于窗间髹漆诸物好用绿色，其糊窗亦好用绿纱绿纸。金钱菖蒲能明目，夜置一小盆于几，能收辟灯烟，不令浊气害目，睡后仍露之，乃不萎也。"有趣的是，曾国荃也加入养生的讨论中，他写信给乃兄说："热水洗脚上床，系养生良法，又是祖传妙方，兄已试行多年有效者，弟亦苦于力不能学。盖十余年皆自七月洗澡毕，必俟次年五月大端午后乃洗起。其不洗澡之十个月，亦无滴水及足，香可知矣。他日易名，当以

'懒武'配'威毅'而并永也，阅此发一笑否？"

曾国藩还把养生与家族振兴联系在一起。他在金陵写日记道：

> 余衰年多病，目疾日深，万难挽回，汝及诸侄辈身体强壮者少，古之君子修己治家，必能心安身强而后有振兴之象，必使人悦神钦而后有骈集之祥。今书此四条，老年用自儆惕，以补昔岁之愆，并令二子各自勖勉，每夜以此四条相课，每月终以此四条相稽，仍寄诸侄共守，以期有成焉。

曾国藩的养生之道，对一代伟人毛泽东也产生过重要影响。毛泽东第一篇用铅字发表的文章，是 1917 年 4 月《新青年》杂志第三卷二号上的《体育之研究》。其中说：

> 愚自伤体弱，因欲研究卫生之术，顾古人言者亦不少矣。近今学校有体操，坊间有书册，冥心务泛，终难得益。盖此事不重言谈，重在实行，苟能实行，得一道半法已足。曾文正公行临睡洗脚、食后千步之法，得益不少。

后 记

这本书是断断续续完成的。2024 年下半年动笔，至 2025 年
3 月，完成了前三章。后面的四章参考了我在复旦大学出版
社出版的《正能量@曾国藩——一个做大事不做大官的典
范》的部分内容，又经中华书局近代史编辑部的欧阳红主任，
以及杜艳茹、吴冰清、李猛等同仁，对所有稿件删繁化简，
剔除重复，尤其是对全部引文一一核对。谨此对欧阳红等诸
位的付出表示由衷的感谢。

林 乾

2025 年 7 月 15 日